Lausitz

W0189193

Lausitz

Lausitz

Vom Spreewald
zum Zittauer Gebirge

Text und Fotos:
Kerstin und André Micklitza

DOMOWINA-VERLAG

3-7420-1671-7

1. Auflage 1996
© Domowina-Verlag GmbH
Ludowe nakładnistwo Domowina
Bautzen 1996
Lektorin: Maria Matschie
Umschlaggestaltung: Joachim Bethmann
Druck: Kníhtlačiareň Svornosť, Bratislava

Inhalt

Vorwort

Lausitz, das ist die vielfältige Landschaft zwischen Spreewald und Zittauer Gebirge im Osten Deutschlands. Sie ist die Heimat der Sorben, des kleinsten slawischen Volkes, deren Volkskunst und Brauchtum noch vielerorts gepflegt werden.

Lohnende Urlaubs- oder Ausflugsziele existieren in großer Auswahl auf kleinem Raum: herrliche Wälder im Lausitzer Bergland, die Lagunenlandschaft des Spreewaldes, naturnahe Heide- und Teichgebiete, Pücklers Gartenkunstwerke, Seen aus einstigen Tagebauen, Kletterfelsen im Zittauer Gebirge, Schlösser, Kirchen, Freilichtmuseen, Schmalspurbahnen und sogar ein Saurierzoo. Ausgewählte Museen wurden unter Sehenswürdigkeiten ausführlicher vorgestellt.

Interessante, geschichtsträchtige Altstädte wie Bautzen, Görlitz, Zittau, Löbau und Kamenz erwarten den Besucher ebenso wie abwechslungsreiche Wander- und Radwege weitab von Lärm und Hektik des Alltags.

Viele Teile der Lausitz sind Auswärtigen noch völlig unbekannt, da sich der Tourismus als Erwerbszweig erst im Anfangsstadium befindet.

Dieses Buch will beim Auswählen und Kennenlernen von neuen, interessanten Reisezielen behilflich sein. Die vorgestellten touristischen Ziele eignen sich auch für Tages- und Wochenendausflüge oder für den Kurzurlaub.

Beim Sammeln und Auswerten der Informationen sind wir mit aller gebotenen Sorgfalt vorgegangen. Trotzdem können wir keine Garantie für die Vollständigkeit der Angaben, für Telefonnummern, Adressen, Öffnungszeiten etc. übernehmen.

Mit der Einsendung von Tips, neuen Informationen sowie Korrekturhinweisen an den Domowina-Verlag Bautzen können Sie zur Aktualität einer Neuauflage wesentlich beitragen.

Danke sagen wir allen Lausitzern, die uns mit Rat und Tat bei der Arbeit unterstützten, Hinweise und Verbesserungsvorschläge unterbreiteten, besonders den MitarbeiterInnen der Fremdenverkehrsämter und -vereine sowie aus Stadtverwaltungen und Tourismus-Informationsbüros.

Besonderer Dank gilt dem Fremdenverkehrsverband Oberlausitz/Niederschlesien e.V. in Bautzen für die Begleitung des Projekts.

Kerstin und André Micklitza
Cottbus,
im Februar 1996

Verwendete Symbole/Pictogramme

→   Siehe ...

▲   Campingplatz

⌒   Fahrradverleih oder -route

H   Hotel, Pension

i   Information

JH   Jugendherberge

⛌   Kajak-, Kanu- oder Bootsverleih

🏛   Museum

☎   Telefon

🎭   Theater, Stadthalle

🚶   Wanderroute

*   Begriffserläuterung im Mini-Lausitz-Lexikon

Die Lausitz im Überblick

Geografie

Fläche: ca. 8200 km², unterteilt in Nieder- und Oberlausitz
Große Städte: Cottbus (124 000 Ew.), Görlitz (71 000 Ew.)
Hoyerswerda (63 500 Ew.), Bautzen (47 000 Ew.)
Sprache: deutsch und sorbisch
Höchster Berg: Lausche (793 müNN)
Längster Fluß: Spree (ca. 220 km in der Lausitz)
Größter See: Senftenberger See (1250 ha)

Landschaft

Die Lausitz erstreckt sich vom Südrand des Ostbrandenburgischen Heide- und Seengebietes bis zu den Mittelgebirgslandschaften des Lausitzer Berglandes und des Zittauer Gebirges. Im Westen bilden Kirchhain-Finsterwalder Becken, Schwarzelster Tiefland, Westlausitzer Platte und Elbsandsteingebirge die Grenze. Im Osten reicht das Gebiet bis zur Lausitzer Neiße. Das historische Territorium der Lausitz erstreckt sich bis auf heutiges polnisches Staatsgebiet, wo der Flußlauf des Bober (Bóbr) jahrhundertelang als Ostrand der Lausitz galt.

Der Landschaftsraum wird zu 75 % von Flachland bestimmt, ist aber keinesfalls eintönig – im Gegenteil. Die pleistozänen Inlandvereisungen schufen die Grundlage für die Herausbildung sehr unterschiedlicher Landschaftsbilder. Die Flachlandregion der Niederlausitz wird zum großen Teil durch ausgedehnte Kiefernwälder auf sandigen Böden geprägt. In den Niederungen entstanden Seen und zahlreiche Teiche, oft auch künstlich angelegt. Einzigartig ist die Fließlandschaft des Spreewaldes. Die südlichen Bergregionen weisen Mittelgebirgscharakter auf und sind vorwiegend mit Fichtenwäldern bestanden.

Die verstärkte Besiedlung der Lausitz seit dem 6. Jh. führte zu starken Eingriffen in die Landschaft.

Łužica nannten die eingewanderten slawischen Stämme einst ihre Heimat, was soviel wie Sumpf und Morast bedeutet. Davon sind bis zum heutigen Tage nur noch kleine Reste südlich von Hoyerswerda erhalten geblieben. Die tiefgreifendste Wandlung begann Ende des 18. Jh. mit dem Abbau der tertiären Braunkohlelagerstätten. Seitdem wurden etwa 75000 ha Fläche in Anspruch genommen, davon ist erst gut die Hälfte wieder rekultiviert.

Seit der Wende erhielt die Wiederurbarmachung ausgekohlter Tagebauflächen einen neuen Stellenwert. Das verstärkte Enga-

Blick vom Bieleboh

gement bei der Rekultivierung läßt hoffen, daß Bergbaufolge-
landschaften entstehen, die das abwechslungsreiche Bild der
Lausitz zukünftig bereichern werden.

Geschichte

Das bisher älteste Werkzeug, welches auf eine Besiedlung der
Südlausitz schon in der Altsteinzeit deuten läßt, fand man auf
dem Protschenberg in Bautzen.
Hinweise auf dauerhafte Siedlungen stammen aus dem 4. Jh. v.
Chr., die Wohnplätze waren zum Teil schon burgartig gesichert.
Im 19. Jh. erforschte der bekannte Arzt Rudolf Virchow intensiv
die Besiedlung während der Bronzezeit und prägte den Begriff
der Lausitzer Kultur. Am Schloßberg von Burg, in Werben und
Babow fand er typische Keramik mit Buckel-, Riefen- und Rillen-
verzierungen und Bronzegegenstände.
Ab dem 2. Jh. ist der Aufenthalt germanischer Stämme nachweis-
bar, die aber den Landstrich nach und nach verließen. Im 6. Jh.
nahmen slawische Stämme aus dem Gebiet östlich der Oder den
weitgehend siedlungsfreien Lausitzer Raum in Besitz. Die
Lusizer (Vorfahren der Niedersorben) bevölkerten die Niederlausitz, die Milzener (Vorfahren der Obersorben) große Teile der
Oberlausitz. Zwischen beiden Gruppen blieb eine unbewohnte
Zone.
Mit dem Jahr 919 begann die deutsche Ostexpansion unter Führung König Heinrichs I. Als Ausgangspunkt zahlreicher Feldzü-
ge in die Lausitz diente dem König die im Jahre 929 erbaute Burg
Meißen. Alle slawischen Stämme waren bis zum Tode Heinrichs
(936) unterworfen und zur Zahlung von Abgaben verpflichtet.
Die Expansionspolitik gen Osten wurde von seinen Nachfolgern
Otto I. (936–973) und Heinrich II. (973–1024) weiterverfolgt. Jedoch beschränkte sich die deutsche Herrschaft meist auf befestigte Plätze. Der benachbarte polnische Staat unter Bolesław
Chrobry (992–1025) sah seine Macht gefährdet. Nach kriegerischen Auseinandersetzungen wurde die Lausitz mit dem Frie-
densschluß von Bautzen (1018) dem polnischen Königreich einverleibt, kam jedoch bereits 1032 wieder unter die Standesherrschaft des deutschen Feudaladels. Milzener und Lusizer erweiterten ihr Siedlungsland durch Kultivierung neuer Böden und
schufen sich ein weitgehend zusammenhängendes Territorium.
Gleichzeitig schritt der Landesausbau mit der Ansiedlung von
Bauern, Kaufleuten und Handwerkern u. a. aus Franken, Thüringen und dem Rheinland in siedlungsfreien Zonen weithin fried-
lich voran. An den Kreuzungen wichtiger Handelsstraßen kam
es zu Stadtgründungen (Guben, Kamenz, Lübben, Löbau und
Zittau).

1076–1253 und 1378–1636 war die gesamte Lausitz Lehnbesitz der böhmischen Krone.

Erst Anfang des 15. Jh. bezeichnete man auch den südlichen Raum (Land Bautzen und Görlitz) als Lausitz, häufig als Obere Lusitz (Oberlausitz).

Vom Erstarken des Städtebürgertums und der Patrizier zeugt die Gründung des Oberlausitzer Sechsstädtebundes am 21. August 1346. Dieser Bund, vor allem zur Sicherung der Handelswege vor Raubrittern und Gesindel geschaffen, gewann schnell an Bedeutung, nachdem der böhmische König und spätere deutsche Kaiser Karl IV. dem Bündnis seinen Segen gab. Die Städte Bautzen, Görlitz, Kamenz, Lauban (heute Lubań in Polen), Löbau und Zittau wurden reich und mächtig. Tuchmachergewerbe und Handel entwickelten sich.

Ab 1429 zogen Hussiten-Heere durch die Lausitz und belagerten zahlreiche Städte.

Zu Beginn des 16. Jh. hatte sich die Benennung Niederlausitz für den nördlichen Bereich und Oberlausitz für den südlichen Raum der Lausitz durchgesetzt.

Mit dem Ende des Dreißigjährigen Krieges, der auch in vielen Teilen der Lausitz Not, Elend und Zerstörungen verursachte, endete die böhmische Herrschaft. Fortan teilten Brandenburgische Hohenzollern, Sachsen und später Preußen die Region unter sich auf.

Von 1667 bis 1717 flammten zahlreiche Bauernaufstände auf, die blutig niedergeschlagen wurden.

Ende des 17. Jh. erblühte in vielen Dörfern der Lausitz das Tuchmacherhandwerk, begünstigt durch die Einwanderung böhmischer Protestanten und französischer Hugenotten (Glaubensflüchtlinge) sowie Holländer und Flamen, die ihre Kenntnisse und Erfahrungen auf diesem Gebiet in die Lausitz brachten. Zu großer Blüte gelangte das Töpferhandwerk, Zentren waren u.a. Muskau, Pulsnitz und Neukirch.

Schlesischer Krieg (1740–1745) wie auch Siebenjähriger Krieg (1756 bis 1763) beeinflußten die Lausitz. Am 14. Oktober 1758 schlugen österreichische Verbände preußische Truppen in der Schlacht bei Hochkirch vernichtend.

Ermuntert durch die französische Revolution, kam es ab 1790 zu zahlreichen Aufständen und Unruhen der Landbevölkerung, die gegen feudale Lasten aufbegehrte.

Am 17. Juli 1807 marschierte Napoleon in Bautzen ein, und bald darauf wurden Lausitzer Rekruten für Napoleons Ziele in den Krieg geschickt. Der Kampf gegen Napoleons Fremdherrschaft erreichte im Frühjahr 1813 auf Lausitzer Territorium seinen Höhepunkt. Am 18. Mai kämpften bei Weißig 8000 preußisch-russische Verbündete unter General York gegen 14 000 Mann der französischen Okkupantenarmee unter Lauriston. 30000 Tote und Verwundete forderte die berühmte Schlacht bei Bautzen (20./21. Mai 1813), in der Napoleon kurz vor der Leipziger Völkerschlacht noch als Sieger hervorging. Auf dem Wiener Kongreß (Herbst 1814) wurde die Lausitz neu aufgeteilt. Die Niederlausitz und der nördliche Bereich der Oberlausitz fielen an Preußen, vorher zu Sachsen gehörig.

Mitte des 19. Jh. setzte die Industrialisierung ein. Der Anschluß an überregionale Bahnlinien förderte die Glas- und Keramikindustrie sowie den Bergbau (Braunkohleabbau). Nach 1871 kam es zu einem raschen Aufschwung der traditionellen Textilindustrie mit den Zentren Cottbus, Spremberg, Forst und Guben sowie Zittau und Löbau.

Mit dem wachsenden Aufkommen deutsch-nationalistischer Tendenzen wurde es für die sorbische Volksgruppe immer komplizierter, ihre Identität zu wahren. Es verstärkte sich ein schärferer antisorbischer Kurs. Am 13. Oktober 1912 entstand mit der Domowina die erste politische Vereinigung der Sorben, sie wurde unter der nationalsozialistischen Herrschaft 1937 verboten.

Die beiden Weltkriege (1914-1918 und 1939-1945) forderten auch in der Lausitz blutigen Tribut. Zahlreiche Städte versanken im Frühjahr 1945 im Bombenhagel oder fielen bei den unmittelbaren Kämpfen in Schutt und Asche. Zehntausende deutsche und sowjetische Soldaten sowie unzählige Zivilisten fanden den Tod. Das Territorium der Lausitz befand sich nach Kriegsende ausschließlich in sowjetischer Einflußsphäre. Der historisch gewachsene Teil östlich der Lausitzer Neiße bis zum Bober (Bóbr) fiel an Polen.

Mit Gründung der DDR am 7. Oktober 1949 wurden alle politischen Kräfte gleichgeschaltet.

Den Sorben wurde Gleichberechtigung und Schutz ihrer nationalen Eigenheiten zugesichert, dennoch war eine beschleunigte Assimilierung mit der deutschen Bevölkerung auch aufgrund der Industrialisierung nicht aufzuhalten.

Mit dem Aufbau der Großkokerei in Lauchhammer (1951) und des Gaskombinates in Schwarze Pumpe (1959) begann die Entwicklung der Lausitz zum Kohle- und Energiezentrum der DDR. Das Kraftwerk Boxberg entstand 1968-1971 als größtes Wärmekraftwerk Europas auf Braunkohlebasis. Der Abbau der Braunkohle, DDR-Energieträger Nr. 1, war zunehmend mit rücksichtslosem Raubbau verbunden. Weder Dutzende Dörfer noch bedeutende Landschafts- oder Naturschutzgebiete wurden verschont. Der Braunkohleabbau konzentrierte sich zunehmend im historisch gewachsenen Siedlungsgebiet der Sorben.

Bis 1989 gehörten große Teile der Lausitz zu den am stärksten von Umweltschäden betroffenen Gebieten Europas. Mit dem

Beitritt zur Bundesrepublik Deutschland (3. Oktober 1990) besserte sich die Situation auf dem Umweltsektor erheblich. Die starke Abnahme der Braunkohlefördermenge, die Schließung von unrentablen Betrieben, der Zusammenbruch der Textilindustrie, Umrüstungen und Modernisierungen führten in der einseitig entwickelten Region aber zur Massenarbeitslosigkeit, die gegenwärtig zu den größten Problemen der Lausitz gehört. Erfreulich ist die seit 1990 großangelegte Rekonstruktion der historischen Altstadtkerne, die zu DDR-Zeiten dem Verfall preisgegeben waren (u. a. Görlitz, Cottbus und Bautzen).

1991 erfuhr der historische Oberlausitzer Sechsstädtebund eine Neuauflage, diesmal unter touristischen Gesichtspunkten.

Sorbische Kultur

Die Slawen kamen im Verlauf der großen Völkerwanderung im 6. Jh. auch in die Lausitz. In weiter westlich gelegenen Regionen (wie z. B. im Wendland, an Saale und Mulde) gingen mit Assimilierung und Sprachverboten die elbslawischen Sprachen, Sitten und Bräuche schon bis zum 16. Jh. unter. Die Mark Lausitz (Niederlausitz) und das Land Bautzen (Oberlausitz) waren davon weniger betroffen, da sie schon damals dichter von Sorben besiedelt waren. Die relative Abgeschiedenheit der Lausitz bewahrte die Sorben zunächst vor dem gleichen Schicksal.

Im Zuge der Reformation entwickelten sich die ober- und niedersorbischen Schriftsprachen. Im 19. Jh. entstand eine breite sorbische Volksbewegung, die sorbische bürgerliche Kultur begann sich zu entfalten und es kam ein eigenständiges Nationalbewußtsein zum Durchbruch. Jedoch führten Industrialisierung und fast ausschließlich deutscher Sprachunterricht zu einer verstärkten Assimilierung. Während des Nationalsozialismus wurden alle öffentlichen sorbischen Aktivitäten verboten.

Heute befinden sich die Sorben trotz staatlicher Förderung bis auf wenige Dörfer zwischen Kamenz, Hoyerswerda und Bautzen überall in der Minderheit.

Jedoch bemüht man sich, mit Unterstützung der Stiftung für das sorbische Volk die sorbische Sprache sowie die vielen schönen überlieferten Sitten und Bräuche zu erhalten, zu entwickeln und sie vor allem der jüngeren Generation nahezubringen.

Im Verlaufe des Jahres werden besonders folgende Bräuche gepflegt, viele von ihnen auch von der deutschen Bevölkerung:

25. Januar
Vogelhochzeit – Heute ein populäres Kinderfest, bei dem die Kleinen am Abend zuvor Teller ans Fenster stellen. Die Vögel,

14

gerade auf Hochzeitsflug, bescheren den Kindern Süßigkeiten und Gebäck als Dank für die Winterfütterung. In Vogelgewänder gekleidet, feiern die Jüngsten ein lustiges Fest.

Januar–März

Zapust – Umzüge zum Austreiben des Winters

Fastnacht

Zampern – Ein traditioneller Heischegang, wobei die Zamperer verkleidet von Haustür zu Haustür ziehen und um Gaben und Kleingeld bitten. Beim abschließenden Fastnachtstanz wird alles wieder aufgebraucht.

Ostern

Ostereierverzieren – Als Symbol der Fruchtbarkeit werden die Ostereier in Ätz-, Kratz- und Wachstechnik kunstvoll verziert. In vielen Orten der Lausitz finden alljährlich vor Ostern Ostereiermärkte statt, wo man den Künstlern während ihrer Arbeit über die Schulter schauen kann.

Osterreiten – Am Ostersonntag ziehen in der katholischen Oberlausitz neun Reiterzüge in die Nachbargemeinden und übermitteln die Osterbotschaft.

Ostersingen und das Anzünden eines Osterfeuers sind heute nur wenig verbreitet.

30. April

Hexenbrennen – In der Walpurgisnacht werden riesige Feuer entzündet, auf denen eine Hexe, aus Lumpen zusammengenäht, verbrannt wird. Ein Symbol dafür, daß der Winter nun endgültig dem Frühling die Vorherrschaft überlassen muß.

Maibaumstellen – Der sorbische Maibaum ist ein etwa 30 m langer Baumstamm, mit Girlanden umwunden und einer kleinen Birke an der Spitze. Unterhalb des Wipfels hängt ein bunter Kranz.

Mai

Das *Maibaumwerfen* wird mit einem Dorffest verbunden.

Juni

Johannisreiten – Ein Volksfest, das Ende Juni im Niederlausitzer Dorf Casel begangen wird. »Johann« wird von Mädchen völlig in Kornblumen gehüllt, auf dem Kopf trägt der Auserwählte eine Blumen- und Gräserkrone. Später wird »Johann« wieder »entblättert« (Blumenschmuck wird als Trophäe angesehen).

August

Hahnrupfen/Hahnschlagen, Stoppel- und Stollenreiten – Auf abgeernteten Feldern werden die geschicktesten bzw. schnellsten Reiter ermittelt und mit Siegerkranz geehrt.

Oktober

Erntedankfeste und Kirmes

Dezember

Bescherkind, Heilige Barbara und Janšojski Bog – In einigen Dörfern der Oberlausitz geht das in Tracht gekleidete Bescherkind von Haus zu Haus, in Sollschwitz ist es die Hl. Barbara und in der Niederlausitz der Janšojski Bog.

Weitere Auskünfte (u. a. Termine von Veranstaltungen) erteilen die Sorbische Kulturinformation »Lodka« im Wendischen Haus Cottbus (A.-Bebel-Str. 82, 03046 Cottbus, ☎ 0355/791110) und die Sorbische Kulturinformation in Bautzen (K.-Pchalek-Str. 26, 02625 Bautzen, ☎ 03591/42105).
Das Sorbische Museum in Bautzen sowie das Wendische Museum in Cottbus gewähren einen umfassenden Einblick in die Kultur der größten nationalen Minderheit Ostdeutschlands (→ Museen, → Bautzen, Cottbus).

Wirtschaft

Die Lausitz galt seit Anfang der sechziger Jahre als Kohle- und Energiezentrum der DDR. Aufbau und Entwicklung dieses Industriezweiges gründeten sich auf reiche Braunkohlevorkommen. 1951 entstand in Lauchhammer die weltweit erste Kokerei, die auf Braunkohlebasis arbeitete. Ab 1959 wurde im Gaskombinat »Schwarze Pumpe« Stadtgas ebenfalls aus Braunkohle gewonnen. Mit dem Bau mehrerer Großkraftwerke (u. a. Boxberg und Jänschwalde) entwickelte sich die Lausitz zum »elektrischen Herz« der DDR.
Mit dem Ansteigen der Braunkohleförderung in den achtziger Jahren auf gut 200 Millionen Tonnen jährlich stieß man an Grenzen, die z. T. nicht mehr beherrschbar waren. Die Rekultivierung der ausgekohlten Tagebaue konnte mit dem sprunghaft angestiegenen Verbrauch weiterer Flächen nicht Schritt halten.
Nach 1990 ist die Braunkohlegewinnung um etwa zwei Drittel zurückgegangen, die Rekultivierung hat einen wichtigen Stellenwert erhalten.
Mit der Modernisierung der Großkraftwerke Boxberg und Jänschwalde sowie dem Neubau bei Schwarze Pumpe (modernstes Braunkohlekraftwerk der Welt) wird dem Braunkohleabbau in der Lausitz weiterhin eine Zukunft eingeräumt.
Die traditionellen Zweige Textil- und Glasindustrie sind nach der Wende stark zurückgegangen.
Zunehmend entwickelt sich der Fremdenverkehr zu einem ernstzunehmenden Wirtschaftsfaktor, so in der Niederlausitz im Spreewald und der Stadt Cottbus, in der Oberlausitz insbesondere im Zittauer Gebirge und dem Lausitzer Bergland. Ebenfalls im Aufwind: Städtetourismus in Bautzen, Görlitz und Zittau.

Reise-Infos von A bis Z

Allgemeine Informationen

Touristische Informationen erteilen die Fremdenverkehrsämter und -vereine, Tourismus- und Gemeindeämter (→ Adressen und ☎ im Reiseteil).
Darüber hinaus existieren in der Lausitz Fremdenverkehrsverbände, die bei Anfragen und Wünschen ebenfalls konsultiert werden können.

In der Niederlausitz:

Fremdenverkehrsverband Spreewald e. V.
Lindenstr. 1, 03266 Raddusch,
☎ 035433/77433
Regionaler Fremdenverkehrsverband Brandenburg Süd e. V.
Bahnhofstr. 69, 03046 Cottbus,
☎ 0355/700727

In der Oberlausitz:

Fremdenverkehrsverband Oberlausitz/ Niederschlesien e.V.
Taucherstr. 39, 02625 Bautzen,
☎ 03591/48770
Fremdenverkehrsgemeinschaft Zittauer Gebirge – Spreequelland e. V.
Tourist-Information, Rathaus, 02763 Zittau,
☎ 03583/752137
Touristische Gebietsgemeinschaft Oberlausitzer Bergland
Sohlander Straße 3a, 02681 Schirgiswalde,
☎ 03592/2254
Fremdenverkehrsgemeinschaft Pulsnitztal/Westlausitz e. V.
Julius-Kühn-Platz 2, 01896 Pulsnitz,
☎ 035955/44246
Werbegemeinschaft Niederschlesische Oberlausitz
Euro-Tour-Zentrum Görlitz,
Obermarkt 29, 02826 Görlitz,
☎ 03581/406999
Gebietsgemeinschaft Lausitzer Seenplatte e. V.
Dr.-Wilhelm-Külz-Str. 1, 02977 Hoyerswerda,
☎ 03571/408030

Anreise

Die Lausitz ist auf der Straße und dem Streckennetz der Deutschen Bahn AG aus allen Teilen Deutschlands schnell und bequem zu erreichen.

Autobahnen, so die A 4, A 13 und A 15, sowie zahlreiche Bundesstraßen stehen je nach Ausgangsort und Zielpunkt zur Wahl.

Interregio-Zugverbindungen in die Lausitz bestehen auf den Strecken Berlin–Cottbus–Görlitz sowie Dresden–Bautzen–Löbau–Görlitz.

Daneben existiert ein gut funktionierendes Regionalnetz, so daß viele Ziele mit der Bahn oder dem öffentlichen Personennahverkehr zu erreichen sind.

Baden

Die Region besitzt zahlreiche Badegewässer mit einwandfreier Wasserqualität, viele dieser Seen sind durch den früheren Braunkohleabbau entstanden. Nach 1990 entstanden vielerorts Erlebnisbäder (→ Reiseteil).

Besonderer Beliebtheit erfreuen sich folgende Gewässer:

Senftenberger See südlich von Senftenberg
Schwielochsee nordwestlich von Lieberose
Knappensee und Silbersee südöstlich von Hoyerswerda
Talsperre Bautzen nördlich von Bautzen
(mit Einschränkungen in der Wasserqualität)
Talsperre Quitzdorf südwestlich von Niesky
(mit Einschränkungen in der Wasserqualität)
Talsperre Spremberg nördlich von Spremberg
(mit Einschränkungen in der Wasserqualität)
Halbendorfer See westlich von Weißwasser

Campingplätze

Campingfreunde können die jährlich aktualisierten Info-Broschüren nutzen, die alle wichtigen Daten (Ausstattung, Service-Leistungen) der einzelnen Plätze auflisten.

Die Campingplätze der Niederlausitz werden im Heftchen »Camping im Land Brandenburg« beschrieben (Heimat-Verlag Lübben, Bahnhofstr. 38, 15907 Lübben, ☎ 03546/2483).

Der Fremdenverkehrsverband Oberlausitz/Niederschlesien (→ Allgemeine Informationen) gibt das Prospekt »Oberlausitz/Niederschlesien – Camping, Baden, Wassersport und Angeln« heraus. In der Lausitz werden gegenwärtig insgesamt 30 Plätze angeboten (Adressen und Öffnungszeiten → Reiseteil).

Grenzanliegende Staaten

Bei einem Lausitz-Aufenthalt bietet sich der Besuch einer Grenzregion Polens oder Tschechiens geradezu an. Je nach Ausgangsort kann man einen Tagesausflug nach Grünberg, (Zielona Góra, Breslau (Wrocław), ins Riesengebirge oder nach Prag unternehmen.
Für das Passieren der Grenze nach Polen wird der Reisepaß verlangt, nach Tschechien kann man auch mit dem Personalausweis einreisen.

Nach Polen

Straßengrenzübergänge:
Guben – Gubin (B 97)
Forst/Bademeusel – Olszyna (A 15)
Bad Muskau – Łęknica
Podrosche – Przewóz
Görlitz – Zgorzelec
Ostritz – Krzewina Zgorżelecka
(nur Fußgänger und Radfahrer)
Zittau – Sieniawka
Zittau – Porajów
Bahngrenzübergänge:
Forst – Tuplice
Görlitz – Zgorzelec

Nach Tschechien

Straßengrenzübergänge:
Zittau – Porajów (Polen) – Hrádek nad Nisou
Seifhennersdorf – Varnsdorf
Seifhennersdorf – Rumburk
Bahngrenzübergänge:
Zittau – Hrádek nad Nisou bzw. Zittau – Varnsdorf
Ebersbach – Jiříkov/Rumburk
Grenzüberschreitende Wanderwege:
Hartau – Hrádek nad Nisou
Lückendorf – Petrovice
Jonsdorf – Krompach
Ebersbach – Jiříkov
Sohland – Rožany

An Feiertagen, Wochenenden sowie dem Beginn und Ende der Schulferien ist an den Straßengrenzübergängen teils mit langen Wartezeiten zu rechnen (Verkehrsfunk beachten).

Klima

Die Lausitz stellt eine Klimascheide zwischen maritimem und kontinentalem Klima dar. In westlichen Teilen sind die Winter milder. Die Sommer im Osten der Lausitz sind oft besonders heiß und trocken. Ebenso herrschen bemerkenswerte Klimaabweichungen zwischen Nord und Süd, bedingt u. a. durch auftretende Höhenunterschiede.

Der Spreewald und das 130 km südöstlich entfernte Zittauer Gebirge weisen eine Höhendifferenz von 750 m auf!

Das wirkt sich einerseits in stark abweichenden Jahresniederschlagsmengen (Zittauer Gebirge bis 900 mm, Spreewald 500 mm), andererseits in größeren Temperaturunterschieden aus. Langjährige Temperaturmittelwerte belegen dies.

Im Dezember werden in Cottbus durchschnittlich 4° C gemessen, in Zittau –0,2° C.

Im Juli sind die Unterschiede noch deutlicher, Cottbus 24° C, Zittau 16° C.

Wenn beispielsweise in der Niederlausitz schon der Frühling eingekehrt ist, kann man am Nordostabhang der Lausche oft noch Ski fahren.

Medien

Printmedien: Die Niederlausitz und der Nordbereich der Oberlausitz sind das Verbreitungsgebiet der »Lausitzer Rundschau«, in der Oberlausitz beherrscht die »Sächsische Zeitung« den Tageszeitungsmarkt.

In Cottbus erscheint die niedersorbische Wochenzeitung »Nowy Casnik«, in Bautzen die obersorbische Abendzeitung »Serbske Nowiny«.

Spezielle Informationen zu Kulturveranstaltungen sowie Land und Leuten vermitteln die monatlich erscheinenden Publikationen »Oberlausitzer Kulturschau« (Lusatia Verlag, Löbauer Str. 27, 02625 Bautzen) für DM 2,50 und das Magazin für die Oberlausitz und Niederschlesien »tiptop« (Verlag W. Achim Werner, Blumenstr. 9, 02826 Görlitz), welches in der Oberlausitz gratis verteilt wird und im Jahresabo außerhalb DM 33 kostet.

Hörfunk: Verschiedene Sender besitzen in der Lausitz ein Regionalstudio, so der ORB in Cottbus, der MDR in Bautzen, Radio PSR in Löbau. Radio Lausitz sendet direkt aus Görlitz. MDR und ORB senden täglich auch in ober- bzw. niedersorbischer Sprache.

Museen

Für Museumsfreunde hält die Lausitz viele besondere Überraschungen bereit. Vor allem Görlitz und Cottbus sind diesbezüglich zu nennen.

Die sorbische Kultur wird im Sorbischen Museum Bautzen, dem Wendischen Museum Cottbus, dem Freilandmuseum Lehde/ Spreewald sowie einigen kleineren Heimatstuben vorgestellt.

Als einzigartig gelten das Apothekenmuseum in Cottbus sowie die Alte Pfefferküchlerei in Weißenberg.

Im → Reiseteil finden Sie unter den jeweiligen Orten Lausitzer Museen mit Anschrift und Öffnungszeiten.

Am Montag bleibt ein Großteil der Ausstellungen geschlossen.

Naturschutzgebiete/Biosphärenreservate

Die Lausitz blieb trotz schwerwiegender Eingriffe durch Braunkohletagebaue ein Landstrich mit wertvollen Refugien für Fauna und Flora.

Nach der Wende wurden zahlreiche Flächen in Brandenburg und Sachsen neu als Naturschutzgebiete deklariert, dieser Prozeß dauert an.

Wer sich für die genaue Lage der vielen Schutzgebiete interessiert, wird u. a. in der vom Staatsministerium für Umwelt und Landesentwicklung des Freistaates Sachsen herausgegebenen Karte »Naturschutz-Schutzgebiete in Sachsen« fündig.

Die touristischen Karten der Seeger Kartographie GmbH Dresden, die im Maßstab 1: 75 000 bzw. 1:100 000 für die Nieder- und Oberlausitz im Buchhandel erhältlich sind, enthalten auch alle Naturschutzgebiete (NSG) und Landschaftsschutzgebiete (LSG).

Als vorläufiger Höhepunkt der Naturschutzbestrebungen in der Lausitz gilt die Ausweisung des Spreewaldes sowie der Oberlausitzer Heide- und Teichlandschaft als Biosphärenreservate der UNESCO.

Biosphärenreservat Spreewald

Das Biosphärenreservat besteht seit 1990 und umfaßt eine Fläche von 479 km² mit 37 Dörfern und zwei Städten.

Die Spreewaldniederung entstand im Ergebnis der letzten Eiszeit durch Schmelzwasser. Der Urstrom löste sich infolge geringen Gefälles in viele kleine Rinnsale auf, die an vielen Stellen von insel- und zungenförmigen Sanddünen durchsetzt waren. Periodische Überschwemmungen ließen das Entstehen eines völlig geschlossenen Waldgebietes nicht zu, vielmehr wuchsen Auwälder heran, durchsetzt von Wiesen und unzähligen Wasserläufen.

Im Unterspreewald

Verstärkte Eingriffe des Menschen begannen im 18. Jh. - Wälder wurden gerodet, Kanäle angelegt, dadurch entwickelte sich eine artenreiche Kulturlandschaft.

Bedrohliche Veränderungen im Naturhaushalt setzten mit der Intensivierung der Landwirtschaft ab 1960 ein. Umfangreiche Flächen außerhalb des Kerngebietes wurden melioriert, durch Flurbereinigung völlig »ausgeräumt« und eingedeicht. Mit dem Bau des Nordumfluters und dreier Talsperren im Oberlauf der Spree fielen die periodischen Überschwemmungen des Spreewaldes weg, der jahrtausendlang funktionierende Naturhaushalt wurde erheblich beeinträchtigt.

Um die in Europa einzigartige Auenlandschaft mit einem etwa 1300 km umfassenden feinmaschigen Gewässernetz zu erhalten, zu pflegen, in weiten Teilen zu renaturieren und dem Massentourismus in besonders wertvollen Arealen Einhalt zu gebieten, entstand das Biosphärenreservat. Ca. 1600 Pflanzenarten, davon 1200 Wildpflanzen, und 136 Brutvogelarten wurden registriert. Fischotter und Weißstorch leben noch in intakten Populationen. Große Aufmerksamkeit wird der Beibehaltung traditioneller Bewirtschaftungsformen durch die Bewohner des Spreewaldes geschenkt.

Der Spreewald unterteilt sich in zwei Hauptzonen, in den Oberspreewald (von Burg bis Lübben) und in den Unterspreewald (von Lübben bis Leibsch/Alt Schadow).

Aufklärung und Information sind ebenfalls Anliegen der Reservatsleitung. Führungen durch Mitarbeiter der Naturwacht werden angeboten.

Neueste Informationen über das Biosphärenreservat vermittelt die von der Landesanstalt für Großschutzgebiete des Ministeriums für Umwelt, Natur und Raumordnung (MfUNR) des Landes Brandenburg herausgegebene Zeitung »Adebar«, gratis bei Touristik-Informationen im Spreewald erhältlich.

[i]   *Besucher- u. Informationszentrum*
      03222 Lübbenau, Schulstr. 9, ☎ 03542/89210
      Außenstelle Oberspreewald
      03096 Burg, An der Hauptspree 10, ☎ 035603/256
      Außenstelle Unterspreewald
      15910 Schlepzig, Dorfstr. 53, ☎ 035472/276
      Naturwacht Oberspreewald
      ☎ 035603/256
      Naturwacht Unterspreewald
      ☎ 035472/5230

Biosphärenreservat Oberlausitzer Heide- und Teichlandschaft

Das Biosphärenreservat erstreckt sich auf rund 26 000 ha südöstlich von Hoyerswerda und westlich von Niesky. Seit 1994 wird unter diesem Status das flächenmäßig größte Teichgebiet Mitteleuropas mit einer erstaunlich reichen Fauna und Flora (u. a. Fischotter, Seeadler) geschützt. Viele der im Gebiet befindlichen 315 Teiche werden zur Karpfenzucht genutzt. Auffällig ist der vielfältige Wechsel unterschiedlicher Lebensräume wie Gewässerflächen, Moore, Binnendünen, Auwälder, Siedlungsgebiete, Felder und Wiesen.

Intakte Zonen sollen erhalten, übernutzte Flächen renaturiert und langfristig Schäden durch Melioration, Gewässerausbau und Bergbau beseitigt werden.

Einheimische werden in die Schutz- und Pflegemaßnahmen einbezogen, der »sanfte« Tourist ist auf Wander- und Radwegen gern gesehen.

ⓘ *Biosphärenreservatsleitung*
Oberlausitzer Heide- und Teichlandschaft,
Alte Försterei, 02906 Mücka,
☎ *035893/6525.*

Öffentliche Verkehrsmittel

Die Region verfügt über ein engmaschiges Schienennetz, welches die größeren Städte der Lausitz miteinander verbindet. Auswärtige Besucher können auch ohne eigenes Auto anreisen, zumal sie einen Rad- oder Wanderurlaub planen.

Noch wird auf Nebenstrecken der überwiegende Teil der vorhandenen Haltepunkte bedient, doch mit jedem Fahrplanwechsel werden neue Einschränkungen bekannt.

→ Regionalkursbuch der DB AG

Auf folgenden Bahnhöfen kann man Fahrräder ausleihen: Cottbus, Kurort Oybin, Löbau, Lübben, Lübbenau, Niesky, Spremberg, Weißwasser und Zittau.

Das Buslininennetz ist an Werktagen akzeptabel, am Wochenende und feiertags aber vor allem in ländlichen Gebieten nahezu nicht mehr existent, ausgenommen überregional bekannte Tourismus- und Naherholungsgebiete.

Sport

Angeln
In vielen Gewässern möglich, die gesetzlichen Bestimmungen sind zu beachten.

Bergsteigen/Klettern
In der Oberlausitz existieren mit dem Zittauer Gebirge und den Königshainer Bergen, westlich von Görlitz gelegen, zwei ideale Klettergebiete, welche auch Profis herausfordern. Wird im Zittauer Gebirge dem Sport an Sandstein- und Granitwänden gefrönt, so klettern die Aktiven in den Königshainer Bergen in ehemaligen Granitsteinbrüchen.

Reiten
Dem allgemeinen Trend folgend, etablieren sich in ländlichen Gebieten Reiterhöfe. Auskünfte erteilen die regionalen Tourismusämter (→ Reiseteil).

Wandern/Radfahren
Die gesamte Region wird von einem dichten Wanderwegenetz durchzogen.

Der Fernwanderweg E10 Ostsee–Böhmerwald–Alpen–Mittelmeer führt durch den Spreewald, der Fernwanderweg E3 Ardennen–Eisenach–Dukla–Budapest berührt das Zittauer Gebirge.

Der Oberlausitzer Bergweg erschließt Lausitzer Bergland und Zittauer Gebirge auf einer Gesamtstrecke von 112 km. Eine detaillierte Wegbeschreibung kann bei den Fremdenverkehrsämtern angefordert werden. Wichtige Stationen sind: Neukirch–Sohland–Bieleboh–Kottmar–Obercunnersdorf–Beckenberg–Großschönau–Lausche–Waltersdorf–Jonsdorf–Hochwald–Oybin–Zittau.

Das Radwegnetz wird zielstrebig ausgebaut. Allein in der Oberlausitz umfaßt es derzeit 2200 km.

Im Dreiländereck wird z. B. von der Fremdenverkehrsgemeinschaft Zittauer Gebirge-Spreequelland e. V. (☎ 03583/752137) ein Radwanderpaß mit acht Tourenvorschlägen herausgegeben.

Einen guten Überblick der markierten Wanderwege vermitteln die Informationskarten Tourismus der Seeger Kartografie Dresden »Niederlausitz« (1:75 000) und »Oberlausitz« (1:100 000). Darüber hinaus erteilen die regionalen Tourismusämter (→ Reiseteil) Auskünfte über Wander- und Radfahrmöglichkeiten der Umgebung.

Wassersport/Wasserwandern
Das beliebteste Wasserwandergebiet ist zweifellos der Spreewald mit Dutzenden von Tourenmöglichkeiten.

Die Spree eignet sich mit Einschränkungen (häufiges Umtragen an Wehren, Untiefen etc.) ab der Talsperre Bautzen zum Paddeln, ebenso die Lausitzer Neiße ab Görlitz.
Segelbootbesitzer und Surfer kommen auf dem Senftenberger See, dem Schwielochsee, den Talsperren Bautzen, Quitzdorf und Spremberg auf ihre Kosten.

Sprache

In der südlichen Oberlausitz spricht die deutsche Bevölkerung eine markante Mundart, das rollende »R« wird Ihnen auf Schritt und Tritt begegnen.
In der Lausitz wird neben deutsch auch sorbisch gesprochen. Für Auswärtige ist dies am ehesten an der zweisprachigen Ausschilderung vieler Ortschaften zu erkennen.
Vor allem ältere Bewohner bedienen sich noch ihrer slawischen Muttersprache, im Norden Niedersorbisch, im Süden Obersorbisch. In der Niederlausitz wird heute wieder stärker die Bezeichnung Wendisch für Sorbisch verwandt. Gewisse Unterschiede der Sprache ergaben sich im Verlaufe der zurückliegenden Jahrhunderte durch die siedlungsfreie Zone zwischen Nieder- und Oberlausitz, heute etwa durch die Ruhland-Königsbrücker und Muskauer Heide markiert. Mit dem Erstarken der Reformation bildete sich das sorbische Schrifttum heraus, aus der Mitte des 16. Jh. stammt die erste Übersetzung des Neuen Testaments. Einen enormen Entwicklungsschub brachte die Epoche der Aufklärung ab Mitte des 18. Jh.
Mit Beginn des Industriezeitalters, dem verstärkten Zuzug deutscher Bevölkerung und einsetzender Assimilierung, mit dem Erstarken nationalistischer Auswüchse vor und während der beiden Weltkriege sowie dem schleichenden Zerfall über Jahrhunderte gewachsener dörflicher Strukturen, nicht zuletzt auch wegen der Zerstörungen durch den Braunkohlebergbau zu DDR-Zeiten, gewann die deutsche Sprache überall die Oberhand. Im Dreieck Kamenz-Hoyerswerda–Bautzen dominiert in vielen Dörfern die sorbische Bevölkerung, ein großer Teil des privaten und öffentlichen Lebens vollzieht sich hier in Sorbisch.
Zur sorbischen Volksgruppe zählen gegenwärtig rund 60 000 Bewohner der Lausitz.
Durch die Herausgabe sorbischsprachiger Literatur hat sich auch der Domowina-Verlag um die Bewahrung der Sprache verdient gemacht.
Sorbische Sprachkurse bieten Volkshochschulen an.
Das Niedersorbische Gymnasium in Cottbus sowie das Sorbische Gymnasium in Bautzen stehen Kindern sorbischer und deutscher Abstammung gleichermaßen offen. (→ Sorbische Kultur)

Niederlausitz

Die Niederlausitz umfaßt heute den südöstlichen Teil des Landes Brandenburg. Die Grenze zur Oberlausitz entspricht in etwa der Landesgrenze zum Freistaat Sachsen. Man unterscheidet drei große Landschaftsräume: Ostbrandenburgisches Heide- und Seengebiet, Spreewald und Niederlausitzer Becken- und Heideland.

Als erstrangige und überregional bedeutende Tourismusgebiete gelten Ober- und Unterspreewald, die Großstadt Cottbus, der Senftenberger See sowie der Schwielochsee am Nordrand der Lausitz. Neben den bekannten Fremdenverkehrszentren existieren eine Vielzahl weiterer touristisch bemerkenswerter Städte, Dörfer und Landschaften.

Golßen

ⓘ → *Luckau*
Ⓗ *Motel Zur Spreewälderin,*
Luckauer Str. 18, ☎ *035452/15505*
Hotel, Am Markt 2/3, ☎ *035452/686*

Eine typische Angersiedlung aus dem 12. Jahrhundert. Sehenswert sind das Rathaus (1904–1906), die Stadtkirche (erste Hälfte 19. Jh.) und das Golßener Schloß (1725) mit einem Landschaftspark.

In der knapp 3 km westlich gelegenen Siedlung Altgolßen gilt die Kirche als eine der ältesten Sakralbauten der Niederlausitz. Kürzlich renoviert, ist sie nun wieder ein Schmuckstück. Bis kurz nach der Wende gab es in dieser Kirche zwei Gemälde von Lucas Cranach dem Jüngeren zu sehen. Nach Diebstahl und glücklicher Wiederbeschaffung sind sie nun an einem sicheren Ort verwahrt.

Wer die Kirche besichtigen möchte, meldet sich beim Pfarramt Golßen an (☎ 035452/717) oder geht zum Kirchenältesten im Ort (den jeder Einwohner in Altgolßen kennt).

Luckau

ⓘ *Fremdenverkehrsverein Niederlausitzer Land e.V.*
Luckau, Lindenstr. 5, ☎ *03544/3050*
Förderverein Naturpark Niederlausitzer Landrücken e.V.,
15926 Waltersdorf, ☎ *035454/275*

H   *Hotel Moorbad*
Südpromenade 4, ☎ *03544/3599*
Hotel Landhaus am Park,
Cahnsdorf, Parkweg 3, ☎ *03544/50090*
Pension Hinze, Rietweg 14, ☎ *03544/3831*
Gasthof Café Graf, Hauptstr. 3, ☎ *03544/2471*

▲   *Jahrescampingplatz Sonnenberg im nördlich von*
Luckau gelegenen Dorf Kreblitz

🏛   *Heimatmuseum Luckau, Lange Str. 21,* ☎ *03544/2293*
(geöffnet: Di 9 bis 12 und 14 bis 18 Uhr, Mi–Fr 9 bis 12
und 14 bis 16 Uhr, So 11 bis 16 Uhr)
Reiterhöfe in der Umgebung vorhanden, auch Kremser-
fahrten möglich, → **i**

Lage

Luckau mit knapp 6000 Ew. liegt an der Berste im Luckau-
Calauer Becken am Rande des Niederlausitzer Landrückens.
B 87, B 96 und B 102 führen durch die Stadt, sie besitzt auch
Bahnanschluß nach Lübben (Diesel-Triebwagen).

Geschichte

Die Siedlung an der Berste besaß schon um die letzte Jahrtausendwende eine slawische Burg, etwa 200 Jahre später bauten
Deutsche während der Kriegszüge gen Osten eine weitere Feste
hinzu. Am Kreuzungspunkt bedeutender mittelalterlicher Handelswege, Magdeburg–Glogau (heute Głogów/Polen) und Leipzig–Frankfurt/O., entstand eine Kaufmannssiedlung, die sich bis
zum 14. Jh. in eine reiche Stadt wandelte und heute Verwaltungs-
zentrum der Niederlausitz ist. »Hauptstadt der Niederlausitz«
durfte sich Luckau im 15. Jh. betiteln.
Vom Wohlstand der Städter kündet die Tatsache, daß sie des öf-
teren als Geldgeber der böhmischen Krone auftraten.
Der Dreißigjährige Krieg wütete auch im Stadtgebiet.
Am 4. Juni 1813 fand vor den Toren der Stadt eine Schlacht zwischen napoleonischen Truppenverbänden (Franzosen, Bayern
und Sachsen) mit 24 000 Soldaten und einem preußisch-russischen Heer (16 000 Mann) statt, aus der letzteres siegreich hervorging. Nach jahrhundertelanger böhmischer Herrschaft gehörte Luckau zunächst zu Sachsen und fiel 1815 an Preußen.
Die industrielle Revolution machte anfangs einen Bogen um die
Region, weil Luckau nicht sofort an das Eisenbahnnetz angeschlossen wurde. Bekannt waren in jener Zeit Luckauer Zigar-
ren.
Am 21. April 1945 wurde die Stadt kampflos der Roten Armee
übergeben, wodurch die historische Altstadt vor Zerstörung bewahrt blieb.

28

Sehenswürdigkeiten

Die **Stadtmauern** aus Feld- und Backsteinen (13./14. Jh.) blieben beinah unversehrt erhalten und sind vom wassergefüllten Stadtgraben umgeben. Am Rand der östlichen Altstadt steht das **Calauer Tor**, an dem Napoleons Truppen 1813 erfolgreich abgewehrt wurden (Gedenktafel). Trotzdem existiert am westlichen Stadtrand das **Napoleonhäuschen**, in dem der Überlieferung nach der Feldherr einmal genächtigt haben soll. Sie finden das kleine Fachwerkhaus, wenn Sie aus dem Zentrum die Lindenstraße entlanggehen (Richtung Fremdenverkehrsamt) und an der Brücke über den Stadtgraben rechts die Treppen hinuntersteigen. Von hier läuft man noch etwa 150 m an der Stadtmauer entlang.

Auf dem **Markt** gefallen besonders die aus sächsischer Epoche stammenden **Barockgiebelhäuser**, von denen später einige auf der Ost- und Westseite des Platzes noch mit reichen Renaissance-Stuckfassaden verschönert wurden (u. a. Nr. 8, 13). Die kleine spätromanische **Georgenkapelle** (13. Jh.) wurde später im Barockstil verändert. Der benachbarte **Hausmannsturm** (1697) wurde bis zum Ende des 17. Jh. öfter umgebaut. Er diente der Stadtwache als Ausguck. Beide Objekte sind nur am Tag des offenen Denkmals Anfang September zugänglich.

Vom einst mittelalterlichen Charakter des **Rathauses** künden heute nur noch die verschiedenen Gewölbeformen im Ratskeller, der gleichzeitig eine beliebte Gaststätte ist. Der Bau im klassizistischen Stil stammt aus dem Jahre 1852 und wirkt recht nüchtern.

Ab dem 18. Jh. diente das schon Mitte des 16. Jh. aufgegebene Dominikanerkloster – nordöstlich vom Markt – als Zuchthaus (jetzt Frauen- und Untersuchungsgefängnis). Prominentester Zelleninsasse war **Karl Liebknecht** (1916–1918). Zum Gedenken an den Arbeiterführer weihten die Stadtväter 1969 ein Denkmal mit seinem Abbild am Markt ein. Nach der Wende wurde das Denkmal umgesetzt. Sie finden es, wenn Sie an der Sparkasse auf der Ostseite des Platzes der schmalen Gassse weiter Richtung Stadtgraben folgen, direkt an der südöstlichen Gefängnismauer.

Nördlich des Marktes thront die dreischiffige spätgotische **Pfarrkirche St. Nikolai**, ein doppeltürmiger Feld- und Backsteinbau mit bemerkenswerten Details.

Der böhmische König und Kaiser des hl. Reiches deutscher Nation Karl IV. schenkte der Stadt 1375 das Haupt des hl. Paulinus, die daraufhin die Kirche großzügig ausbauen ließ.

Die Innenausstattung ist barock, hier verdienen als Prunkstücke die **Emporen** (Ratsherren-, Sänger- und Orgelemporen) sowie Patrizier- und Handwerkerlogen besondere Aufmerksamkeit.

Die große **Barockorgel** aus dem Jahre 1673 besitzt 44 klingende Register und 3500 Pfeifen, ein Werk des Leipziger Orgelbaumeisters Christoph Donat. Im Sommer finden hier Aufführungen des Brandenburger Chorkonzertes und Orgelkonzerte statt.

Der Altar wurde 1670 von Abraham Jäger geschaffen. Die Doppelwendeltreppe zu den Logen und Emporen der Nordseite, neben der Sakristeitür, fertigte 1673 der Luckauer Joachim Bandigk.

Weiterhin sieht man figurengeschmückte Grabmale reicher Luckauer Bürger, Epitaphien mit barocker Pfeilerbemalung und ein seltenes hölzernes Kriegerdenkmal (1914–1918) mit drei Gemälden.

Außen ist vor allem die Südseite interessant: Die Umrahmung des Sandsteinportals endet an Kragsteinen, die das Abbild Kaiser Karl IV. und seiner vierten Frau, Elisabeth von Pommern, verkörpern sollen. Darunter sind Kerben im Sandstein zu sehen, hier weihten einst Luckauer Bürger ihre Schwerter, bevor sie in die Schlacht zogen. Die merkwürdigen kreisrunden Vertiefungen im unteren Bereich des Portals werden als Näpfchen bezeichnet – einerseits Medizinnäpfchen, aus denen man zu Pestzeiten Staub des Sandsteins zu Arznei bereitete, andererseits Sühnenäpfchen (große und kleine, je nach Schwere der Sünde). An den beiden Kirchentürmen erkennt man noch den spätromanischen Unterbau aus Feldsteinen.

Geöfffnet: Sa von 14 bis 16 Uhr, ansonsten ist der Schlüssel auch bei Pfarrer i. R. Herrn Schulz im gegenüberliegenden Kirchplatz 5 zu haben oder im Evangelischen Kreiskirchenamt, Schulstr. 2.

Der nördlich der Kirche stehende, langgezogene Gebäudekomplex diente einst als Kantorat, Alte Schule, Küster- und Pfarrhaus, Töchterschule und Oberpfarrhaus (von Ost nach West betrachtet).

Veranstaltungen

April: Niederlausitzer Leistungsschau (letztes Wochenende)
Juni: Heimat- und Schützenfest im Zusammenhang
mit Aufführungen des Brandenburger Chorkonzertes
Dezember: Christmette (1. Weihnachtsfeiertag, 6 Uhr
in der St. Nikolaikirche)

Heidegarten Langengrassau

5 km südwestlich von Luckau wurde 1989 mit der Gestaltung eines Heidegartens begonnen, wo heute typische und bedrohte Arten des Niederlausitzer Landrückens ein Refugium finden (u. a. mit Zwischenmoor- und Feuchtwiesenbiotop). Das Areal befindet sich am Ortsausgang Langengrassau an der B 87 Richtung

Herzberg auf der linken Seite hinter dem Amt Heideblick. Auf frei zugänglichen Wegen können die Besucher die Flora studieren.

Wanderung in das NSG Höllenberge

Etwa 7 km westlich von Luckau erstreckt sich das NSG Höllenberge als besonders wertvoller Bestandteil des Niederlausitzer Landrückens. Von der kleinen Ortschaft Wüstermarke führen Feldwege ins NSG. Von der B 87 Luckau–Herzberg führt ein Fahrweg kurz hinter dem Ortsausgang Langengrassau (Richtung Herzberg) und einer Bahnbrücke zum bekannten **Höllberghof**, der originalgetreuen Rekonstruktion eines Dreiseithofes vom Anfang des 19. Jh. mit Wohnhaus, Scheue und Taubenhaus. Neben Museumsaufgaben wird dem lebendigen Umfeld große Aufmerksamkeit geschenkt, so werden hier u. a. traditionelle Landbewirtschaftungsformen (z. B. Bauerngarten, Dreifelderwirtschaft) und vom Aussterben bedrohte Haustierrassen gehalten. Das Tiergehege ist 1 km entfernt, und zu ihm führen zwei markierte Routen (roter Balken und gelbes Quadrat).

Zu einem kulturellen Höhepunkt der Region hat sich das einmal jährlich durchgeführte Höllberghof-Fest am 1. Mai entwickelt (Infos: ☎ 03544/3070 und ☎ 035454/275).

Empfehlenswerte Karte: Topographische Karte des LVA Brandenburg Nr. 4147 (Uckro)

Wanderung zum NSG Borcheltsbusch (3 km)

Das südöstlich von Luckau und westlich der Ortschaft Görlsdorf gelegene ausgedehnte Flachmoorgebiet hat überregionale Bedeutung als Kranich-Rastplatz, der sechsgrößte Deutschlands überhaupt. Während des Herbstzuges (die Vögel sammeln sich hier aus Skandinavien und Nordosteuropa kommend) finden sich oft bis zu 1500 Kraniche ein. Von der Straße Goßmar–Freesdorf kann man die 1,20 m großen Vögel von Anfang August bis September besonders gut beobachten und oft auch hören. Wenn Sie von Freesdorf kommen und Richtung Goßmar fahren, dann befindet sich hinter der kleinen Straßenbrücke auf der linken Seite ein Abzweig. Hier finden Sie einen Aussichtsturm. Im benachbarten Gut Görlsdorf bietet man einfache Unterkünfte und Erlebnisse mit Pferden, ☎ 03544/4215.

Empfehlenswerte Karte: Topographische Karte des LVA Brandenburg Nr. 4148 (Luckau)

Etwa 4 km südöstlich von Görlsdorf, am Nordrand des stillgelegten Tagebaus Schlabendorf-Süd, befindet sich die Naturschutzstation und der **Findlingsgarten Wanninchen**. Der gleichnamige Ort mußte 1985 dem Tagebau weichen. Neben Findlingen können Sie hier auch einen Bauern- und Rosengarten besuchen oder die Urform unseres Haushuhns, die Bankivhühner, bestaunen.

Der Findlingsgarten ist frei zugänglich, vor Besichtigung der anderen Objekte melden Sie sich bitte in der Station.

Im Altkippengebiet Schlabendorf-Nord südwestlich von Groß Beuchow, zwischen Lichtenauer See (Kranichrastplatz) und Schlabendorf, befindet sich der **Naturlehrpfad Luttchensberg** mit geologischem und biologischem Abschnitt. Um die innere Struktur der im Findlingsgarten aufgestellten Exemplare zu erkennen, wurde jeweils eine Stelle angeschliffen.

Fürstlich Drehna

Den Vorsatz Fürstlich für das kleine Dorf verordnete im Jahre 1807 Fürst Moritz von Lynar.

Touristische Bedeutung hat heute die Parkanlage mit einem Schloß (z. Z. umfangreiche Rekonstruktionsmaßnahmen). Parkbereiche wurden, wie Großteile der Landschaft um das Dorf, durch den Braunkohletagebau Schlabendorf-Süd in Anspruch genommen. Die abgebaggerten Flächen des Parkes wurden inzwischen gärtnerisch gestaltet und »zurückgegeben«.

Einen besonders schönen Überblick genießt man vom rekonstruierten gußeisernen Pavillon aus, im Westteil der Anlage an einem Teich gelegen.

Im Angebot stehen Führungen entlang des Tagebaus »Erleben der Rekultivierungsmaßnahmen«.

Die am Vorplatz des Schlosses links gelegene Schloßbrauerei feierte im September '95 ihr 250 jähriges Jubiläum.

Spreewald

An der Spree im Unterspreewald

Für Unternehmungen im Ober- und Unterspreewald empfehlen wir die Kompaß Spezial-Wanderkarte »Spreewald« Nr. 1018 im M 1: 50 000 oder die Topografischen Karten des Landesvermessungsamtes Brandenburg »Oberspreewald« und »Unterspreewald« im M 1: 25 000.
Allgemeine Informationen → Naturschutzgebiete u. Biosphärenreservate/Spreewald

Lübben (Lubin)

[i]   *Fremdenverkehrsverband Spreewald, Lübben und Umgebung e. V., Lindenstr. 14, ☎ 03546/3090 und 2433*
     → Naturschutzgebiete und Biosphärenreservate/Spreewald

[H]   *Auswahl:*
     Spreewaldhotel Stephans Hof, Berliner Chaussee 1, ☎ 03546/27210
     Hotel Steinkirchner Hof, Cottbuser Str. 16, ☎ 03546/8212
     Hotel Spreeufer, Hinter der Mauer 4, ☎ 03546/8003
     Hotel Spreeblick, Gubener Str. 53, ☎ 03546/8312

[JH]   *Jugendherberge Zum Wendenfürst, Nr. 8, ☎ 03546/3046*
[▲]   *Spreewaldcamping Lübben (15. März bis 31. Oktober, ansonsten nur nach Anmeldung)*
     Am Burglehn, ☎ 03546/7053 , außerhalb der Saison ☎ 03546/3335

Fahrradverleih:
Zwei-Rad-Center, Logenstr. 15
Fahrradverleih Oswald, Am Frauenberg 6
Bahnhof Lübben
Bootsverleih Gebauer, Lindenstr. am Stadtcafé
Kahnfahrten:
Fährmannsverein Flottes Rudel, Herr Pehla
Fährmannsverein Lübben, PSF 114

Lage

Lübben (15 000 Ew.) befindet sich zwischen Ober- und Unterspreewald an der Autobahn A 13 sowie der Bahnstrecke Berlin–Cottbus–Görlitz.

Geschichte

Erste Erwähnung als slawische Siedlung fand der Ort um 1150 als »urbs Lubin«. Die älteste Urkunde datiert aus dem Jahre 1208, in der ein Burggraf Johann von Lübben erwähnt wird. Die Lage der Stadt am Landweg durch den Spreewald machte sie für viele Herrschaften begehrlich, so auch für die deutschen Eroberer, die zwischen Lübben und Steinkirchen eine Burg erbauten. Als Spielball dynastischer Willkür wechselten die Besitzer im Mittelalter häufig.

Der Landvogt residierte ab 1562 im Neuen Schloß. Der Dreißigjährige Krieg führte zu Feuersbrünsten im Stadtgebiet. Herzog Christian I. von Sachsen-Merseburg erwarb nach Kriegsende große Verdienste um die weitere Stadtentwicklung, er gründete die Neustadt, und Lübben wurde zur **Hauptstadt des sächsischen Markgraftums** Niederlausitz.

Nach dem Wiener Kongreß fiel Lübben an Preußen und versank lange Jahre in Bedeutungslosigkeit.

Im April 1945 zerstörten sinnlose Gefechte ca. 80 % der historischen Altstadt.

Sehenswürdigkeiten

Bahnreisende kommen auf dem Weg zum Stadtzentrum anfangs durch den **Großen Hain**, einen etwa 20 ha umfassenden Rest des später zurückgedrängten Spreewaldes, heute von der Berste durchflossen. Alte Buchen, Erlen, Eschen und Eichen verleihen dem grünen Paradies eine Art Stadtparkcharakter. An die einstige sagenumwobene Kultstätte der wendischen Liebesgöttin Liuba erinnert der im Jahre 1854 am Hauptweg aufgestellte **Liubastein**.

Über den ehemaligen Stadtgraben (Spreearm) gelangt man in die Neustadt auf die Einkaufsstraße der Lübbener, die Breite Straße. In der Fußgängerzone fällt die Postmeilensäule (1736/Kopie 1966) auf.

Über Brückenplatz und Spreebrücke erreicht man die Reste der alten Stadtmauer, erbaut aus Raseneisenstein und Backsteinen (Ende des 15. Jh.), und gelangt weiter zum Markt. Dominierendes Gebäude ist hier die spätgotische **Hallenkirche St. Nikolai**, aus Backsteinen im 15. Jh. errichtet. Der Turm ist 60 m hoch. Die Innenausstattung (u. a. Kanzel, Taufbecken, Altar und Triumphkreuz) stammen aus dem 16. bis 17. Jh. Ab 1668 wirkte hier der bekannte Kirchenlieddichter Paul Gerhardt bis zu seinem Tod im Jahre 1676 als Diakon. Er wurde in dieser Kirche beigesetzt, ein Denkmal vor dem Gotteshaus erinnert an ihn. Geöffnet: Jeden So von 10.30 bis 12 Uhr, von Mai bis September Mi von 10 bis 12 Uhr und 15 bis 17 Uhr.

Durch Haupt- und Gerichtsstraße führt die Besichtigungsroute weiter zum dreiflügligen Ständehaus (1717–1722) – bekannt aus Lessings »Minna von Barnhelm«. In unmittelbarer Nachbarschaft, am Ernst-von-Houwald-Damm, steht das **Schloß**. Der dreigeschossige Bau wurde nach Zerstörungen im Dreißigjährigen Krieg 1680 im Stil der Spätrenaissance umgebaut und erweitert. Aus jener Zeit blieben das prächtige Sandsteinportal mit sächsischem Wappen an der Nordseite sowie der Renaissancegiebel auf der Ostseite erhalten. Der vierstöckige Schloßturm ist wesentlich älter (14. Jh.), seine Mauern sind 2 m stark. Einst als Wohnturm von den Burggrafen und Landvögten genutzt, können Sie hier auch den mit Wandgemälden und Wappen der Niederlausitzer Städte und Standesherrschaften geschmückten zweigeschossigen **Wappensaal** besichtigen (Di–So von 10 bis 12 Uhr sowie 14 bis 17 Uhr). An Ort und Stelle huldigten die Stände ihrem jeweiligen Herrn. Auffällig wirkt das große Ölgemälde, das die Huldigung des Kurfürsten Friedrich II. Eisenzahn bei einem Besuch der Stadt Lübben im Jahre 1448 darstellt (August Oetken, 1917). Heute dient der Saal u. a. als Veranstaltungsort für Konzerte und wechselnde Ausstellungen.

Im Weinkeller des Schlosses sitzt es sich angenehm.

Über die Spree, vorbei am Bootshafen, Richtung Campingplatz und Freibad gelangt man zum **Burglehn**, einem slawischen Rundwall, heute eine bewaldete Anhöhe. Das gleichnamige Gasthaus lockt hier zur Einkehr.

Im südlichen Stadtteil Steinkirchen, einst ein eigenständiges Dorf, befindet sich eine der ältesten steinernen Kirchen der Lausitz. Sie stammt aus der Frühzeit der Christianisierung und wurde von Zisterziensermönchen Anfang des 13. Jh. als Wehrkirche erbaut.

Veranstaltungen
Juni: Stadtfest
September: Spreewaldfest

Agrarhistorisches Museum in Schlepzig

🚲 **Fahrradtour von Lübben über Petkampsberg nach Schlepzig** (12 km)

Wir folgen dem blau markierten Weg von Lübben über Lehnigksberg, Hartmannsdorf und Petkampsberg nach Schlepzig. Das Biosphärenreservat wird auf dieser Route vor allem durch **vier Teichgruppen** geprägt. Vom Hochwasserschutzdamm der Hauptspree, auf dem der Pfad verläuft, bietet sich oft ein weiter Blick in die Niederungslandschaft.

In der Spreewaldgaststätte **Petkampsberg** kommt nicht nur Fisch aus umliegenden Gewässern auf den Tisch, hier kann man auch Boots-, Kahn- und Kutschfahrten mieten (☎ 035472/247).

Fährt man noch weitere 3 km immer entlang der Hauptspree, gelangt Schlepzig ins Blickfeld.

Schlepzig

ℹ️ *Natur- u. Heimatverein Unterer Spreewald in Schlepzig, Dorfstr. 26, ☎ 035472/225*

🏨 *Hotel Haus Müggenburg, Kuschkower Str. 31, ☎ 035472/6600*
sowie mehrere Ferienwohnungen

🏃 *Schullandheim, Dorfstr. 26*
Fährmannsverein Unterspreewald

🚲 *Andreas Krüger, Dorfstr. 87*

Urkundlich bereits 1004 erwähnt, deutet die niedersorbische Ortsbezeichnung Slopišća (słop) auf den lehmigen Untergrund des Dorfes hin.

Am jetzigen Standort befand sich bis ins 17. Jh. ein Eisenhammer, daneben sieht man die noch erhaltene Öl- und Schneidemühle aus dem Jahre 1740, sie dient jetzt als Besucherinformationszentrum und Museum. Alle anderen Gebäude in Schlepzig mußten nach einem verheerenden Brand im Jahre 1769 neu errichtet werden, so auch die hübsche, frisch rekonstruierte **Fachwerkkirche**. Im Dorf gibt es noch schöne Fachwerkhäuser zu entdecken.

Größter Anziehungspunkt ist jedoch das **Agrarhistorische Museum**, direkt an der Dorfstraße gelegen. Es wurde schon zu DDR-Zeiten im spreewaldtypischen Gehöft des einstigen Ortsrichters (1818) begründet. Hier können Sie ein Wohnhaus, Scheune, Kuhstall (alles mit reichhaltig ausgestatter Inneneinrichtung) und einen **Lehmbackofen** besichtigen, der in der Saison öfters in Betrieb genommen wird. Auf den Tisch gelangen dann duftendes Landbrot und leckerer Hefekuchen. Infos und Bestellung: ☎ 035472/225. Geöffnet: Di–Fr von 9 bis 17, Sa 10 bis 17, So 10 bis 16 Uhr (April bis Oktober), außerhalb der Saison werktags von 7 bis 15.30 Uhr, am Wochenende nur nach Voranmeldung.

Lübbenau (Lubnjow)

[i] *Spreewald-Fremdenverkehrsverein Lübbenau & Umgebung*
e. V., Ehm-Welk-Str. 15, ☎ 03542/3668,
→ *Naturschutzgebiete und Biosphärenreservate/Spreewald*

[H] *Auswahl:*
Hotel Schloß Lübbenau, Schloßbezirk 6, ☎ 03542/8730
Hotel Spreewaldeck, Dammstr. 31, ☎ 03542/89010
Turmhotel, Nach Stottoff 1, ☎ 03542/89100
Pension Am Stadtgraben, Bergstr. 9, ☎ 03542/3532
Pension Ebusch, Topfmarkt 4, ☎ 03542/3670
Pension Zum Brauhaus, Brauhausgasse 2, ☎ 03542/2126

[▲] *Am Schloßpark (15. März bis 31. Oktober), PSF 101125,*
☎ 03542/3533, geeignet für Wasserwanderer, da direkt an
der Hauptspree gelegen
Caravan-Camping (Ostern bis 31.Oktober), Damm-
straße 62, ☎ 03542/2921

[🚲] *Fahrradverleih:*
Bahnhof Lübbenau
2-Rad-Center Kretschmann, Poststr. 16
Erich Goyn, Bahnhofstr. 30
Kowalskys Fahrradservice, Poststr. 6

[🚣] *Bootsverleih Petrick, Am Campingplatz Schloßpark*
Paddelbootverleih Franke, Dammstr. 72
Bootsverleih Hannemann, Am Wasser 1
Bootshaus Ringl, Kaupen 1
Kahnfahrten:
Spreewaldhafen Lübbenau
Kahnfährmannsverein der Spreewaldfreunde e. V.
Detlef Winter, Dammstr. 36
Frank Richter, Dammstr. 76
(U. a. im Angebot: Rundfahrt Lehde 3 h, Rundfahrt
Leipe 7h, Rundfahrt Wotschofska 5 h, Rundfahrt Hochwald-
tour bis 10 h).

Lage

Lübbenau ist das bekannteste Touristenzentrum im Oberspreewald, die Stadt (19000 Ew.) befindet sich an der A 13, B 115 und
den Bahnlinien Berlin–Cottbus–Görlitz sowie Lübbenau–Kamenz.

Geschichte

Dort, wo heute das Schloß steht, ist der Ausgangsort einer frühen
Besiedlung ab dem Jahre 800 zu suchen, hier stand einst eine slawische Wallanlage der Lusici.
Im 14. Jh. wurden die Herren von Yleburg aus Meißen Eigentümer des schon vorhandenen massiven Burgareals. Im Jahre 1621

ging die Standesherrschaft in den Besitz der Grafen zu Lynar über, die das Schloß bis 1945 behielten. Nach der Wende '89 erfolgte die Rückübertragung, und das Schloß wurde zum Hotel ausgebaut.

Ab dem 18. Jh. hatten Bierproduktion, Leinenweberei und Leinwandhandel wirtschaftliche Bedeutung. Weltruf genießen die **Lübbenauer »sauren« Gurken**, die ab 1866 auf dem Schienenweg in alle Himmelsrichtungen gelangten.

Anfang unseres Jahrhunderts entwickelte sich der Fremdenverkehr zum herausragenden Erwerbszweig, nur unterbrochen während der Weltkriege.

Das Braunkohlekraftwerk Lübbenau entstand 1957–1964, die Einwohnerzahl stieg explosionsartig an. Bis Ende 1996 wird das technisch veraltete Kraftwerk stillgelegt. Parallel zum Bau des Kraftwerkes erfolgte der Aufschluß von Braunkohletagebauen.

Sehenswürdigkeiten

Theodor Fontane bezeichnete Lübbenau als eine Hauptstadt, die unbestrittene Spreewaldresidenz. Von 1935 bis 1940 lebte der Schriftsteller Ehm Welk (u. a. »Die Heiden von Kummerow«) in der Stadt, auf dem Weg vom Bahnhof über die Dammstraße zum Fährhafen kommen Sie an seinem Wohnhaus Nr. 26 mit Gedenktafel vorüber.

Weithin sichtbar, »grüßt« der schlanke spitze Turm der barocken **Stadtkirche St. Nikolai** (18. Jh.) alle Besucher schon aus weiter Entfernung. Zur wertvollen barocken Inneneinrichtung gehören ein Wandgrab, Altar und Herrschaftsloge. Im Jahre 1984 wurde die Kirche durch Blitzschlag beschädigt. Mo–Sa von 14 bis 16 Uhr geöffnet, am So 10 Uhr Gottesdienst. Die jeden Di um 15 Uhr beginnende Stadtführung (Treffpunkt Touristeninformation) beinhaltet auch eine Kirchenführung.

Nebenan steht eine originale **Postmeilensäule** aus dem Jahre 1740. Sehenswert ist das Ensemble der Bürgerhäuser aus dem 18. und 19. Jh., die dem Markt einen würdigen Rahmen verleihen. Das schmucklose **Torhaus** (vor 1784), nordwestlich vom Zentrum am Topfmarkt, war früher das Rathaus. Besondere Aufmerksamkeit verdient der **Walkiefernknochen** in der Tordurchfahrt. Der gebürtige Lübbenauer und spätere Hamburger Kaufmann Morza schenkte den Stadtvätern das Stück vor gut 300 Jahren.

Einen bedeutenden Anziehungspunkt stellt der klassizistische Schloßbezirk dar. Das eigentliche Schloß (1817–1820) der Grafen zu Lynar ist heute ein Hotel. Bei den Umbauarbeiten im 19. Jh. wurde auch K. F. Schinkel zu Rate gezogen. Der letzte Besitzer, Wilhelm Friedrich Graf zu Lynar, gehörte zum Kreis der Verschwörer gegen Hitler am 20. Juli 1944 und wurde in Plötzensee hingerichtet.

In der Orangerie (1820–1830) und der ehemaligen Kanzlei (1745–1748) gegenüber dem Schloß befindet sich das **Spreewald-museum**. In der Orangerie kann man die bedeutendste Nieder-lausitzer Kunstgalerie mit Lynarscher Sammlung (Porträtgalerie der Familie zu Lynar, Chinesisches, Meißner und Berliner Porzellan, Renaissancetruhe aus dem Jahre 1599 sowie Uhren) besichtigen. In der Gerichtskanzlei am Schloß finden sich vielfältige Zeugnis-se der Regional- und Stadtentwicklung.

Die Bahnhalle neueren Datums hinter der Kanzlei dient der Er-innerung an die **Spreewaldbahn**, einer Schmalspurbahn, hier lie-bevoll »Spreewaldguste« genannt. Man sieht u. a. eine Lok. Die 1898/99 erbaute Strecke führte von Lübbenau über Straupitz und Burg nach Cottbus, Abzweige nach Goyatz und Lieberose. Die Spree-waldbahn fuhr letztmalig am 3. Januar 1970.

Geöffnet: 1. April bis Mitte September von 10 bis 18 Uhr, danach bis 31. Oktober nur bis 17 Uhr, montags geschlossen. Die Eintritts-karte gilt für alle drei Objekte.

Am Eingang zum Schloßpark befindet sich ein langgestreckter schlichter Fachwerkbau, das sogenannte Efeuhaus.

Veranstaltungen

Juli: Spreewald- und Schützenfest (1. Wochenende)
August: Museumsfest im Freilandmuseum Lehde (u. a. mit sorbischem Hochzeitszug)

Nach Lehde ins Freilandmuseum (2 km) und weiter nach Leipe (6,5 km)

Vom Marktplatz führen mehrere Wanderwege, so auch der blau markierte Rad- und Wanderpfad nach Leipe als Teil des Europa-wanderweges E 10 (Kap Arkona–Mittelmeer).

Die Landverbindung nach Leipe wurde erst 1936 angelegt, zuvor war der kleine Ort nur auf dem Wasserweg erreichbar.

Nach etwa 20 Minuten Wegstrecke weist eine grüne Markierung nach links: nach **Lehde**. Hier sind mehrere »Bänke«, die typischen Spreewaldbrücken, zu überqueren, und bald befindet man sich auf dem Gelände des **Freilandmuseums Lehde** (vom 1. April bis 15. September täglich 10 bis 18 Uhr, vom 16. September bis 31. Oktober bis 17 Uhr geöffnet). Am Eingang zum Museumskomplex präsentieren einheimische Gewerbe – insbesondere an Wochen-enden – ihre Waren, und man hat Gelegenheit zuzuschauen, wie das eine oder andere kleine Kunstwerk entsteht, beispielsweise beim Korbflechten. Ebenso können drei komplette Spreewald-Bauernhäuser aus nächster Nähe betrachtet werden. Eine Führung, der man sich zwanglos anschließen kann, gibt Einblick in das frü-here Leben der Bewohner. Heute kaum noch vorstellbar: Die Bauerngroßfamilie schlief in einem gemeinsamen Bett, nur jungvermählte Eheleute durften ihre Flitterwochen auf dem Heuboden verleben, dann ging es zurück ins Familienbett.

Gegenüber vom Museumsgelände lädt die Gaststätte **»Zum fröhlichen Hecht«** zu einer ersten Rast ein, hier herrscht jedoch zumeist Hochbetrieb. In den dreißiger Jahren war sie eine der bekanntesten deutschen Künstlertreffpunkte. Familiärer geht es im Gasthaus Oppott zu, das direkt an das Museum angrenzt (☎ 03542/2844). Fontane war bei seinen Wanderungen durch die Mark Brandenburg so fasziniert von diesem Fleckchen Erde, daß er es liebevoll »bäuerliches Venedig, die Lagunenstadt im Taschenformat« nannte. Nach solcher Kulturpause geht es zurück in die Natur, nun folgt man dem grün, später blau gekennzeichneten Weg nach **Leipe.** Viereinhalb Kilometer sind es bis dahin. Der malerische Pfad wird beidseitig von Birken, Erlen und Eichen begrenzt. Schließlich landen wir im traditionsreichen Leiper Gasthaus **»Zur Spreewälderin«.** Mit den Schlangen, früher massenhaft vorkommend, verbinden sich im Spreewaldraum zahlreiche Sagen und Legenden. Zwei gekreuzte Schlangenköpfe über dem Hausgiebel sollen den Bewohnern Glück bringen, daher sind sie überall zu finden. In den Gasthäusern warten spreewaldtypische Gerichte: Hecht in Spreewaldsoße, Pellkartoffeln mit Leinöl und Quark oder Spreewälder Hefeplinse. Als Mitbringsel für die Daheimgebliebenen gibt es saure Gurken oder Meerrettich, in hübschen Gläsern konserviert. Wer nun zu behäbig geworden ist zum Rückmarsch, kann einen Kahn zurück nach Lübbenau nehmen, direkt vom Gasthaus **»Schlangenkönig«** aus besteht die Möglichkeit dazu.

👫 **Wanderung nach Alt Zauche über »Wotschofska«** (12 km)
Ausgangspunkt ist der Lübbenauer Marktplatz, von hier aus folgen wir der Spreestraße bis hin zum »Spreeschlößchen«. Dort ist die erste von vielen noch folgenden Bänken, den typischen Spreewaldbrücken, zu überqueren, und der schmale, idyllische Pfad zur Gaststätte Wotschofska nimmt seinen Lauf. Von Birken und Erlen begrenzt, gibt der Weg auch den Blick frei über die grünen Wiesen mit ihren charakteristischen Heuschobern.

Nach etwa eineinhalb Stunden erreichen wir **Wotschofska**, was »die Insel im Sumpf« bedeutet. Die gleichnamige Gaststätte in nordischer Blockbauweise eröffnete im August 1894. Schon damals war man im Spreewald auf die Förderung des Fremdenverkehrs bedacht. Und seitdem wurden dem lieblichen Spreewaldflecken wahre Heerscharen von Touristen beschert, die meisten kamen im Kahn, so wie auch die Verpflegung noch bis in die achtziger Jahre hierher transportiert wurde.

Heute können Sie im rustikalen Restaurant, in der Selbstbedienungsgaststätte oder bei schönem Wetter unter freiem Himmel verweilen.

Winterquartier der Spreewaldkähne bei Lübbenau

Nach einer Stärkung geht es weiter in Richtung Alt Zauche, nun noch mit 8,5 km angegeben. Das Landschaftsbild ändert sich jetzt. Spreewaldtypisches ist hier verlorengegangen, da große Flächen bis vor wenigen Jahren landwirtschaftlich intensiv genutzt wurden. Großraumwirtschaft bedeutete eben auch: Störende Hecken, Baumgruppen und kleine Fließe mußten verschwinden. So bleibt es den jetzt Verantwortlichen des Biosphärenreservats vorbehalten, hier die eigentliche Spreewaldlandschaft wieder zu renaturieren.

Naturschönheiten am Wegesrand gibt es dennoch. Im Sommer begleiten den Wanderer zahlreiche Libellen und bunte Schmetterlinge. Brombeeren laden immer wieder zu Naschpausen ein. Und auf den nun unbewirtschafteten ehemaligen Nutzflächen erobert sich die Natur ihr Terrain zurück, verschiedene Wildblumenarten wie Blutweiderich, Schlangenknöterich, Uferzaunwinde oder die Gemeine Wegwarte sind zu finden.

Nach Cottbus besteht noch Busanschluß: ab Alt Zauche, Kreuzung, gegen 16.30 Uhr.

Alt Zauche

i *Fremdenverkehrsverein Alt Zauche e. V., Hauptstr. 4,*
☎ *03546/7643*

H *Gasthaus Zum Spreewald, Hauptstr. 24,* ☎ *03546/7653*
Zimmervermietung L. u. K. Zahl, Siedlungsstr. 2,
☎ *03546/2643*
Ferienzimmer bei R. Oldenburg, Hauptstr. 34,
☎ *03546/2642*

Der Ort befindet sich am nördlichen Rand des Oberspreewaldes und wurde nach den Brüdern von der Zauche benannt, die das Gebiet im Jahre 1347 als Lehen erhielten.

Alt Zauche wurde häufig von Hochwassern bedroht, so begann man in den 50er Jahren mit dem Bau des Nordumfluters. Mehrere Staustufen wurden ausgebaut und große Flächen melioriert, um sie für die Landwirtschaft nutzbar zu machen. Der Fremdenverkehr ging stark zurück, denn durch die Hochwasserschutzmaßnahmen wurde der Ort vom Fließsystem des Oberspreewaldes abgeschnitten.

Nun lädt der von Fachwerkhäusern geprägte und mit Erlenwäldern und Wiesen umgebene Ort abseits vom Massentourismus wieder zur Kahnfahrt ein. Mehrere Touren führen vom Kahnfährhafen am Nordumfluter in den Hochwald, zum Gasthaus Wotschofska, zur Pohlenzschänke oder ins Freilandmuseum Lehde (2 bis 7 Stunden).

 Alt Zauche–Pohlenzschänke (ca. 11 km), **zurück mit dem Kahn**
Alternative: **von der Pohlenzschänke über Wotschofska zurück nach Alt Zauche** (insgesamt ca. 23 km, → Wanderung Lübbenau)

Vom Dorfplatz in Alt Zauche folgt man zunächst der grünen Markierung in Richtung Wußwerk, nach ca. 400 m rechts dem asphaltierten Mühlweg. Die Brücke über den Nordumfluter wird überquert, dann biegt man 700 m weiter an der Kreuzung rechts ab. Der Weg führt jetzt einen reichlichen Kilometer in Richtung Lübben, dann biegt er links auf die Pappelallee (grober Schotterweg) ab, nach ca. 800 m wieder nach links. 500 m weiter wechselt man nach rechts auf den Plattenweg und geht dann über die Brücke (Großes Fließ). Die letzten 6 km läuft man nur noch geradeaus, bis die idyllisch gelegene Pohlenzschänke erreicht ist.

Mitte des 18. Jh. baute sich Christian Pohlenz hier ein Blockhaus, später wurde eine Schankstube errichtet und der Bau noch erweitert. Ihr heutiges Antlitz erhielt die Schänke in den Jahren 1930 bis 1932. Der Altwendische Saal oder auch Schinkelsaal entstand nach Zeichnungen des berühmten Baumeisters. Zu DDR-Zeiten war die Pohlenzschänke ein Kinderferienlager, sie eröffnete 1991 erneut als Gasthaus.

Nach ausgiebiger Rast läßt man sich mit etwas Glück im Kahn zurück nach Alt Zauche bringen. Wer noch gut zu Fuß ist, läuft den markierten Weg weiter nach Wotschofska und von dort zurück nach Alt Zauche.

Raddusch (Raduš)

☐ *Fremdenverkehrsverband Spreewald e. V., Lindenstr. 1,*
03226 Raddusch, ☎ *035433/77433*
☐ *Hotel Landhaus im Spreewald, Dorfstr. 24,* ☎ *035433/2456*
Zimmervermietung A. Richter, Dorfstr. 13, ☎ *035433/3074*
Fremdenzimmer bei U. Peschmann, Friedhofsstr. 3,
☎ *035433/71233*

Raddusch entstand um 1312, es liegt am Rande des Spreewaldes
zwischen Lübbenau und Vetschau. Seine verkehrsgünstige Lage
nahe der B 115 und zu den Autobahnauffahrten Boblitz und Vetschau führte zur touristischen Erschließung.
Das Fließ »Radduscher Kahnfahrt« verbindet den Ort mit dem gesamten Fließgewässernetz des Spreewaldes.
Nordwestlich des Ortes erhebt sich der 65 m hohe Schwarze Berg
(wendisch: Carna gora), ein Relikt der letzten Eiszeit. Anderthalb
Kilometer südöstlich von Raddusch befindet sich ein slawischer
Burgwall. Der Wall war eine Holzkonstruktion: Stämme wurden
gitterartig neben- und übereinandergelegt und die Zwischenräu-
me mit Lehm und Sand verfüllt.
In der Vergangenheit wurde Raddusch häufig von schweren Hochwassern heimgesucht. Erst durch Hochwasserschutzmaßnahmen
in den 50er und 70er Jahren konnnte die Gefahr gebannt werden.
Beim alljährlichen Radduscher Reiterfest am letzten Augustwo-
chenende werden alte Erntebräuche wieder lebendig. Dann tragen auch die Radduscher Mädchen ihre Festtagstracht, die zu den
schönsten im gesamten Spreewald gehört.

🚶 Rundwanderung Raddusch–Stradow–Dubkow-Mühle–
🚲 Raddusch (21 km)

Der markierte Weg beginnt am Hotel Landhaus im Spreewald und
führt über Wiesen und Felder zunächst nach Stradow. Nachdem
die Hauptstraße im Ort überquert wurde, biegt man an der folgenden Kreuzung links ab und läuft nun noch ca. 1 km geradeaus,
bis die Stradower Teiche erreicht sind. Nach dem Überqueren von
Vetschauer Mühlenfließ, Südumfluter und Hauptspree nähern wir
uns der Dubkow-Mühle.
Direkt an der Spree gelegen, fungierte sie einst als Mahl- und Öl-
mühle. Heute lädt das traditionsreiche Gasthaus zum Pausieren
ein. Für den Rückweg überqueren wir die Schleuse hinter der
Mühle. Der anschließende Weg mündet in einen Wirtschaftsweg,
auf dem man bald die Buschmühle erreicht. Sie stammt aus dem
Jahre 1777 und wurde mit einem unterschlächtigen Wasserrad
angetrieben. Bis 1952 wurde hier Korn gemahlen. Ein asphaltier-
ter Weg führt durch Wiesen zurück nach Raddusch.

Vetschau (Wětošow)

H *Hotel-Pension Märkischheide, Lindenstr. 2, ☎ 035433/3115
Hotel Ratskeller, Am Markt 5/6, ☎ 035433/70386*

Lage
Vetschau liegt am Südrand des Oberspreewaldes, direkt zwischen der Autobahn A 15 und der Eisenbahnstrecke Berlin–Cottbus–Görlitz. Das benachbarte Braunkohlekraftwerk wird 1996 stillgelegt.

Sehenswürdigkeiten
Auf dem Markt haben **Barock- und Jugendstilhäuser** die Stürme der Zeit überdauert. Hier finden Sie auch den gemütlichen Ratskeller (Markt 6).
Der wendischen **Dorfkirche** aus dem 13. Jh. fügte man im 17. Jh. die **Stadtkirche** für die deutsche Bevölkerung hinzu. Die Sakristei sowie der 35 Meter hohe Turm aus Feld- und Raseneisenstein wurden gemeinsam genutzt. Das burgartige Schloß ist von einem schönen Park umgeben (u. a. Sumpfzypressen).
In der Drebkauer Straße 2 können Sie dem **Weißstorchzentrum** einen Besuch abstatten (geöffnet: Di–Do von 13 bis 15, Sa und So von 10 bis 16 Uhr sowie nach Vereinbarung).
In der Niederlausitz brüten jährlich etwa 350 Weißstorchpaare und damit 10 % des gesamten Bestandes dieser Vogelart in Deutschland.

Veranstaltungen
Juni: Märkischheider Heimatfest

Burg (Borkowy)

i *Fremdenverkehrsamt Burg, Am Hafen 1, ☎ 035603/417
→ Naturschutzgebiete und Biosphärenreservate/Spreewald*
H *Auswahl:
Hotel Zur Bleiche (Romantik-Hotel), Bleichestr. 16,
☎ 035603/620
Hotel Bleske, Hauptstr. 43, ☎ 035603/210
Gasthaus Zum Erlkönig, Erlkönigweg 3, ☎ 035603/387
Landhotel, Ringchaussee 195, ☎ 035603/646
Pension Spreewaldbahnhof, Am Bahnhof 1, ☎ 035603/842
Pension Willischza, Willischzaweg 54, ☎ 035603/444*
JH *Jugendherberge Friedrich Ludwig Jahn,
Jugendherbergsweg 8, ☎ 035603/225
Wanderstützpunkt Burg, Jugendherbergsweg 8,
☎ 035603/225*

Fahrrad Schmidt, Bahnhofstr. 17
Bootsverleih und Kahnfahrten:
Bootshaus Conrad, Schwarze Ecke 1
Bootshaus Rehnus, Waldschlößchenstr. 39 (OT Kauper)
Bootsverleih Lukas (OT Kauper), Willischzaweg 43
Kahnfahrten:
Kahnfährhafen Burg-Dorf, Fahrten ab 1 h
(u. a. im Angebot: Leipe 3 h, Lehde 3,5 h, Lübbenau 4 h,
Wotschofska 5 h)
Kahnfährhafen Burg-Kauper (u. a. 2- und 3stündige Rund-
fahrten, Hochwaldtour 5 h, auch Paddelbootverleih)

Lage
Burg im östlichen Teil des Oberspreewaldes ist mit 35 km² die
flächenmäßig größte Gemeinde Ostdeutschlands und anerkannter Erholungsort, etwa 20 km nordwestlich von Cottbus gelegen.

Geschichte
Auf die frühe Besiedlung des Gebietes in der Stein- und Bronze-
zeit deuten die Erdwälle am Schloßberg hin, die etwa 800 v. Chr.
errichtet wurden.
Nach der Einwanderung slawischer Stämme im 6. Jh. weiter aus-
gebaut, wurden die Wehranlagen nach der deutschen Ostex-
pansion im 10. Jh. völlig zerstört.
Im 18. Jh. entstanden neben dem ursprünglichen Hauptort (Burg-
Dorf) zwei weitere Siedlungen, Burg-Kauper und Burg-Kolonie.
Hier siedelte Preußenkönig Friedrich II. abgedankte Soldaten an.
In jener Zeit wurde auch eine Weberkolonie in Burg begründet.
Die Kolonisten übernahmen bald die sorbische Sprache und Sit-
ten der Stammbevölkerung.

Sehenswürdigkeiten
Der einstige Schloßberg, ca. 1,5 km nördlich vom Ortszentrum an
der Straße nach Straupitz gelegen, ist der größte Rundwall der Mark
Brandenburg. Bei Ausgrabungen fand man hier zwei bronzene
Kultwagen und aus der Lausitzer Kultur stammende Keramik-
gefäße sowie Gold- und Silberschmuck.
Auf dem Schloßberg steht heute der 1913–1917 erbaute **Bismarckturm**. Von der Aussichtskanzel des 33 m hohen Bauwerks (137 Stufen) genießt man einen weiten Rundblick. Geöffnet: Vom 1. April
bis 31. Oktober täglich außer montags von 10 bis 18 Uhr.
Im **Burger Arznei- und Gewürzpflanzengarten**, unweit vom Bismarckturm an der Straße nach Straupitz gelegen, gedeihen spreewaldtypische Pflanzen. Bei einem Besuch des Bauerngehöftes
kann man erfahren, welche Bedeutung die Pflanzen in früherer
Zeit für die hiesigen Bewohner hatten. Geöffnet: Mo, Di, Mi und

Fr von 9 bis 15 Uhr, in der Saison zusätzlich Sa und So von 9 bis 18 Uhr (Führungen jeden 1. und 3. Sonntag im Monat 14 Uhr), ☎ 035603/60654.

Im Burger Zentrum wurde im Sommer '95 ein **Museumsbahnhof** eröffnet. Im und um das einstige Spreewaldbahnhofsgebäude erweckte Bäckermeister Werner Motzek in 8000 Arbeitsstunden das Flair der »Bimmelguste« zu neuem Leben, die bis Januar 1970 verkehrte (→ Lübbenau, Schloßbezirk). So erstrahlen zwei Original-Spreewaldbahn-Personenwagen und drei Güterwagen in neuem Glanz. In einem der Wagen ist eine Schulklasseneinrichtung aus den dreißiger Jahren zu bestaunen. Für gastronomische Genüsse ist ebenfalls gesorgt.

Veranstaltungen
August (letztes Wochenende): Heimat- und Trachtenfest

 Eine halbe Runde um Burg (ca. 12 km)
Mit einer Besiedlungsfläche von 35 km^2 (!) verspricht der Ort während eines Wochenendausflugs ausreichend Bewegungsmöglichkeiten zu Fuß.

Vom Ortszentrum läuft man auf dem neuangelegten kombinierten Fuß- und Radweg Richtung Bismarckturm (→ Sehenswürdigkeiten).

Auf dem gegenüberliegenden **Willischzaweg** werden wir ein gutes Stück des heutigen Weges zurücklegen. Nach knapp einem Kilometer kommen wir an den Willischzasee, ein beliebtes Badegewässer. Dann nutzen wir markierte Fahr- und Feldwege, teils nur schmale Pfade. Wenn im Spätsommer die Wiesen gemäht werden, schichtet man das Heu noch zu den charakteristischen überdimensionalen Schobern auf. Vier Jahre kann es dann draußen lagern, ohne zu verderben.

Auffällig erscheint der **Streusiedlungscharakter im Ortsteil Kauper**. Manche Gehöfte liegen gar mehrere hundert Meter auseinander. Die letzte Eiszeit hatte mit der Kraft der Schmelzwässer einen großen Schwemmsandfächer in das hiesige Urstromtal geschüttet. In der Burger Region wurde diese riesige Schüttfläche durch Fließe in viele kleine Inseln geteilt, womit die Voraussetzungen für das Wachsen einer Streusiedlung gegeben waren. Die neuen Gehöfte störten die ansässigen Junker, und manches Haus wurde wieder abgerissen. Die Kauper wandten sich in ihrer Not an den obersten Herrn in Berlin. Die königliche Antwort von Friedrich Wilhelm I. lautete: »Es ist weiterhin verboten, sich ohne Erlaubnis im Spreewald anzusiedeln, aber ein Haus, das steht, darf nicht abgerissen werden!« Damit konnten die Neuankömmlinge leben. Mit Hilfe Einheimischer wurde am Tage heimlich Bauholz herangeschafft und auf einem Hof zugeschnitten. In mondhellen Nächten brachte man das Bauholz auf Kähnen zu einer ausgewählten Kaupe (von kupa = Insel), und das Blockhaus wurde hier über Nacht zusammengesetzt. Wenn die Grundbesitzer auf ihren täglichen Kontrollgängen auch fürchterlich fluchten, wenn sie ein neues Haus erblickten, es stand, und nach königlichem Erlaß konnten die listigen Neuansiedler nicht mehr vertrieben werden. Menschen aus Österreich, Schlesien, Böhmen und Sachsen fanden in Burg eine neue Heimat.

Etwa 4 km laufen wir vom Bismarckturm bis zum »Wendenkönig«, einem größeren Hotel- und Gaststättenkomplex. Von hier aus lohnt ein kurzer Abstecher nach Burg-Kauper. In der Nähe des Fährhafens II befindet sich eine reichhaltige Altgeräteschau (historische Arbeitsgeräte).

Zur Mittagsrast zieht es uns in das Hotel und Restaurant »Zum Spreewald« in Burg-Dorf. Freundlich wird man umsorgt, und es kommen spreewaldtypische Gerichte auf den Tisch. Gut gestärkt machen wir uns auf den Rückweg, folgen der Ringchaussee, biegen links zum Hotel »Zur Bleiche« ab und gelangen auf einem Pfad parallel zur Hauptspree ins Zentrum von Burg.

Und vielleicht hat man ja Glück: Burg ist Zentrum der Brauchtumpflege im Spreewald. Viele ältere Einwohnerinnen tragen auch im Alltag ihre wendische Arbeitstracht.

Burg–Lübbenau (16 km)

Die Strecke eignet sich auch hervorragend als Radfahrweg. Räder werden bei Bedarf mit dem Linienbus von Cottbus bis Burg mitgenommen.

Bis Leipe ist die Route mit einem grünen Punkt markiert, ab hier folgt man einem gelben Querbalken (→ Wanderung Lübbenau–Leipe). Zu Fuß sind etwa 4 bis 5 Stunden einzuplanen.

Am Markt in Luckau
Spreewald im Winter
Tischlerei in Lehde/Spreewald
Seepyramide im Branitzer Park
Staatstheater Cottbus, Deutschlands einziges
Theatergebäude im Jugendstil
Branitzer Park, angelegt von
Hermann Fürst Pückler-Muskau
Im Heimatmuseum Sprucker Mühle/Guben
Ruine des Neuen Schlosses/Bad Muskau

Ausflug zur Sorbischen Heimatstube in Dissen (Dešno)

Das kleine Dorf Dissen, östlich von Burg gelegen, ist zu erreichen über die Chaussee Richtung Cottbus, wenn man hinter Werben den Abzweig nach Guhrow nutzt. **Dorfkirche** (1778 und 1936/37) und **Dorfschule** (1899) bilden ein interessantes Bauensemble. Seit 1987 werden in der Kirche wieder Gottesdienste in niedersorbischer Sprache abgehalten. Neben der Kirche befindet sich die **Sorbische Heimatstube**. Hier kann man alte Gerätschaften, u. a. auch zur Flachsverarbeitung, sowie buntbestickte niedersorbische Trachten bewundern. Geöffnet: Di, Mi, Do 9 bis 12 und 13 bis 16 Uhr, Sa und So 14 bis 17 Uhr, ☎ 035606/265.

Straupitz (Tšupc)

☐ *Fremdenverkehrsverein Straupitz, Kirchstr. 11,*
   ☎ 035475/771
☐ *Pension Winzer, Lübbener Str. 28, ☎ 035475/532*

Am Nordrand des Oberspreewaldes gelegen, besitzt der Ort eine von K. F. Schinkel entworfene, doppeltürmige **klassizistische Kirche** (1827–1832). Jüngst vollständig rekonstruiert, ist sie nun wieder das Schmuckstück des Dorfes. Die Größe verwundert heute, aber Anfang des 19. Jh. gehörten sieben Dörfer zur Herrschaft derer von Houwald. Planungsgrundlage für Schinkel waren deshalb 1700 Gläubige, für die in der Kirche Platz zum Gottesdienst geschaffen wurde.

Das Schloß der Grafen von Houwald ist heute eine Schule.

Zum NSG Neuzaucher Weinberg (1 km)

Knapp einen Kilometer westlich vom Ortszentrum erhebt sich der einstige Weinberg. Mit 87,9 m stellt er zugleich den höchsten Punkt im Spreewald dar. An seinem Südhang gedeihen seltene wärmeliebene Pflanzenarten. Bis Anfang des 19. Jh. reiften dort Weintrauben.

Von Straupitz zur Byttna und weiter
nach Byhleguhre (7 km)

An der Kirche führt eine grün markierte, wenig frequentierte Asphaltstraße Richtung Byttna zum Standort der legendären Rieseneichen.

Etwa 3 km sind vom südlichen Ortsrand zu gehen. Vorher kann man einen Blick auf die jetzige Gesamtschule werfen. Einst Herrschaftssitz der Grafschaft Straupitz, erwarb 1655 der schwedische General Christoph von Houwald die Besitzungen. Der Aufbau des Schlosses wurde 1798 von den Nachkommen der Houwald-Standesherrschaft abgeschlossen.

Hinter dem Schloß schließt sich eine kleine Parkanlage an. Hier befindet sich seit Sommer '95 wieder ein Hafenbecken für die **Kleine Kahnfahrt**, angebotene Rundfahrten durch Schloßpark und Felder dauern bis zu 2 Stunden. Die großflächige, ökologisch kurzsichtige Komplexmelioration sowie der Bau des Nordumfluters zu DDR-Zeiten trennten den Ort jedoch von den Wasserläufen des Spreewaldes ab. Früher konnte man sich von hier Richtung Erlenhochwald/Straupitzer Buschmühle staken lassen. Der Blick schweift jetzt über Wiesenflächen. Bald schwenkt der Weg nach links, und kurze Zeit später sind die **Eichen von Byttna** (zu deutsch: Heiliger Gang) in Sichtweite. Die stattlichen Eichen trugen einst Schilder mit Namen von Familienmitgliedern des Houwald-Geschlechts. Bis heute blieb davon nur noch eines übrig, das Schild der Christoph-Heinrich-Eiche. Zur Zeit der slawischen Besiedlung befand sich an Ort und Stelle eine Wallanlage.

Ungefähr 300 Meter weiter, etwas abseits am Waldrand, taucht der stärkste Baum-Methusalem auf, die **Florentinereiche**. Leider schon Jahrzehnte ohne Leben, erweckt dieser Riese dennoch Ehrfurcht vor der Natur. Er ist etwa 1000 Jahre alt und mißt dicht über der Erde einen Stammumfang von 12 Metern.

Wir folgen dem Wegweiser, der uns zum **Byhleguhrer** See lenkt. Anfangs durch Mischwald, folgt der schmale Pfad später parallel der Straße, um dann zum See abzuzweigen. Das Gewässer ist knapp zwei Kilometer lang und 0,5 Kilometer breit. Am Südufer steht das Jugendgästehaus »Am See« (☎ 035475/218), von hier führt ein Weg – anfangs durch Kiefernwald, später auf der Chaussee – direkt in das Dorf **Byhleguhre**.

Goyatz

[i]   *Schwielochsee-Tourist GmbH, Dorfstr. 1a, ☎ 035478/519 (außerhalb der Saison ☎ 035478/512)*

⚠   *An der Bosche (1. April bis 31. Oktober), ☎ 035478/519 Am Schwielochsee in Zaue (1. April bis 31. Oktober), ☎ 035478/522*

🏛   *Heimatmuseum »Schwielochsee Süd« in Goyatz, Am Bahnhof 27*

Lage

Goyatz ist ein Ferienzentrum am Südzipfel des knapp 12 km² umfassenden Schwielochsees.

Der kleine Ort hat wie die benachbarten Gemeinden heute vor allem als **Erholungs- und Feriendomizil** überregionale Bedeutung. Badelustige, Angler, Paddler, Segler und Surfer bevölkern im Sommer den See. Bis Mitte der fünfziger Jahre war Goyatz auch ein wichtiger Hafen, die Güter kamen auf der Oder und Spree hierher und wurden an Ort und Stelle mit der Spreewaldbahn vor allem Richtung Cottbus weitertransportiert.

Der Schwielochsee ist ein typisch märkischer See mit z. T. schilfbestandenen Uferabschnitten, Halbinseln sowie einigen Buchten. Hauptwasserlieferant ist die Spree, die den Nordteil des Sees durchfließt und an der Mündung ein kleines Delta bildet (NSG Eichwerder).

Sehenswürdigkeiten

Von der Bootsanlegestelle Goyatz führt ein markierter Weg zum etwa 1 km nördlich – direkt am Seeufer – befindlichen **Werdel**, einem slawischen Rundwall.

In Zaue (in der Saison verkehren Fahrgastschiffe auf dem See zwischen Goyatz, Zaue und Jessern) steht eine im 13. Jh. aus Findlingen, Feld- und Ziegelsteinen erbaute **Wehrkirche**.

Von Goyatz lohnt ein Spaziergang in das Dorf **Jessern** und weiter auf den reichlich 50 m hohen Babenberg. Von hier bietet sich ein Panoramablick über den gesamten See.

 ### Zum Kleinen und Großen Mochowsee
(Rundweg etwa 12 km)

Von Goyatz folgt der markierte Weg ca. 2 km der Landstraße nach Lamsfeld, ehe er rechts in den Wald abzweigt. Die charakteristische märkische Landschaft mit Kiefern ist allgegenwärtig.

Der Kleine Mochowsee ist noch völlig naturbelassen, am Ostufer des Großen Mochowsees entstand in den siebziger Jahren eine Bungalowsiedlung der Politprominenz des ehemaligen Bezirkes Cottbus. Die gute Wasserqualität lädt zum Baden ein. Direkt am See liegt der Campingplatz »Am Großen Mochowsee« (1. April bis 31. Oktober, ☎ 035478/525).

Von Lamsfeld besteht Linienbusverkehr zurück nach Goyatz.

Lieberose

Lage

Die Kleinstadt Lieberose liegt an der B 168 auf halber Strecke zwischen Beeskow und Cottbus sowie der B 320 nach Guben inmitten ausgedehnter Kiefernwälder. Bis Anfang der neunziger Jahre war die Region fest in der Hand sowjetischer Streitkräfte, die in den Wäldern riesige Truppenübungsplätze angelegt hatten.

Sehenswürdigkeiten

Das aus dem 16. Jh. stammende **Schloß** wurde im 18. Jh. barock umgebaut. Vor allem die reich verzierten Stuckdecken finden das Interesse der Besucher. In der benachbarten Parkanlage steht ein Teepavillon.

Gegenüber der Post, in der Cottbuser Straße, überdauerte eine kursächsische Postmeilensäule.
Bemerkenswert ist das Epitaph in der Landkirche, Ende des 16. Jh. für den verstorbenen Standesherrn Joachim von Schulenberg gefertigt.

🚲 **Lieberose–Schwielochsee** (8 km)
Eine markierte Radwanderroute führt vom Stadtzentrum nordwestlich nach Behlow, vorbei am Dammer Teich durch großflächige Kiefernbestände nach Speichrow, am Ostufer des Schwielochsees gelegen.

Guben (Gubin)

ⅰ *Fremdenverkehrsverein Guben, Berliner Str. 26–27,*
☎ *03561/3867*
(gibt jährlich »Unser Kalender-Freizeittips für jedermann« heraus)

Ⓗ *Hotel Panorama, F.-Schiller-Str. 12–14, ☎ 03561/5570*
Hotel Waldow, Hinter der Bahn 20, ☎ 03561/2171
Berghotel (OT Bresinchen), Dorfstr. 14, ☎ 03561/3796

⚠ *Deulowitzer See bei Atterwasch, ☎ 035692/203*
Pinnower See bei Pinnow, ☎ 035691/238

🚲 *Fahrradverleih in den Hotels möglich*
Bahnhof Guben

Lage
Guben befindet sich an der Lausitzer Neiße, welche die Grenze zur Republik Polen (Straßenübergang) bildet, der B 97 Cottbus–Frankfurt/O. sowie der Bahnlinie Cottbus–Frankfurt/O.

Geschichte
Guba (altsorbisch) bedeutet Mund, insofern bezieht sich der Stadtname auf die Mündung des Flüßchens Lubst in die Neiße. Im Jahre 1235 erhielt Guben vom Markgraf Heinrich dem Erleuchteten von Meißen Stadtrechte nach Magdeburger Muster und wuchs zu einem wichtigen Handelsplatz (u. a. Salz) heran. Bereits im 12. Jh. gegründet, wirkte das Benediktinerinnen-Kloster am linken Neißeufer 400 Jahre.
Bis in die Mitte des 19. Jh. hatte der hiesige Weinbau überregionale Bedeutung, der Wein wurde in viele deutsche Länder ausgeführt.
Im Jahre 1859 wurde in der Firma C. G. Wilke die Gubener Hutherstellung begründet. Wilke war der Erfinder des witterungsbeständigen Wollfilzhutes. Um die Jahrhundertwende war Guben größter deutscher Hutproduzent (Jahresproduktion 1919: 10 Mil-

lionen Hüte und Stumpen), und die hervorragende Qualität brachte der Stadt Weltruhm ein. Daneben war auch die Tuchindustrie strukturbestimmend.

Auf vielen ehemaligen Weinanbauflächen wurden Obstbaumplantagen angelegt, die während der Baumblüte zunehmend Touristen in die Region lockten.

Von Mitte Februar bis April 1945 war die Neiße Frontlinie. Die stark zerstörte Stadt wurde durch das Potsdamer Abkommen geteilt, und der komplette Altstadtkern fiel an Polen, wo die Stadt heute Gubin heißt. Bei Deutschland verblieb die ehemalige Klostervorstadt. Von 1961–1989 trug die Stadt den Namen Wilhelm-Pieck-Stadt Guben, benannt nach dem ersten Präsidenten der DDR, der 1894 am rechten Neißeufer geboren wurde.

Neben der Hutindustrie wuchs zu DDR-Zeiten ein Chemiefaserwerk heran.

Sehenswürdigkeiten

Im Zentrum fallen Klosterkirche und evangelisch-lutherische Kirche ins Auge.

Neben einigen bemerkenswerten Villen der Gründerzeit befindet sich in der Bahnhofstraße 1 ein von K. F. Schinkel entworfenes Haus mit Abbild des Baumeisters.

Das **Heimatmuseum Sprucker Mühle** in der Mühlenstraße 5 war einst eine Getreidemühle (1363 errichtet). Die Mühlräder am Schwarzen Fließ stehen seit 1970 still. Heute sieht man komplette originale Mühlentechnik des 19. Jh., einen Handwebstuhl für die Leinenweberei, Flachsbreche und Spinnrad auf dem Mühlenboden, im Erdgeschoß eine Mahlbühne. In den anderen Räumen erfährt man viele Details aus der Vergangenheit, Stadt- und Regionalgeschichtliches. Reizend ist die nachgestellte Kücheneinrichtung (um 1920). Wechselnde Sonderausstellungen werden organisiert. Draußen ist ein Kräutergarten zu besichtigen. Die gegenüberliegende Scheune wird gegenwärtig rekonstruiert. Zukünftig werden dort Sonderschauen und ein kleines Café zum Verweilen einladen. Geöffnet: Mi und Do von 9 bis 12 und 14 bis 17, Sa und So von 14 bis 17 Uhr, Di für Gruppen nach Vereinbarung, ☎ 03561/52038).

In den Mauern der Gubener Hüte GmbH (Gasstr. 4–7) wird ein **technisches Museum der Hutindustrie** aufgebaut, Sonderausstellungen wie »Hüte erzählen Geschichte« fanden schon statt. Von April bis Juni Di und Mi von 9 bis 17 Uhr geöffnet, sieht man alte und neue Hüte, die Technik der Hutherstellung, eine Ausstellung zur Firmengeschichte, und das Video »Wie ein Filzhut entsteht«. Anmeldungen sind unter ☎ 03561/431350 möglich.

Ausflugsziele

Die Gubener Umgebung ist reich an **reizvollen Badeseen**. Entfernungen vom Gubener Stadtgebiet: Deulowitzer See (3 km südwestlich bei Kerkwitz), Groß- und Kleinsee (15 bzw. 12 km westlich zwischen Bärenklau und Schönhöhe), Pinnower See (10 km westlich bei Pinnow), Pastlingsee (10 km südwestlich zwischen Grabko und Drewitz), Göhlensee (10 km nordwestlich bei Göhlen) und Kiesgrube Bresinchen (5 km nördlich an der B 112).

Beliebt ist die Ausflugsgaststätte Wagenburg in Göhlen-Vorwerk, 2 km nördlich von Groß Drewitz, inmitten »Märkischer Prärie«.

15 nachgestaltete Planwagen dienen hier in der warmen Jahreszeit als ungewöhnliches Nachtquartier (☎ 035693/290 und 347).

Wanderung zum Deulowitzer See
(vom Stadtzentrum ca. 8 km)

Wer sofort das Stadtgebiet verlassen möchte, fährt vom Bahnhof mit der Linie A nach Kaltenborn II, Endhaltestelle.

Vom Bahnhof bis in die Mühlenstraße (Mühlenmuseum → Sehenswürdigkeiten) läuft man etwa 30 Minuten. Hinter der Mühle über die Holzbrücke, das Schwarze Fließ überquerend, geht es weiter auf der schmalen Mühlenstraße (nur für Fußgänger und Radfahrer!) entlang der Lauchwiesen zum Sportstadion. An der Kreuzung hält man sich rechts und folgt auf dem Fußgängerweg der Kaltenborner Straße in den Ortsteil Kaltenborn. Auf der Straße Richtung Altsprucke nutzen wir den ersten Abzweig nach links, der uns vorbei an den letzten Wohnhäusern auf den Wanderweg zum Deulowitzer See bringt (rot markiert). Auf die Kaltenborner Berge führt ein sandiger Weg. Die hiesigen Hochflächen und Endmoränen sind Ergebnis des Brandenburger Stadiums der Weichseleiszeit. Die höchste Erhebung ist die »Kahle Glatze« mit 116 m.

Talwärts liegt bald der Deulowitzer See vor Ihnen, Einkehrmöglichkeit bietet die kleine Gaststätte Harmonie von Mai bis September (außer montags). Hier am Südufer befinden sich auch mehrere kleine Badestellen.

Bis zur Bahnstation Kerkwitz (2 km südwestlich, rote Markierung) läuft man auf einer schmalen kopfsteingepflasterten Straße durch stillen Wald. Direkt am Bahnhof lädt noch einmal der Jägerhof zur Rast ein. Nahverkehrszüge fahren zurück nach Guben oder in Richtung Cottbus.

Weitere Wander- und Radwandermöglichkeiten zu den Seen der Umgebung

Guben-**Göhlensee** (16 km) über Wilschwitz-Grano (NSG Lutzketal, ein naturbelassenes Flußtal nördlich von Grano)-Groß Drewitz-Göhlensee (separater **Rundwanderweg** um den See 4,5 km). Guben-**Pinnower See** (18 km) über Stadtteil Kaltenborn-Deulo-

witzer See–Pastlingsee–Bärenklau (sehenswertes Schloß im englischen Landhausstil, Schloßpark mit einer etwa tausendjährigen
Eiche sowie das NSG Tauersche Eichen nordwestlich der Gemeinde)–Pinnower See.

Peitz (Picnjo)

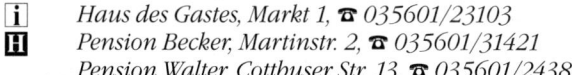

Haus des Gastes, Markt 1, ☎ 035601/23103
Pension Becker, Martinstr. 2, ☎ 035601/31421
Pension Walter, Cottbuser Str. 13, ☎ 035601/24386

Lage
Die Keinstadt in der Spree-Malxe-Niederung liegt ca. 10 km nordöstlich von Cottbus an der Kreuzung B 168 und B 97, den Bahnlinien Cottbus–Grunow–Frankfurt/O. sowie Cottbus–Guben–Frank-
furt/O.

Geschichte
Im Jahre 1301 wurde die Burg Pizne erstmals urkundlich erwähnt,
in deren Schutz eine Siedlung entstand. Ab dem 14. Jh. wechselte
die Herrschaft ständig und wurde von den böhmischen Königen
mehrmals verpfändet.
Im Jahre 1428 begannen Mönche des in Cottbus ansässigen Fran-
ziskanerordens mit der Anlage von Fischteichen. Später stieß man
auf reiche Raseneisensteinvorkommen. Am Stadtrand entstand um
1550 das Eisenhüttenwerk, welches anfangs vor allem Kanonen-
rohre und -kugeln produzierte. Ab Mitte des 16. Jh. wurde Peitz
zur **Festungsstadt** ausgebaut.
Nach dem Siebenjährigen Krieg sank die militärstrategische Bedeutung, und 1764 wurden auf Befehl Friedrich II. die Befesti-
gungsbauten mit Ausnahme des Festungsturmes geschleift.
Sächsische Tuchmacher siedelten sich an, und Peitzer Tuche er-
warben internationalen Ruhm.
Karpfen sind noch immer ein Markenzeichen der Stadt Peitz. Bis
1918 belieferte man gar den königlichen Hof in Berlin mit edlen
Speisekarpfen.
Die Stadt gelangte im April 1945 unzerstört in die Hände der Roten Armee.
In den siebziger Jahren wuchs die Einwohnerzahl durch den Bau
des benachbarten Braunkohlekraftwerkes Jänschwalde (3000 MW)
stark an.

Sehenswürdigkeiten
Der **Festungsturm** (1559–1595) ist das letzte Relikt der einstigen
starken Verteidigungsanlagen und heute Wahrzeichen der Stadt.
Die Mauern sind bis zu 7 m dick. Nachdem umfangreiche Rekon-

struktionen stattfanden, kann man den 30 m hohen Turm nun wieder besteigen (April bis Oktober So von 10 bi 17 Uhr).

Das klassizistische Rathaus (1804) besitzt einen im Jahre 1850 angefügten Giebel im englischen Tudorstil. Daneben steht die im oberitalienischen Baustil aus Backsteinen errichtete Kirche (1854–1860). Nördlich benachbart, Markt 4, sieht man das älteste Haus der Stadt (1611) mit Rundportal und Sitznischen.

Im Süden liegen ausgedehnte Fischteiche, mit deren Anlage teils schon im Mittelalter begonnen wurde. Am Rande des Teichgebietes, am Nordwestufer des Hälterteiches, steht das denkmalgeschützte **Peitzer Hüttenmuseum**, die älteste komplette Hochofenanlage Deutschlands. Anstelle einer älteren Anlage, die Raseneisenstein verarbeitete, stammt der jetzige Gebäudekomplex aus dem Jahre 1810. Auffällig wirkt beim Betreten der Halle die freitragende Dachkonstruktion aus Bohlenbindern. Nach mehrjähriger Schließung öffnete das zum technischen Denkmal erklärte Bauwerk im Frühjahr 1995 wieder seine Türen für Besucher.

Höhepunkt im Museumsbetrieb ist das regelmäßig durchgeführte Schaugießen an den historischen Gießereiöfen. Daneben sind Hochofen (1810), Kupolofen (1830) und Gebläsemaschine (1838) zu besichtigen. Im hiesigen Hochofen wurde u. a. Eisen für die Herstellung von Artilleriemunition gegossen, die bei der Völkerschlacht 1813 von preußisch-russischen Verbänden zum Einsatz kam.

Geöffnet: Vom 1. April bis 31. Oktober, Mi–Fr von 10 bis 17, Sa und So von 11 bis 17 Uhr (Anmeldungen/Führungen unter ☎ 035601/ 3814).

Veranstaltungen
August: Fischerfest

🚶🚶 Durch die Peitzer Teiche zur Maustmühle und weiter nach Neuendorf (8 km)

Wählt man den Peitzer Bahnhof als Ausgangspunkt, sind bis zum Peitzer Hüttenwerk etwa 3 km zurückzulegen.

Direkt an das Museumsgelände (→ Sehenswürdigkeiten) schließt sich die Karpfenklause an. Hier kommt vor allem Fisch aus den nahen Gewässern auf den Tisch. Unmittelbar an der Klause können Sie Ruderboote ausleihen oder Kahnfahrten mieten.

Auf der kaum befahrenen Asphaltstraße läuft man im Anschluß am Westufer des Hälterteiches, später des Neuendorfer Teiches Richtung Maust. Letzterer ist der flächenmäßig größte Karpfenteich Ostdeutschlands. Mit oder ohne Fernglas sind unzählige Wasservögel zu beobachten.

Nach weiteren 2 km erreicht man die beliebte **Ausflugsgaststätte Maustmühle**. An sonnigen Tagen finden sich hier viele Besucher

Die populäre Maustmühle bei Peitz

ein, die meisten von ihnen kommen aber mit dem Auto. Täglich außer montags sind die Türen des Lokals geöffnet.

Nach der Rast folgt man dem Pfad (rot markiert), der rechts vom Hammergraben und links von Fischteichen begrenzt wird. Erst wechselt man auf einer Holzbrücke, 100 m weiter auf der Straßenbrücke, welche die Ortschaften Willmersdorf und Neuendorf miteinander verbindet, das Flußufer.

Auf dem Damm des Alten Hammergrabens setzt man den Weg fort. Der **Hammergraben** ist schon über 500 Jahre alt und wurde wahrscheinlich von in Cottbus einst ansässigen Franziskanermönchen zur Bewirtschaftung ihrer Fischteiche in Handarbeit angelegt. Andere Quellen sprechen dafür, daß der Hammergraben durch die Raseneisenerzverhüttung entstand. Besonders eindrucksvoll wirken Flußabschnitte, in denen das Wasser über der eigentlichen Höhe des Umlandes strömt. Die Abdichtung der geschütteten Deiche hat über die Jahrhunderte hinweg funktioniert. Darum kann man verstehen, warum viele heimatgeschichtlich Interessierte und Fachleute den Hammergraben gerade in diesem Abschnitt vor der immer noch geplanten Abbaggerung durch den Tagebau Cottbus-Nord bewahren möchten, zudem der Altlauf seit Jahrzehnten als ein Refugium für wertvolle Fauna und Flora gilt.

Später nutzt man einen der Feldwege, die direkt nach Neuendorf führen. Am östlichen Dorfrand befinden sich ein Bahnhaltepunkt (Strecke Guben–Cottbus) und daneben das Gasthaus und Pension »Zur Eisenbahn« (☎ 035601/8110).

Auf der Bärenbrücker Höhe, nordöstlich des Dorfes gelegen und aus den Aufschlußmassen des Tagebaus Cottbus-Nord aufgeschüttet, drehen sich gleichmäßig die Flügel eines Windrades zur sauberen Stromerzeugung. Dahinter sieht man die Silhouette des Kraftwerkes Jänschwalde mit rauchenden Schloten. Ein Anblick, wie er widersprüchlicher wohl kaum sein könnte.

Das nördlich benachbarte Dorf **Preilack (Pśiłuk)** ist für seine Fastnachtsumzüge bekannt, die 1996 zum 111. Mal stattfanden.

Heinersbrück (Most)

Am Rande des Tagebaus Jänschwalde gelegen, 8 km südöstlich von Peitz, gibt es hier die **Sorbische Bauernstube** mit Trachten und weiteren Gegenständen der Volkskultur zu besichtigen. Anmeldungen über ☎ 035601/82113.

Cottbus (Chośebuz)

[i]   *Fremdenverkehrsbüro Cottbus-Information, K.-Marx-Str. 68*
        (Lausitzer Hof), ☎ *0355/24254 und 24255*
        »in Cottbus« heißt der offizielle Veranstaltungskalender, der
        monatlich in vielen Geschäften und Institutionen der Stadt
        kostenlos erhältlich ist und über die gesamte Kulturpalette
        aktuell informiert (auch Hotels, Restaurants etc.).

[H]   *Auswahl:*
        Maritim Hotel, Vetschauer Str. 12, ☎ *0355/47610*
        Holiday Inn, Berliner Platz, ☎ *0355/3660*
        Sorat, Schloßkirchplatz 2, ☎ *0355/78440*
        Hotel Dorotheenhof, Waisenstr. 19, ☎ *0355/78380*
        Hotel Ahorn, Bautzener Str. 134–135, ☎ *0355/478000*
        Hotel Ostrow, Wasserstr. 4, ☎ *0355/780080*
        Pension Pücklerstube, Menzelstr. 4, ☎ *0355/715731*
        Pension Aaron, Karlstr. 22a, ☎ *0355/791229*

[JH]   *Jugendherberge, Klosterplatz 2–3,* ☎ *0355/22558*
        Jugendherberge und Gästehaus Priorgraben, Am Prior-
        graben 53, ☎ *0355/478270*

[☺]   *Staatstheater, Schillerplatz 1, Abendkasse* ☎ *0355/795000*
        Kammerbühne, W.-Külz-Str. 11, ☎ *0355/7824143*
        Stadthalle Cottbus, Berliner Platz, Besucherservice,
        ☎ *0355/780320*
        Puppenbühne Regenbogen, Priorstr. 2, ☎ *0355/522023*

[🏛]   *Auswahl (→ Sehenswürdigkeiten):*
        Stadtmuseum Cottbus, Bahnhofstr. 52
        Museum der Natur und Umwelt, Am Amtsteich 17/18
        Flugplatzmuseum, Cottbus-Ströbitz, Führungen von April
        bis Oktober Di–Fr von 10 bis 17, Sa von 10 bis 18 Uhr.
        Brandenburgische Kunstsammlungen, Museum für zeitge-
        nössische Kunst, Fotografie, Plakat und Design, Sprem-
        berger Str. 1

Bahnhof Cottbus
Schenker, F.-Ebert-Str. 15
Rundflüge: Flugplatz Neuhausen, ☎ 035605/262
Charter Spreewald-Neuhausen, ☎ 035605/40046
Lausitzer Ballonfahrer-Team, Berliner Str. 9,
Bootsanlegestelle Sandower Brücke

Lage

Cottbus ist mit etwa 124 000 Einwohnern die größte Stadt Süd-brandenburgs und Zentrum der Niederlausitz. Die Stadt an der Spree verfügt über Autobahnanschluß (A 15) und direkte Bahnver-bindungen nach Berlin, Potsdam, Dresden, Leipzig, Frankfurt/O. und Görlitz.

Geschichte

Im Jahre 1156 als Chotibuz erstmals urkundlich erwähnt, wurde der Ortsname wahrscheinlich vom Altsorbischen abgeleitet: Sied-lung des Mannes Chotěbud. Damals war Cottbus der Sitz eines Kastellans des Markgrafen von Meißen. Von 1199–1455 residier-ten die Herren von Cottbus, ein fränkisches Geschlecht, in der Stadt, die sie als Lehen erhielten. Aus jener Zeit stammt auch das Stadtwappen mit dem Krebs. Die Stadtmauern wurden im 14. Jh. errichtet und bewahrten die Stadt vor größeren Zerstörungen wäh-rend kriegerischer Auseinandersetzungen. Der Vertrag von Guben (1462) besiegelte den Übergang der Herrschaft Cottbus an Bran-denburg, es entstand eine brandenburgische Exklave innerhalb der von Sachsen beherrschten Niederlausitz. Am Ende des Drei-ßigjährigen Krieges lebten nur noch 150 Einwohner in der Stadt. Mit dem Zuzug von Hugenotten Ende des 17. Jh. entstand eine französische Kolonie, die Gerberei, Strumpfwirkerei und Seiden-raupenzucht in der Region aufblühen ließen. Im 19. Jh. entwickel-te sich die Tuchmacherei zum bestimmenden Wirtschaftszweig. Aber auch Cottbuser Bier war weithin begehrt. Von 1807–1813 ge-hörte die Stadt kurzzeitig wieder zu Sachsen. Von 1846 an legte **Hermann Fürst von Pückler-Muskau** im östlich benachbarten Dorf Branitz (Rogeńc) den gleichnamigen **Landschaftspark** an.

Mit dem Anschluß an das Bahnliniennetz wurde Cottbus ab 1866 ein Verkehrsknotenpunkt. Dieser Fakt war für die Alliierten der Grund, die Stadt am 22. 2. 1945 zu bombardieren, wobei etwa die Hälfte der Bausubstanz in Schutt und Asche fiel und ca. 3000 Men-schen den Tod fanden.

Ab 1952 Bezirksstadt, wurde Cottbus dank der reichen Braunkohle-vorkommen in der Region zum Wirtschafts- und Verwaltungs-zentrum der Kohle- und Energiegewinnung der ehemaligen DDR ausgebaut. Nach der Wende kam die Textilerzeugung fast völlig zum Erliegen, und die Stadtväter waren bemüht, der Spree-

Auf dem BUGA-Gelände in Cottbus

metropole ein neues Image zu verleihen. Das gelang auf eindrucks-volle Weise als Gastgeber der ersten ostdeutschen **Bundesgarten-schau** von April bis Oktober 1995. Mit der Gründung einer Tech-nischen Universität im Jahre 1991, der Ansiedlung wichtiger Be-hörden und Austragung bedeutender Messen werden der Stadt neue Entwicklungschancen geboten.

Sehenswürdigkeiten

Auf dem Altmarkt sind einige schöne **barocke Giebelhäuser** zu besichtigen, unter ihnen die 1573 erbaute Löwenapotheke (Nr. 24). Hier kann man das einzige **Apothekenmuseum** des Landes Bran-denburg besichtigen. Geöffnet zu Führungen Mo–Fr 11 und 14 Uhr, Sa/So 14 und 15 Uhr, Anmeldungen unter ☎ 23997 möglich. Ständig zugänglich ist die homöopatische Apotheke mit Verkauf im Erdgeschoß. Im Gewölbe (16. Jh.) des Cafés Altmarkt (Nr. 10) sitzt es sich sehr gemütlich.

Auf der Nordostseite des Marktes dominiert die gotische **Hallen-kirche St. Nikolai**, die Cottbuser nennen sie **Oberkirche**. Die lichte Höhe des Kirchenschiffes beträgt 22 m, und der wertvolle **Re-naissancealtar** des Torgauer Bildhauers Andreas Schulze aus dem Jahre 1661 mißt 11 m. Trotz erheblicher Kriegszerstörungen blieb der Altar im Original erhalten, er wurde zum Schutz vor der na-henden Front eingemauert. Heute gilt der Altar als das bedeutend-ste Kunstwerk der Stadt. Man erkennt Reste der mittelalterlichen Wandbemalung, die hölzerne Kanzel (18. Jh.) stammt ursprüng-lich aus der Franziskanerkirche zu Frankfurt/O. Die komplette Rekonstruktion der Kirche nahm 40 Jahre in Anspruch.

Die barocke Turmhaube setzte man der Kirche erst im Jahre 1988 wieder auf, nachdem sie 1945 zerstört wurde. Man darf den Turm besteigen und genießt von oben einen **Panoramablick** über Cottbus und seine grüne Umgebung. Geöffnet: Mo–Sa von 10 bis 17, So und feiertags von 13 bis 17 Uhr.

Südöstlich gegenüber ragt der Schloßturm empor. Das Schloß wurde auf den Resten einer Burg erbaut, fiel aber einem verhee-renden Brand zum Opfer (1856), einzig der Turm blieb erhalten. Jetzt befindet sich auf dem ehemaligen Schloßareal das Landge-richt, unterhalb das Amtsgericht. An dessen Südseite lag zu DDR-Zeiten ein berüchtigtes Stasi-Untersuchungsgefängnis (Gedenk-tafel).

Geht man 100 m südlich (Uferstraße) am Mühlengraben entlang, entdeckt man die ältesten Häuser der Stadt, zwei Lohgerber-häuschen vom Anfang des 18. Jh., leider noch nicht rekonstruiert. Erhalten blieben die Klappenreihen, die einst dem Trocknen der Felle dienten und vom früheren Gerberhandwerk künden.

Die benachbarte Mühlenstraße führt zu einer neuen Sehenswür-digkeit, dem im Juni 1994 eröffneten **Wendischen Museum** (Nr.12) im Liersch-Haus. Auf zwei Etagen wird den Besuchern eine Ausstellung geboten, die einen repräsentativen Querschnitt des reichen Kulturgutes bietet. Originale niedersorbische Trachten, bunt bemalte Bauernmöbel, Ostereier-, Blaudruck- und Stickereikollektion, Bilder sorbischer Künstler, Musikinstrumente etc. sind neben wechselnden Ausstellungen im Erdgeschoß zu besichtigen. Kinder können sich am historischen Spielzeug, u. a. Puppen, erfreuen. Die reizende Hofanlage mit einer Linde aus Zielona Góra (Grünberg), der westpolnischen Partnerstadt, lädt mit Bänken zum Ausruhen ein. Geöffnet: Di–Fr von 8 bis 17, Sa, So und feiertags 14 bis 18 Uhr.

Nur ein paar Schritte in westlicher Richtung, und man steht auf der **Spremberger Straße**, der Einkaufs- und Promeniermeile der Cottbuser und ihrer Gäste. Cafés, Restaurants und kleine Kneipen laden zum Verweilen ein. Südlich, vorbei am Schloßkirchplatz mit Schloßkirche, blieb als Rest der ehemaligen Stadtbefestigung der **Spremberger Turm** erhalten, er ist das Wahrzeichen von Cottbus. 1825 wurde der Zinnenkranz nach Plänen von K. F. Schinkel erneuert.

Geht man auf der hier vorbeiführenden Karl-Liebknecht-Straße ca. 500 m westlich, kommt man zum **Staatstheater** auf dem Schillerplatz. Nach Entwürfen des Berliner Architekten B. Sehring in den Jahren 1906–1908 erbaut, ist es das einzige erhaltene **Spätjugendstiltheater** Deutschlands.

Über die August-Bebel-Straße zurück ins Zentrum, ist die Stadtpromenade schnell zu erreichen.

Das hiesige Bauensemble der DDR-Bauepoche mit Kaufhaus (heute Horten), Wohnhäusern, Geschäften und Restaurants aus den sechziger Jahren steht in seiner Gesamtheit unter Denkmalsschutz – aber über Geschmack darf man natürlich streiten ...

Auf der östlichen Seite blieben umfangreiche Abschnitte der Stadtmauer, u. a. mit der Lindenpforte und dem Wiekhaus, erhalten.

Gegenüber der Stadthalle und dem »Lausitzer Hof« (Straßenbahnhaltestelle Linie 1 und 4) führt die schmale Klosterstraße zur **Klosterkirche**. Sie war Teil des ehemaligen Franziskanerklosters und wurde im 13. Jh. erbaut, u. a. aus Raseneisensteinen. Nach Auflösung des Klosters im Zuge der Reformation wurde der Bau auch als Wendische Kirche bekannt. Hier wurden für die Dörfer um Cottbus Gottesdienste in niedersorbischer (wendischer) Sprache gehalten. Das Kruzifix im Inneren stammt aus dem Jahre 1310, es ist das älteste Kulturdenkmal der Stadt. Sehenswert ist das **Grabmal des Klosterstifters** Fredehelm von Cottbus und seiner Frau Adelheid vom Anfang des 14. Jh. Der Mann umarmt seine Frau liebevoll, für die damalige Zeit eine sehr seltene Darstellung. Das spätere Stadtwappen der Stadt, der Krebs, ist auf diesem Grabmal erstmals dargestellt. Im einstigen Hauptportal sieht man eine Grabtafel des Stadthauptmanns Mandesloh (1580). Geöffnet: Di–Sa von 10 bis 17 Uhr.

Nördlich des rekonstruierten Gotteshauses befindet sich auf dem romantisch anmutenden Klosterplatz unter alten Linden die **Jugendherberge**. Direkt an der alten Stadtmauer gelegen, diente das Fachwerkgebäude mit überhängendem Dach und dem hölzernen Erker einst als Tuchwalke.

Neuester Anziehungspunkt ist das **BUGA-Gelände** im Spreeauenpark im östlichen Stadtbereich zwischen Spreelauf und Branitzer Park. In nur drei Jahren entstand hier zwischen 1992 und 1994 eine idealisierte Landschaft mit modernen Messehallen, Veranstaltungspavillon, Umweltzentrum, Parkweiher, Bauern- und Apothekengarten, Kinderspielplätzen usw., die auch weiterhin aufwendig unterhalten wird. Mit der **Parkbahn** (600 Millimeter Spurweite, auch Dampflokbetrieb) kann man vom Parkplatz »Dreieck Sandow« am Stadtring durch das Gartengelände, vorbei am Tierpark bis in den Stadtteil Branitz dampfen.

Der benachbarte **Branitzer Park** ist als Spätwerk des Landschaftsgestalters Hermann Fürst von Pückler-Muskau ein Begriff. Der Allroundmensch (u. a. auch Schriftsteller und Weltenbummler) schuf nach dem Park von Muskau (→ Bad Muskau) ab 1846 in Branitz ein neues Gartenkunstwerk im englischen Stil. Aus einer baumlosen flachen Wüste entstand ein grünes Paradies aus Baumgruppen, Wasserläufen, Seen, Hügeln, reizvollen Sichtbeziehungen und den zwei **einzigartigen Pyramiden** (Erd- und Seepyramide) – europäische Unikate. Im Tumulus (Seepyramide) ruhen die sterblichen Überreste des Fürsten Pückler und seiner Frau Lucie.

Der Hauptpark wirkt heute sehr naturnah, weil hier vor allem einheimische Baumarten gepflanzt wurden. Der einstige Vergnügungspark des Fürsten rund um das Schloß besteht hingegen aus bunten Blumenbeeten und Plastiken, fremdländischen Gehölzarten und einer Pergola, er selbst bezeichnete das Terrain als »Wohnung unter freiem Himmel«. Sehenswert sind hier die rekonstruierte Pergola mit der Venus Italica und die vergoldete Büste der einst berühmten Sängerin Henriette Sontag (1806–1854).

Das barocke **Schloß** wurde auf einem vorhandenen Vorgängerbau im Jahre 1772 errichtet.

Als Pückler von Muskau zum väterlichen Stammsitz nach Branitz übersiedelte, ließ er zahlreiche Umbauten vornehmen, so entstanden Terrasse, Freitreppe und Pergola unter Leitung des Dresdner Baumeisters Gottfried Semper.

Wirtschaftsgebäude verwandelten sich zum **Kavalierhaus** (heute Restaurant) und zum **Marstall** (heute Ausstellungsräume).

Die Innenräume des Schlosses, heute **Fürst-Pückler-Museum**, gestaltete Pückler im Historizismus, auch die nachfolgenden Rekonstruktionen orientierten sich am Geschmack des Fürsten.

Vom Vestibül mit Ahnengalerie und einem wertvollen Tisch (verschiedene Marmorarten und Halbedelsteine, allesamt aus Böhmen, schmücken die Tischplatte) kommt man in das Musikzimmer mit prächtigem Porzellanofen. In den Räumen rechterhand vom Vestibül wird künftig eine Ausstellung zu Pücklers Leben und Werk gezeigt. Linkerhand gelangen Sie zur erst kürzlich wieder komplettierten Pückler-Callenberg-Bibliothek.

Das bekannteste Werk des Reiseschriftstellers Pückler, »Briefe eines Verstorbenen« (erschienen zwischen 1830 und 1832), erlebt bis heute Neuauflagen.

Die Galerie mit Gemälden des bekannten Landschaftsmalers **Carl Blechen**, der 1798 in Cottbus geboren wurde und dessen Werke gern mit denen C. D. Friedrichs verglichen werden, ist gegenwärtig nicht zu sehen. Insgesamt 59 Gemälde, Aquarelle, Zeichnungen und Grafiken Blechens befinden sich im Besitz des Museums, darunter die berühmten Gemälde »Blick auf den Golf von Neapel« und »Kloster von Assisi«. Der Bestand wird z. Z. restauriert und soll 1996/97 im Obergeschoß wieder zugänglich gemacht werden. Hier oben sieht man in drei Räumen zahlreiche Andenken, die Pückler von seinen Reisen aus Afrika und dem Orient mitbrachte.

Das **Tapetenzimmer** besticht durch die farbenfrohen orientalischen Ornamente.

Wer sich näher für das ungewöhnliche Leben und Schaffen des Fürsten von Pückler-Muskau interessiert, kann im Buchhandel unter zahlreichen Veröffentlichungen wählen (Empfehlenswert: »Der grüne Fürst« von Heinz Ohff, Verlag Piper, München).

Das Schloß ist von April bis Oktober Di–So von 10 bis 12 und 12.30 bis 18 und von November bis März von 10 bis 12 und 12.30 bis 17 Uhr geöffnet.

🚶🚶 Wanderung von Cottbus nach Branitz und Parkrundgang (7 km)

Vom Parkplatz Hermann-Löns-Straße am Sportzentrum Cottbus geht man über die Gleise und folgt dem ausgeschilderten Fußweg nach links, überquert auf dem Löns-Steg die Spree und biegt am anderen Ufer nach rechts ab. Der schmale Pfad auf der Deichkrone führt in naturnahe Spreeauenabschnitte. Hinter dem Tierparkgelände biegt man links auf eine Asphaltstraße ab und überquert am anderen Ende die Verbindungsstraße Cottbuser Stadtzentrum–Branitz–Neuhausen. Auf der anderen Seite beginnt schon das Parkgelände, und die Pyramiden rücken ins Blickfeld. Zum Schloß Branitz sind verschiedene Routen ausgewiesen (hier auf Steinen geschrieben).

Zurück mit dem Stadtbus (Haltestelle gegenüber Kindergarten Branitz) oder zu Fuß vorbei am Gasthaus Friedenseiche (z. Z. geschlossen), Bahnhof Friedenseiche (Parkbahn fährt über Tierpark zum Parkplatz Sandower Dreieck), Markgrafenmühlenweg, Spreewehr und Markgrafenmühle zum Parkplatz Hermann-Löns-Straße.

🚶 Spaziergang zur Spreewehrmühle
(vom Zentrum ca. 2,5 km)

Von der Sandower Brücke (von der Oberkirche über die Sandower Straße schnell zu erreichen) führt ein Spazierweg direkt am rechten Ufer der Spree entlang, am Käthe-Kollwitz-Steg wechselt man das Flußufer und verbleibt bis zum Ziel auf dieser Seite. Durch park- und waldartige Landschaft gelangt man zum **Technischen Museum** der Spreewehrmühle. Die Anlage stammt aus dem Jahre 1801, erhalten blieb das große unterschlächtige **Wasserrad** sowie ein hölzernes Mahlwerk.

Die Mühle ist ein sehr seltenes Beispiel, wo das Rad nicht über einen separaten Wassergraben, sondern direkt vom Fluß angetrieben wird.

Geöffnet: 1. Mai bis 15. Oktober nur Mi und Fr von 10 bis 18, Sa und So von 14 bis 18 Uhr.

Der benachbarte Café- und Biergarten Spreewehrmühle ist im Sommer '95 wiedereröffnet worden, bei schönem Wetter Mo und Di ab 14, Mi–So ab 10 Uhr geöffnet.

Am Objekt befindet sich eine Kahnanlegestelle.

🚲 Fahrradtour von Cottbus über Kolkwitz zur Koselmühle und zurück (ca. 25 km)

Vom Stadtteil Klein-Ströbitz ist der Weg anfangs grün markiert, entlang des Priorgrabens und der Schrebergärten gelangt man zur Sudermannstraße. Zur Badesaison herrscht hier am **Ströbitzer Badesee** ein ständiges Kommen und Gehen. Der Weg leitet den Radler anschließend durch den westlichen Teil des Landschaftsschutzgebietes Sachsendorfer Wiesen. Am Kiefernwald schwenkt die Route (ab jetzt bis zum Ziel rot gekennzeichnet) nach links. Man überquert bald die von stattlichen Roteichen flankierte Chaussee Hänchen–Kolkwitz, und vorbei geht's an Einzelgehöften zur nächsten Straße, in welche links abgebogen wird. Nur etwa 400 m folgen wir ihr, am letzten Haus auf der rechten Seite biegt ein schmaler Weg nach rechts ab. Auf sandigen Feld- und Wiesenwegen ist bald das **NSG Puttgola** erreicht, zu erkennen an den kleinen und größeren Teichflächen. Von weitem wird die kleine Ortschaft Glinzig (die gleichnamige Teichgruppe befindet sich nördlich der B 115) sichtbar, wenn man durch den Ortsteil Kolkwitz-Puttgola radelt. Auf einem Fahrweg kommt man nach den letzten Wohnhäusern in ausgedehnte Kiefernwälder. Über die Verlängerung der Ortsverbindungsstraße Glinzig–Kackrow überquert man die Autobahn sicher auf einer Brücke, und schon nach wenigen Minuten ist das Tourenziel im Blickfeld.

An der ehemaligen **Koselmühle** lockt heute eine Ausflugsgaststätte. Die Großen freuen sich an Kaffee und Blechkuchen, die Kleinen an den Katzen, die hier überall auf Streicheleinheiten warten. Von der Mühle ist kaum etwas geblieben, nur eine Stauanlage und die verrosteten Relikte einer kleinen Turbine lassen auf die einstige Wasserkraftnutzung schließen. Wer nicht auf demselben Weg zurückradeln will, benutzt den Wiesenweg, welcher gleich hinter dem Gehöft beginnt und anfangs dem Koselmühlenfließ folgt. Zuerst wird Koschendorf erreicht, dann Leuthen, KleinOßnig und Klein Gaglow. Und dann sieht man bereits wieder die kupferne Haube des Sachsendorfer Wasserturmes. Wer die letzte Wegstrecke nicht auf der stark befahrenen B 169 absolvieren möchte, der kann an der Kirche in Leuthen links abbiegen (Hinweisschild) und später über Hänchen und die Sachsendorfer Wiesen wieder das Großstadtgetümmel erreichen.

🚲 Zum Tagebau-Aussichtspunkt Schlichow
(Rundtour etwa 16 km)

Vom BUGA-Gelände fährt man entlang des Branitzer Parks nach Branitz, weiter Richtung Schloß und Parkschmiede. Das Radeln durch den Park ist nicht gestattet, deshalb absteigen und etwa 300 m schieben!

Gegenüber der Parkschmiede nimmt die Englische Allee, ein neu instandgesetzter Waldweg, seinen Lauf. Die stattlichen Eichen sind Teil des von Pückler gestalteten Vorparks.

Durch Kiefernwald erreicht man nach 1 km die B 115, direkt gegenüber mündet ein nach Haasow führender Waldweg ein, auf dem man bis zur Verbindungsstraße B 115 – Dissenchen fährt. Links abbiegen und der Straße bis etwa 100 m nach dem Bahnübergang folgen, hier dann rechts nach Schlichow abbiegen. Der Aussichtpunkt in den Tagebau Cottbus-Nord befindet sich nahe der letzten Häuser.

Für die Rücktour bietet sich die Strecke von Schlichow über Dissenchen und die Branitzer Siedlung an.

Forst (Baršć)

[i]   *Fremdenverkehrsverein Forst e. V., Tourist- u. Stadt-information, Promenade 9, ☎ 03562/989327*

[H]   *Hotel Lindeneck, Berliner Str. 37, ☎ 03562/7753*
Hotel Giro, Taubendorfer Str. 30, ☎ 03562/983041
Hotel Wiwo, Domsdorfer Kirchweg 14, ☎ 03562/9510
Sport-Hotel, Spremberger Str. 125, ☎ 03562/984078
Hotel Pension Haufe, Cottbuser Str. 123, ☎ 03562/2844

Hotel Pension Am Bahnhof, Bahnhofstr. 5, ☎ 03562/7949
Hotel und Restaurant Zur Birke, Dorfstr. 1, 03149 Jethe,
☎ 035695/7322 u. 90101
Pension Scheppan, Bahnhofstr. 5, ☎ 03562/7949

🏛 *Städtische Museumssammlung, Jahnstr.3–9*
Heimatstube in Groß Schacksdorf
🎣 *Bootshaus, Wehrinselstraße*
Bootshaus, C.-A.-Groeschke-Str. 14 b
Reiten: Reiterhof, Döberner Str. 12, 03159 Groß-Kölzig
Lausitzer Reiterhof, Am Pferdegarten 4, 03149 Groß
Schacksdorf

Lage

Die Stadt an der Lausitzer Neiße befindet sich an der Grenze zur
Republik Polen (Fußgängergrenzübergang geplant) und nördlich
der A 15 (Cottbus–Wrocław/Breslau).

Geschichte

Erste Erwähnung findet die wahrscheinlich im 12. Jh. gegründete
Stadt im Jahre 1346. Seit dem 15. Jh. ist die Haupterwerbsquelle
das Tuchmachergewerbe, aber erst mit dem stetigen Wachsen der
Textilindustrie ab Mitte des 19. Jh. errang die Stadt überregionalen
Ruf als »deutsches Manchester«. In den dreißiger Jahren unseres
Jahrhunderts ratterten etwa 4500 mechanische Webstühle in Forst,
auf denen jährlich rund 35 000 000 Meter Tuch entstanden.
Von 1910–1913 wurde der noch heute berühmte **Rosengarten** an-
läßlich einer Rosen- und Gartenbauausstellung angelegt.
Während der rund sechswöchigen Kämpfe an der Neiße im März/
April 1945 kam es zu schweren Zerstörungen im gesamten Stadt-
gebiet. Teile des östlichen Stadtgebietes fielen im Ergebnis des 2.
Weltkrieges an Polen.

Sehenswürdigkeiten

Etwa 100 000 Besucher kommen jährlich in die kleine Stadt, haupt-
sächlich wohl der Rosen wegen. Im Südosten, zwischen B 112
und Lausitzer Neiße, breitet sich der **Ostdeutsche Rosengarten** aus.
Etwa 35 000 Rosenstöcke (400 Sorten) umfaßt die 15 ha große
Anlage heute, darunter Kuriositäten wie die kleinste Rose der Welt,
die Stacheldrahtrose. Letztere erblüht schon im Mai als eine der
ersten Rosen.
Bemerkenswert: Ca. 100 verschiedene Gartenrosen sind Neu-
züchtungen, sie stammen aus vielen Rosenschulen Deutschlands.
Auch Frühlings-, Heide-, Dahlien- und Hochstammgärten können
bewundert werden. Geöffnet: täglich von 8 bis 20 Uhr.
Die Grundsteinlegung der gotischen **Stadtkirche St. Nikolai** wird
um 1265 angenommen. In den Grüften ruhen die Gebeine einsti-

Eingang zum Ostdeutschen Rosengarten in Forst

ger Standesherrn. Von März bis Oktober kann man den Turm besteigen (Sa um 10, 11, 15 und 16 Uhr).

Der neugotische **Wasserturm** (1903 erbaut) ist das Wahrzeichen der Stadt. Eine Besichtigung ist nach Anmeldung möglich (Ansprechpartner: Herr Herrmann, ☎ 03562/6224).

Das **Brandenburgische Textilmuseum** in einer alten Tuchfabrik in der Sorauer Straße 37 befindet sich im Aufbau. Ein erster Teil wurde im August '95 eröffnet, es wird schrittweise bis zum Jahre 2000 erweitert (Besichtigungsanmeldung über Herrn Noack, ☎ 03562/983661).

Auf der rekonstruierten Forster Radrennbahn an der Spremberger Straße 125 werden u. a. internationale Steherrennen und Deutsche Meisterschaften im Einzelzeitfahren ausgetragen.

Die **Noßdorfer Wassermühle** in der Noßdorfer Str. 14 wurde 1640 erstmalig erwähnt. 1846 im heutigen Erscheinungsbild erbaut, war sie bis 1969 in Betrieb. Seit 1993 sind hier Museum, Fremdenzimmer und Gasthaus eingerichtet, von Mai bis September ist auch der Biergarten geöffnet.

Veranstaltungen
Juni: Rosengartenfesttage mit Gartenbauaustellung

Jamnoer Teich und NSG Euloer Teiche

Östlich des Stadtgebietes befinden sich zahlreiche künstlich angestaute Fischteiche, die sich zu wertvollen Biotopen entwickelt haben. Das Euloer Bruch ist als vorgeschobener natürlicher Standort der Fichte in der Ebene mit Bruchwald und Hochmoorbildung besonders interessant und steht schon seit 1936 unter Schutz. Ein Rundwanderweg (10 km) erschließt Naturfreunden diese schöne Landschaft.

Wer die Stille sucht, ist auf dem markierten Wanderweg von Forst nach Klinge genau richtig. Die Tour beginnt am westlichen Stadtrand von Forst südlich der Bahnlinie Forst–Cottbus und verläuft über die Jamnoer Teiche nach Groß Jamno (Badesee mit Campingplatz unweit der Autobahn, ☎ 03562/6531)–Gosda (mit Aussichtspunkt auf den Tagebau Jänschwalde-Süd) zur Bahnhofssiedlung Klinge. Vom Bahnhaltepunkt fahren Nahverkehrszüge zurück nach Forst oder in Richtung Cottbus.

In die südliche Neißeaue zwischen Klein Bademeusel und Pusack (→ Bad Muskau)

Horno (Rogow)

Die östliche Nachbargemeinde von Heinersbrück, am Hornoer Berg an der B 112 zwischen Forst und Guben gelegen, gerät schon seit Jahren in die Schlagzeilen. Das kleine Dorf im sorbischen Siedlungsgebiet soll Ende der neunziger Jahre dem Braunkohlebergbau weichen. Die Einwohner kämpfen gegen die drohende Umsiedlung, u. a. mit Beschwerden im Europaparlament und per Klage beim Brandenburger Verfassungsgericht.

Wenn man selbst auf der mit Obstbäumen bestandenen Straße durch das denkmalgeschützte Dorf mit seinen alten Häusern, gepflegten Vorgärten, dem Dorfteich und der spätgotischen Feldsteinkirche geht, versteht man den Widerstand der Bewohner. Eine derartige Idylle ist nicht austauschbar und braucht Jahrhunderte zum Wachsen.

Grießen

Das Dorf im Neißetal ist auf der B 112 von Forst in Richtung Guben zu erreichen. Direkt an der deutsch-polnischen Grenze steht ein sehenswertes **Wasserkraftwerk**, 1926–1929 erbaut und 1967 stillgelegt. Elektroinstallateurmeister Siegfried Weber hat die Anlage 1992 erworben und zu neuem Leben erweckt. Jetzt erzeugen eine 500-kW- sowie eine 150-kW-Turbine wieder Strom, der ins öffentliche Netz eingespeist wird. Die hiesigen Turbinen sparen täglich die Verbrennung von etwa 20 t Braunkohle.

Im Turm des Turbinenhauses befindet sich ein kleines Café, davor kann man im Sommer in einem Biergarten pausieren oder auf dem Zulaufkanal Richtung Neiße mit dem Kahn fahren. Herr Weber stellt auch 7 Oldtimer aus den zwanziger und dreißiger Jahren aus. Geöffnet: Samstag und Sonntag von 15 bis 17 Uhr.

Der Ort besitzt eine **Wehrkirche** aus Feldsteinen (15. Jh.) mit hölzernem Turmaufsatz.

Döbern

Döbern, am Nordrand des Muskauer Faltenbogens (→ Bad Muskau) gelegen, ist als ein Zentrum der Lausitzer Bleikristallherstellung bekannt. Heute hat insbesondere die Landschaft mit vielen Tagebauseen einen besonderen Reiz.

Als Naherholungszentrum ist der Badesee Eichwege (an der B 115 Richtung Bad Muskau auf der rechten Seite) von Bedeutung. Hier kann man auch sein Zelt aufschlagen, ☎ 035600/30301.

Eine Besonderheit ist der **Runen- und Bildsteinpark in Gosda**, von Döbern auf der Straße nach Preschen schnell zu erreichen. Lausitzer Findlinge wurden hier vom Berliner Künstler Ulrich Thiel nach Vorlagen gestaltet. Das Gelände wird gegenwärtig nicht bewirtschaftet.

Im kleinen benachbarten Ort **Preschen** klettern die Temperaturen im Hochsommer besonders stark, am 30. 7. 1994 wurde hier der brandenburgische Hitzerekord mit 39,9 °C aufgestellt, an diesem Tag auch deutschlandweit die höchste gemessene Temperatur. In der Dorfkirche aus Feldsteinen befinden sich interessante Wandmalereien aus der 2. Hälfte des 15. Jh.

Im NSG Preschener Mühlbusch westlich des Dorfes erreicht die Tanne ihr nördlichstes natürliches Vorkommen in Deutschland, im etwa 20 ha umfassenden Schutzgebiet gedeihen weiterhin seltene Stauden und Moose.

In **Simmersdorf** befindet sich eine 0,30 ha große Herbstzeitlosen-Wiese.

Spremberg (Grodk)

[i] *Spremberger Tourist-Information, Am Markt 2,*
☎ *03563/4530*

[H] *Auswahl:*
Hotel Am Berg, Bergstr. 30, ☎ *03563/91767*
Hotel Zur Post, Lange Str. 23, ☎ *03563/4693*
Hotel Georgenberg, Slamener Höhe 19, ☎ *03563/2140*
Hotel Zur Börse, K.-Marx-Str. 4, ☎ *03563/90231*
Hotel Zur Wildtränke, Grausteiner Weg 10, ☎ *03563/92369*
Gästehaus, Finkenweg 1, ☎ *03563/5146*
Hotel Waldhütte, Alte Poststr. 1, 03058 Klein Döbbern,
☎ *035608/40097*
Pension Am See, Stauseestr., 03130 Bagenz, ☎ *035697/345*

[JH] *Jugendherberge Bagenz (an der Talsperre Spremberg),*
☎ *035697/218*

[A] *SpreeCamp Bagenz, Stauseestr. 3, 03130 Bagenz,*
☎ *035697/97458*
Zeltplatz Klein Döbbern, 03058 Klein Döbbern,
☎ *035608/244*

Reiten: Reiterhof Bagenz, Dorfstr. 2
Pferdepension Glatzer, Neue Siedlung 2, 03130 Drieschnitz
Reiterhof Senkel, Dorfstr. 22, 03130 Bloischdorf
Reiterhof Mergel, Bergstr. 6, 03130 Reuthen OT Horlitza

Lage

Die südbrandenburgische Stadt (ca. 24 000 Ew.) befindet sich im Durchbruchstal der Spree am Niederlausitzer Grenzwall und liegt an der Bahnlinie Berlin-Cottbus-Görlitz, der B 97 Cottbus-Hoyerswerda und der B 156 Spremberg-Bad Muskau.

Geschichte

Um 1200 wurde während der Ostkolonisation in dem slawisch besiedelten Gebiet eine Burg und danach die Stadt angelegt. Die erste urkundliche Erwähnung stammt aus dem Jahre 1301. Als wichtige Station zwischen Hamburg und Breslau auf der Zuckerstraße, auch als Niedere Straße bekannt, entwickelt sich die Stadt zum Handelsplatz, später zu einem Zentrum des Tuchmacherhandwerks. Hussiteneinfall (1429), mehrere Stadtbrände und Plünderungen forderten die Bewohner immer wieder zum Neubeginn heraus. Die Stadt stand wechselnd unter brandenburgischer, böhmischer und sächsischer Herrschaft.

1815 Preußen angegliedert, wuchs Spremberg ab Mitte des 19. Jh. zur Industriestadt heran (Textil-, Glas-, Bergbau- und Chemieproduktion), beschleunigt durch den Anschluß an die Bahnstrecke Berlin–Görlitz (1866). Im Jahre 1870 waren ca. 1000 Webstühle in Betrieb, 1925 waren es etwa 1200. Mit der Gründung des Deutschen Reiches 1871 wurde Spremberg **geografischer Mittelpunkt Deutschlands**.

Im April 1945 wurde die Stadt zur Festung erklärt, es gab große Opfer auf beiden Seiten der Front zu beklagen. In den 50er Jahren begann südlich von Spremberg der Aufbau des Braunkohlekraftwerkes Trattendorf, des Gaskombinates Schwarze Pumpe sowie der Aufschluß von Großtagebauen.

Sehenswürdigkeiten

Nordöstlich des Stadtgebietes (Straße in Richtung Bahnhof nutzen) kann man die Höhen des Niederlausitzer Grenzwalls erklimmen. Auf dem Georgenberg thront das Spremberger Wahrzeichen, der 1903 eingeweihte **Bismarckturm**. Er ist 23 m hoch und als Aussichtsturm zugänglich. Hier bietet sich die in der Niederlausitz einmalige Gelegenheit, eine Stadt in Tal- und Hanglage zu überschauen. Geöffnet: von April bis Oktober nur Mi von 9 bis 12 und Sa, So von 14 bis 18 Uhr. Im hiesigen Stadtpark ist auch ein schmiedeeisernes Rosengitter des Spremberger Schlossermeisters Richter zu bewundern, es war 1900 auf der Pariser Weltaustellung zu sehen. Östlich der Altstadt steht das **Schloß**, erbaut auf den Resten einer Wasserburg (12. Jh.). Von 1680 bis 1738 war es Sommerresidenz des Herzogs von Sachsen-Merseburg. In den Jahren 1991/92 rekonstruiert, ist es nun wieder das Schmuckstück der Stadt. Im Erdgeschoß kann man Deckenmalereien aus der Renaissance entdekken (1912 und 1993 erneuert). Der benachbarte Schwanenteich inmitten einer Parkanlage wurde nach dem 1.Weltkrieg ausgehoben. An seinem Nordostufer befindet sich die beliebte Ausflugsgaststätte Schweizergarten.

Nach mehren Brandschäden baute man das **Rathaus** 1706 im Barockstil auf, letzte Veränderungen wurden 1933/34 vorgenommen.

Hier lädt der Ratskeller zum Verweilen ein.

Die aus Backsteinen erbaute spätgotische **Kreuzkirche** (16. Jh.) überragt die Altstadt. Hauptaltar (1660), Nebenaltar im Renaissance-Stil (1610) sowie vier Holzfiguren aus der Mitte des 15. Jh. sind bedeutende Kunstwerke. (Besichtigungen sind über das Gemeindebüro, Kirchplatz 5, anzumelden, ☎ 2032). In der nahen Burgstraße (Nr.9) steht das älteste Wohnhaus der Stadt (um 1670), nach Abschluß der Rekonstruktion sollen hier Stadtgalerie und Strittmatter-Gedenkstätte entstehen.

Große Teile der Altstadt fielen 1945 in Trümmer oder mußten in den siebziger und achtziger Jahren gesichtslosen Plattenbauten weichen. Ein Bummel durch die **Lange Straße**, die Hauptgeschäftsstraße und Promeniermeile der Spremberger mit z. T. historischer Bausubstanz und vielen kleinen Geschäften, ist aber durchaus zu empfehlen. Bemerkenswert sind das **Kavalierhaus** (Nr.15/16), von Herzog Heinrich von Sachsen-Merseburg im Jahre 1706 vollendet, seit 1844 Stadt-Sparkasse, 1995 vollständig rekonstruiert, sowie das **Reichspostgebäude** mit dem 1890 angebauten Telegrafenturm.

In der Gartenstraße 9 lockt das **Niederlausitzer Heidemuseum** zu einem Besuch. Das Objekt besteht aus Hauptgebäude (Mittagsche Villa) sowie einem 1983 vor dem Braunkohlebergbau umgesetzten sorbischen Heidebauernhaus aus Groß Buckow mit Ziehbrunnen, Bienenstand, Tauben- und funktionstüchtigem Backhaus. Ein Schwerpunkt der Ausstellungen widmet sich dem Braunkohleabbau in der Region. Natur- und Volkskunde sowie die Geschichte der Stadt sind weitere Themen. Geöffnet Di–Fr von 9 bis 12 und 13 bis 17, So von 14 bis 17 Uhr, von Mai bis September finden auf dem Museumshof Kaffeenachmittage statt, und zum Heimatfest im August wird alljährlich der Backofen in Betrieb genommen.

Im Vorgarten des Museums (Personal fragen!) befindet sich der jetzt unkenntliche Original-Gedenkstein, der den geografischen Mittelpunkt des Deutschen Reiches ab 1871 symbolisierte, gegenüber an der Straße sieht man eine Kopie (1991) mit der Aufschrift »Mittelpunkt vom Deutschen Reiche«.

Am nordöstlichen Stadtrand, auf dem Schomberg, fand am 4. April 1994 eine Kirchweihe statt. Die mehr als 500 Jahre alte **Dorfkirche aus Pritzen** wurde hierher umgesetzt, weil der Ort Pritzen zu DDR-Zeiten im Zuge der Erweiterung des Braunkohletagebaus Greifenhain abgebaggert werden sollte.

Das Dorf bleibt jetzt erhalten. In der wunderschönen »Auferstehungskirche« finden sonntags Gottesdienste statt. Man findet sie an der Drebkauer Straße (aus dem Zentrum über die B 97 Richtung Cottbus, dann links abbiegen).

Etwa 300 m weiter wurde 1992 im Kochsagrund ein **Erlebnisfreibad** mit 70 Meter langer Rutsche, Grotten und Sprudeln eröffnet (15. Mai bis 15. September von 9 bis 20 Uhr).

Folgt man der Drebkauer Straße weiter, befindet man sich bald an der gestalteten **Hochkippe Spremberg**. Einst standen hier die Dörfer Pulsberg und Roitz. Ein Rundwanderweg erschließt das neue Naherholungsgebiet (etwa 300 ha). Von der Josephsbrunnenhöhe (159 müNN) bietet sich ein Panoramablick auf Spremberg und Umgebung, man sieht im Süden bis zu den Höhen des Lausitzer Berglandes. Mächtige Findlinge markieren den Standort der überbaggerten Gemeinden.

Im östlichen Stadtrandgebiet (Slamen – Ziegelei), Grausteiner Weg 10, existiert ein **Hirschgehege** mit der Ausflugsgaststätte Zur Wildtränke.

Die Region Spremberg ist Handlungsort zahlreicher Romane von **Erwin Strittmatter** (u. a. »Der Laden«), der 1912 in in der Stadt geboren wurde und in Bohsdorf, 10 km nordöstlich von Spremberg, seine Kindheit verbrachte.

Veranstaltungen
Mai: Blütenfest in Bohsdorf
(alljährlich am 2. Sonntag des Monats)
August: Heimatfest

Fahrradtour um die Talsperre Spremberg (18 km)
Nördlich der Stadt erstreckt sich die Talsperre Spremberg mit einem 18 Kilometer langen Radwanderweg. Fast die gesamte Strecke ist asphaltiert und verläuft durch Feriensiedlungen, stille Kiefern- und Mischwälder sowie kleine Dörfer im Südbereich des künstlichen Gewässers. Vom Stadtzentrum kann man dem Lauf der Spree nach Norden folgen.

Die Talsperre Spremberg entstand zwischen 1958 und 1965 in einer ausgeprägten Erosionsrinne der Spree. Bei Bräsinchen wird der Fluß durch eine 2,2 km lange Mauer gestaut, wodurch ein etwa 7 km langer künstlicher See heranwuchs, der bei Normalstau 950 Hektar umfaßt.

Der Südbereich des Stausees, auch als Vorstaubecken Bühlow ein Begriff, hat sich im Laufe der Jahre zu einem Wasservogelparadies entwickelt und wurde zum Naturschutzgebiet erklärt. Der separate Rundwanderweg umfaßt 7 Kilometer.

An der Straße zwischen Bühlow und Sellessen kann man entscheiden, ob man zuerst am Ost- oder Westufer radeln möchte. Am Ostufer folgt man der roten Markierung über die kopfsteingepflasterte Straße nach Sellessen und später zum Weißen Berg Richtung Norden.»Berg« ist wohl etwas übertrieben, doch das Steilufer mit seinem feinen weißen Sand und den knorrigen alten Kiefern steht im reizvollen Kontrast zur blau schimmernden Wasserfläche. Bänke laden zum Verweilen ein, so sind die zahlreichen Segler und Surfer gut zu beobachten.

Radwandern an der Talsperre Spremberg

An der Jugendherberge Bagenz (Imbißverpflegung) kann man
eine Rast einlegen. Auf einem sandigen Weg durch Kiefernforste
gelangt man in das kleine Dorf Bräsinchen und überquert hier
die Spreebrücke. Erst ab Höhe der Talsperrenmauer verspricht der
Asphaltbelag wieder reines Fahrvergnügen, zuvor zwingt der märkische Sand mehrmals zu »Schiebeeinlagen«. Später lädt das Hotel
und Restaurant Waldhütte (→ 🄷) ebenso wie zahlreiche Imbiß-
stände im Grünen zur Rast ein. In Bühlow schließt sich der Kreis
der Rundstrecke.

Weitere Ziele in der Umgebung Sprembergs

In **Bagenz**, nordöstlich von Spremberg an der Bahnstrecke Rich-
tung Cottbus gelegen, findet man inmitten einer Parkanlage ein
beachtenswertes neobarockes Schloß, 1994/95 rekonstruiert. Ende
Juni findet hier ein großes Kutschenkorso statt, und an den Auf-
bau eines Kutschenmuseums ist gedacht.
Eine sehenswerte Kirche steht in **Graustein**, daneben der Graue
Stein (mächtiger Findling), von Spremberg auf der B 156 Richtung
Bad Muskau schnell zu erreichen. Nur 1,5 km nördlich blieb in
Bloischdorf eine im 14. Jh. aus Findlingen erbaute katholische
Wallfahrtskirche mit hölzernem Glockenturm erhalten. Guts- und
Torhaus sowie drei sorbische Blockhäuser bilden hier die Grund-
lage für den geplanten Aufbau eines Niederlausitzer Dorfmu-
seums.
Bei **Schwarze Pumpe (Carna Plumpa)** entsteht mit zwei 800-MW-
Blöcken installierter Leistung das modernste Braunkohlekraftwerk
der Welt mit einem Wirkungsgrad von ca. 50 %.
In den benachbarten Dörfern **Bluno (Bluń)** und **Spreewitz**

(Šprjejcy) lohnen die rekonstruierten **Fachwerkkirchen** einen kurzen Abstecher. Die Blunoer Kirche stammt aus dem Jahre 1673 und besitzt eine geschnitzte Madonna (um 1420).

Drebkau (Drjowk)

Die Kleinstadt an der B 169 und der Bahnstrecke zwischen Cottbus und Senftenberg besteht seit 1280.

Das Schloß (Ende 17. Jh.) beherbergt heute Wohnungen. Bis in die vierziger Jahre trug die Stadt den Beinamen »Sauf-Drauke« – der vielen Kneipen wegen.

Beliebter Anlaufpunkt für Einheimische und Touristen ist vor allem im April die **Sorbische Webstube** Drebkau in der Straße der Freundschaft 17. Neben funktionstüchtigen Werkzeugen zur Leinwandherstellung und Stickereien findet die Ostereiersammlung von Dr. Lotar Balke großes Interesse. Der Drebkauer Volkskundler hat hier ca. 2500 Exemplare aus 33 Ländern zusammengetragen, das älteste – ein Osterei aus Mähren – stammt aus dem Jahre 1896. Auch exotische Stücke, wie ein Straußenei aus Südafrika und Emailleeier aus Australien, sind zu bestaunen. Führungen sind nur nach Absprache möglich, ☎ 035602/747.

Als wertvolle Natur- und Kulturlandschaft gelten die etwa 5 km südlich vorgelagerten Steinitzer Alpen, sie sind Teil des Niederlausitzer Grenzwalls. Von der höchsten Erhebung, dem Spitzberg (153 müNN), bietet sich bei guten Bedingungen ein Blick bis zum Cottbuser Wasserturm.

Von Drebkau aus existiert ein markierter Rundwanderweg über 6 km. Große Bereiche des Höhenzuges sollen aller Voraussicht nach in den nächsten Jahren vom Tagebau Welzow-Süd in Anspruch genommen werden.

Das kleine Dörfchen **Steinitz** besitzt eine mittelalterliche Kirche (15. Jh.).

Von Drebkau gelangt man in südöstlicher Richtung über Jehserig zur Aussichtsplattform des Großtagebaus Welzow-Süd bei Papproth.

Calau (Kalawa)

H   *Hotel Zur Post, Cottbuser Str. 30, ☎ 03541/2365*
      Pension Stolpe, Mühlenstr. 28, ☎ 03541/2874
🏛   *Heimatmuseum Calau, Kirchstr. 33, Besichtigung nur nach Anmeldung, ☎ 03541/2736*
      Museum für Arbeitskraftmaschinen, Altnauer Str. 71, Besichtigung nur nach Anmeldung, ☎ 03541/2002
🚲   *Fahrrad Herrmann, Am Graben 5*

Im Stadtbild dominiert die **Stadtkirche**, eine spätgotische Hallen-kirche. Direkt daneben steht ein Fachwerkbau (1789), einst Mäd-chenschule, heute das Heimatmuseum.
Reste der einstigen Dunkelsburg (10. Jh.) blieben am Burgplatz erhalten.

Vom Bahnhof Calau über die Calauer Schweiz nach Altdöbern (ca. 15 km)

Direkt am Bahnhof Calau nimmt ein rot markierter Wanderpfad seinen Lauf. Er führt uns in eine liebliche Hügellandschaft mit ausgedehnten Wäldern, in die Calauer Schweiz.
Zunächst läuft man über Plieskendorf bis zum **Goldborn**, dies ist die größte Naturquelle in der Lausitz. Ihr Name rührt von den schwammigen Eisenablagerungen her, die sich an Wasseroberfläche und Uferrändern zeigen. Bis hierher waren etwa 3 km zurück-zulegen, und es bietet sich nun eine Rast in der nahegelegenen **Stegschänke** an. Neben einem reichhaltigen Speisen- und Getränke-angebot kann man hier eine Kutsch- oder Kremserfahrt mit dem Haflingergespann erleben. Während die Erwachsenen drinnen gemütlich beisammen sitzen, zieht es die Kinder eher nach drau-ßen zu den Pferden auf die Koppel.
Früher gingen die Bewohner der umliegenden Dörfer Weißag, Zwietow und Gosda auf dem Kirchsteig nach Calau zur Kirche. Auf diesem Steg wurde 1912 ein Ausflugslokal eröffnet – die Werchower Stegschänke. Das Gasthaus (Pension) ist Mo und Di ab 17, Mi–So ab 11 Uhr geöffnet.
Erst nach langer Pause geht es weiter auf den Kuhringsberg, von dem sich eine gute Aussicht auf Calau bietet. Nach Weißag sind es noch 3 km Weg, zum Bahnhaltepunkt Schöllnitz weitere 3 km (Strecke Lübbenau–Calau–Kamenz).
Wer noch gut gelaunt und voller Kondition ist, wandert über Schöllnitz weitere 5 km nach **Altdöbern**.
Die Kleinstadt am Rande des inzwischen stillgelegten Tagebaus Greifenhain besitzt ein sehenswertes **Schloß** (18. Jh.) mit Neo-barockfassade, im Innern sind u. a. Deckengemälde und ein Mar-morsaal zu besichtigen. Das Gebäude mit dem nahen Neptun-brunnen ist von einem großen Park mit einigen Sandsteinplastiken des Dresdner Bildhauers Gottfried Knöffler umgeben. Die gärt-nerische Anlage wurde Ende des 19. Jh. durch E. Petzold, einen Schüler Pücklers (→ Cottbus/Branitz und Bad Muskau), vergrö-ßert und zum Teil neu gestaltet.
Auf Flächen des ehemaligen Tagebaus bei Pritzen fand zum Sommerbeginn 1995 die nunmehr III. Europa-Biennale Niederlau-sitz statt.

Finsterwalde

[i] *Fremdenverkehrsbüro im Rathaus, Markt 1,*
☎ *03531/703079*

[H] *Hotel Zum Vetter, Lange Str. 15,* ☎ *03531/2269*
Hotel Goldener Hahn, Bahnhofstr. 3, ☎ *03531/2214*
Hotel Brückenkopf, Berliner Str. 23, ☎ *03531/2201*
Hotel Sängerstadt, Markt 2–3, ☎ *03531/2557*

[🏛] *Flugsportmuseum Finsterwalde am Segelflugplatz Finster-*
walde (gewidmet dem Andenken von Paul Beylich, Schlos-
ser des dt. Flugpioniers Otto Lilienthal). Das Museum ist seit
der Wende geschlossen, soll aber wieder eröffnet werden,
Ansprechpartner Herr Arlt, ☎ *03531/2285*
Rundflüge: Segelflugplatz Finsterwalde, ☎ *03531/2285*

Lage

Die Stadt liegt am Westrand der Niederlausitz an der B 96 sowie
an der Bahnstrecke Frankfurt/O.–Cottbus–Leipzig.

Geschichte

Im Jahre 1282 erstmals erwähnt, stand hier im slawischen Siedlungsgebiet ab dem 13. Jh. eine deutsche Burg, welche im 16. Jh.
zum Schloß umgebaut wurde. Die Ackerbürgerstadt fiel während
des Dreißigjährigen Krieges Brandschatzungen zum Opfer. Nach
dem Wiederaufbau entwickelte sich die Tuchmacherei zum Haupt-
erwerbszweig der Bewohner.
Im April 1945 wurde die Stadt den sowjetischen Truppen kampflos übergeben.
Finsterwalde ist als **Sängerstadt** über die Grenzen der Region bekannt, das Sängerfest wird alle zwei Jahre begangen. 1899 führte
die Schauspielgruppe»Hamburger Sänger« den Schwank »Die Sänger von Finsterwalde« in Berlin auf. Das Stück hatte Wilhelm Wolff
geschrieben, der im selben Jahr den Marsch »Wir sind die Sänger
von Finsterwalde« komponierte. Das Sängerlied existiert heute in
zahlreichen Varianten.

Sehenswürdigkeiten

Den Markt umsäumen einige schöne Häuser mit Barock- und Ju-
gendstilfassaden. Das barocke zweigeschossige **Rathaus** mit einem
hübschen Uhrentürmchen stammt aus dem Jahre 1739.
Die evangelische **Trinitatiskirche** (16./17. Jh.) im Stil der Spätgotik
und Renaissance besitzt im Inneren einen wertvollen Hochaltar
(reich verzierter hölzerner Altaraufsatz aus dem Jahre 1594) und
eine Kanzel des Meißener Meisters Kuntze (1615). Wer die Kirche
besichtigen möchte, meldet sich gegenüber im Pfarramt 2, Naun-
dorfer Str. 1.

Kurt von Dieskau ließ in der Mitte des 16. Jh. aus einem Renaissancehaus ein sehenswertes Stadthaus bauen, die »Kurtsburg«. Das Gebäude in der Schloßstraße 6, unweit vom Markt, weist eine sehenswerte Fassade mit Sitznischenportal auf.

Die einstige Wasserburg wurde von 1553–1597 zum **Renaissanceschloß** um- und ausgebaut. Das Bauwerk besteht aus zwei Hauptteilen, Vorder- und Hinterschloß mit je einem sehenswerten Hof. Früher beherbergte ersteres die Wirtschafts-, letzteres die Wohnräume. Jetzt arbeitet hier die Stadtverwaltung, während der Öffnungszeiten kann man das Schloß auch im Inneren besichtigen. Die beiden Höfe sind außerdem Sa und So von 9 bis 18 Uhr zugänglich. Der dahinterliegende Schloßpark lädt zum Spazieren ein.

Wenn man das Kreismuseum in der Langen Straße 6–8 betritt, wird man im Eingangsbereich von drei stattlichen Finsterwalder Sänger-Figuren begrüßt. Attraktion des Hauses ist vor allem ein historischer **Kaufmannsladen** (»Tante-Emma-Laden«) aus der Mitte des 19. Jh.. Desweiteren sieht man eine Drogerie nur mit Artikeln aus DDR-Produktion, die trotz ihrer noch jungen Geschichte schon heute interessant wirkt. Geöffnet: Di von 9 bis 11 und 14 bis 18, Mi, Do und So von 9 bis 11 und 14 bis 17 Uhr, Sa nur nach Voranmeldung, ☎ 03531/30783.

Das **Märchenhaus**, ein Backsteinbau aus dem Jahre 1928, befindet sich in der Friedrich-Hebbel-Straße. Das Besondere: An der Fassade wurden 27 Reliefs aus Märchenszenen der Gebrüder Grimm geschaffen.

Ein beliebtes Ausflugsziel der Finsterwalder und ihrer Gäste ist die **Bürgerheide**, ein parkähnliches Wäldchen westlich der Altstadt. Das Naherholungsgebiet verdankt die Stadt dem Bürgermeister Abraham Koswig, der sich bei einer Wette mit dem Kurfürsten von Sachsen und dem Herzog von Bayern als besonders trinkfest erwies und dabei das Waldstück als Preis gewann.

Hier befindet sich auch der **Tierpark**, geöffnet von 8 bis 18, im Winter bis 15 Uhr.

Veranstaltungen

Juni: Schloßparty
alle 2 Jahre im August: Sängerfest (das nächste 1996)

Reichlich 10 km südöstlich gelegen, lohnt das **Sallgaster Schloß** (16. Jh.) einen Abstecher. Die erste Feste an Ort und Stelle entstand um 1200 als Wasserburg und war später als Raubritternest berüchtigt. Heute werden im hiesigen Restaurant als besondere Attraktion »Ritteressen« geboten, wobei das Personal in historischen Kostümen erscheint.

Etwa 8 km nördlich von Finsterwalde, auf der B 96 schnell zu erreichen, vermittelt das Städtchen **Sonnewalde** noch heute Kleinstadtatmosphäre des 19. Jahrhunderts. Das imposante Schloß der Grafen zu Solms aus dem 16. Jh. wurde 1947 ein Opfer der Flammen und wurde vollständig abgetragen. Erhalten blieben Teile des Unterschlosses, einst Beamtenwohnung und Gerichtssitz, mit schönem Renaissance-Portal und Wehrgangsresten, in dem heute eine Heimatstube zu besichtigen ist. Ein Schloßpark mit Teichen und alten Eichen umgibt das Bauensemble.

Senftenberg (Zły Komorow)

[i] *Kreisfremdenverkehrsamt, Kirchplatz 18, ☎ 03573/2170 und 796318*
(gibt quartalsweise den »Kulturanzeiger« des Landkreises Oberspreewald-Lausitz heraus)

[H] *Hotel Am Damm, Eisenbahnstr. 12, ☎ 03573/790597*
Hotel Zur Alten Brennerei, Markt 18, ☎ 03573/70830
Hotel Farmerhaus, Kreuzstr. 6, ☎ 03573/2897
Parkhotel, Steindamm 20, ☎ 03573/73861
Hotel Kronprinz, E.-Thälmann-Str. 44, ☎ 03573/2151

⚠ *Strandcamping Niemtsch (südwestlich vom Stadtgebiet), ☎ 03573/661543*
→ Senftenberger See

😊 *Stadttheater Neue Bühne, Rathenaustr. 6,*
Tageskasse: Markt 19, ☎ 03573/73213

🚲 *Fahrradverleih im Fahrradhaus Senftenberg am Bahnhof*
Fahrradhandel Senftenberg, Schloßstr. 25

Lage
Senftenberg (29 000 Ew.) liegt an der B 169 und der Bahnstrecke Cottbus–Dresden.

Geschichte
Die Siedlung am sanften Berg in der Niederung der Schwarzen Elster wurde 1279 erstmalig erwähnt. Die etwa im 10. Jh. errichtete Burg diente als Stützpunkt für die deutsche Ostexpansion.
Ab 1448 gehörte die Region zu Sachsen. Der von König August dem Starken berufene Amtshauptmann von Klettenberg wohnte in der zum Schloß umgebauten Burg. Von 1715–1718 versuchte er, für seinen König Gold herzustellen.
Das »schwarze Gold«, die Braunkohle, wurde ab 1851 abgebaut. In der Folgezeit entwickelte sich Senftenberg und seine nähere Umgebung zum Zentrum des Niederlausitzer Braunkohlebergbaus.

Sehenswürdigkeiten
Östlich vom Markt mit einigen rekonstruierten Bürgerhäusern aus dem 17. Jh. befindet sich der Hauptanziehungspunkt der Stadt, die

Festungsanlage mit Schloß. Von der einstigen Feste zeugen allerdings nur noch Relikte wie Erdwall, Pulvertürmchen und das Kommandantenhaus, die Kasematten sollen wieder freigelegt werden.

Wie das militärische Bauwerk in seinen Glanzzeiten aussah, vermittelt ein Schloßbesuch, hier ist heute das **Kreismuseum** beherbergt. Ein Modell der Renaissancefestung im Maßstab 1:100 spiegelt den Zustand um 1750 wieder.

Breiten Raum nimmt die Ausstellung zur Regionalgeschichte ein, u. a. eine Sammlung von Buckelkeramik-Gefäßen aus der Epoche der Lausitzer Kultur (→ Geschichte), sakrale Gegenstände aus Senftenberger Dorfkirchen, Zeugnisse vom früheren Weinbau (Standortkarte aus dem Jahre 1600 und eine große hölzerne Weinpresse) und eine komplette sorbische Bauernstube.

Der Entwicklung des Braunkohlebergbaus ab Mitte des 19. Jh. bis in die Gegenwart ist breiter Raum vorbehalten. Höhepunkt dieser Ausstellung ist ein in Originalgröße aufgebauter **Modellbergbauschacht.**

Dem Schaffen einheimischer Künstler (Malerei, Grafik und Plastik) ist die **Kunstsammlung Lausitz** gewidmet.

Im Schloßhof befindet sich eine Kopie der bekannten Holzplastik von **Ernst Barlach** »Bettler auf Krücken«. Sie wurde in den Klinkerwerken der bei Senftenberg beheimateten Ilse-Aktien-Gesellschaft hergestellt und war ursprünglich für die Lübecker Katharinenkirche vorgesehen.

Geöffnet: Mai bis Oktober Di–Fr von 10 bis 17, Sa und So von 14 bis 18 Uhr, November bis April Di–Fr von 10 bis 16, Sa und So von 13 bis 17 Uhr.

Die **Galerie am Schloß** zeigt jährlich sechs Sonderausstellungen, u. a. auch aus dem Fundus der Kunstsammlung Lausitz. Öffnungszeiten wie das Kreismuseum.

Im Südbereich des Schloßparks ist der **Tierpark** zu finden, 1931 als Wildgehege ins Leben gerufen. Es besteht aus zwei Bereichen. Am Steindamm findet man Damhirsch- und Wildschweingehege, am gegenüberliegenden Ufer der Schwarzen Elster den eigentlichen Tierpark. Mit der erfolgreichen Aufzucht europäischer Braunbären hat sich der Tierpark internationale Anerkennung erworben. Geöffnet: Vom 1. Mai bis 30. September von 8 bis 18 Uhr, vom 1. Oktober bis 30. April von 9 bis 16 Uhr.

Im benachbarten Stadtteil Buchwalde befindet sich eine Schiffsanlegestelle (→ Senftenberger See).

Veranstaltungen
Juni: Peter-und-Paul-Markt
September: Tierparkfest,
Reiterfest in Sedlitz

Im benachbarten Ort **Großräschen** finden in der evangelischen Kirche regelmäßig Orgelkonzerte mit nationaler und internationaler Besetzung statt. Der Eintritt ist frei. Infos: Herr Böhnisch, Breitscheidstr. 21, 01983 Großräschen, ☎ 035753/14769.

Großkoschen / Senftenberger See

i	→ *Senftenberg*
	Zweckverband Erholungsgebiet Senftenberger See,
	Am See 5, ☎ *03573/8000*
	(gibt alljährlich die Broschüre »Seerundschau« mit Infos
	rund um das Erholungsgebiet Senftenberger See heraus)
H	*Pension Seestern,* ☎ *03573/81209*
⚠	*Strandcamping Niemtsch,* ☎ *03573/661543*
	Campingplatz Großkoschen, ☎ *03573/8000*
🚲	*Voigt & Söhne (gegenüber Gaststätte Seestern)*

Etwa 5 km südöstlich von Senftenberg gelegen, stellt Großkoschen das größte Naherholungszentrum am Senftenberger See dar.

Der **Senftenberger See** entstand aus dem ehemaligen Tagebau Niemtsch. Anfang der vierziger Jahre begann der Braunkohleabbau, bis 1966 wurden hier etwa 130 Millionen Tonnen Kohle gefördert. Ab 1949 war an Ort und Stelle die erste ostdeutsche Abraumförderbrücke in Betrieb. Pläne des bekannten Lausitzer Landschaftsgestalters Dr. h. c. Otto Rindt (1906-1994) für ein Freizeitparadies fanden ab 1960 schon während des aktiven Bergbaus Berücksichtigung, so u. a. mit der Böschungsabflachung durch Tagebaugroßgeräte für künftige Uferzonen. Durch Grundwasseranstieg und Zuleitung von Wasser aus der Schwarzen Elster entstand bis 1973 ein ca. 1300 ha umfassendes künstliches Gewässer, eineinhalbmal größer als der Müggelsee. Die Durchschnittstiefe beträgt 17-19 m, maximal 40 m. Der Senftenberger See zählt mit seiner Trinkwasserqualität zu den **saubersten Seen Brandenburgs**, in einigen Bereichen (Südkessel) liegt die Sichtweite zwischen 5 und 10 m, weshalb neben Badelustigen, Surfern, Seglern, Anglern etc. auch Taucher den See bevölkern.

Die Insel im See (300 ha) ist Teil der ehemaligen Brückenkippe, die nicht überflutet wurde. Eine Nutzung ist nicht möglich, da die Uferbereiche nicht stabilisiert wurden und auch nach zwei Jahrzehnten immer wieder Böschungsabbrüche möglich sind. 1980 wurde die Insel kurzerhand zum Naturschutzgebiet erklärt. Da die Insel nicht betreten werden darf, entwickelte sich, vom Menschen völlig ungestört, eine artenreiche Fauna und Flora (70 Vogelarten, 140 Schmetterlingsarten und verschiedene Pflanzen).

Die Länge der Badestrände umfaßt heute 11 km, darunter zahlreiche Bereiche für FKK-Anhänger.

Das Fahrgastschiff MS »Santa Barbara« bietet **Rund- und Charter-fahrten** an (Anlegestellen in Großkoschen, Niemtsch, Senftenberg-Buchwalde), Fahrplaninfos bzw. Reservierungen über ☎ 03573/81261.

1995 wurde für den geistigen Vater des Sees, Dr. h. c. Otto Rindt, ein Gedenkbereich mit Grünanlage und Findlingen eingeweiht.

Der **Museumshof Großkoschen** am Dorfplatz bewahrt der Nachwelt ein für die Senftenberger Region früher typisches Vierseiten-Gehöft. Der Besucher erfährt viele Details von der Arbeits- und Lebensweise unserer Urgroßeltern. Skudden, eine vom Aussterben bedrohte Schafsrasse, Pferde, Schweine und Tauben beleben das Terrain. Ein kleiner Kräutergarten mit alten Nutzpflanzen sowie eine Streuobstwiese vervollständigen das Bild. Geöffnet: Mai bis Oktober Di–Fr von 10 bis 15.30, Sa und So von 13 bis 17 Uhr.

Veranstaltungen
August: Seefestspiele

Rundwanderweg Senftenberger See
(18,5 km)

Der 1993 vollendete Rundwanderweg ist mit einem grünen Punkt markiert. Auf dem Rundkurs lernt man die ganze Vielfalt der Bergbaufolgelandschaft kennen, die Insel immer im Blickfeld. Abwechslung bieten Strandbereiche oder ein Museumsbesuch in Senftenberg oder Großkoschen. Wer die Route abkürzen will, kann Abschnitte auch per Motorschiff zurücklegen. Insgesamt sind für die reine Wegstrecke 5 Stunden Gehzeit zu veranschlagen.

Gebietswanderweg
Senftenberger See–Kmehlener Berge (33 km)

Von Großkoschen folgt der durchweg rot markierte Weg anfangs etwa 4 km dem Rundwanderweg Senftenberger See und zweigt später in südlicher Richtung nach Hosena ab. Bei Hohenbocka lockt die **»Bucksche Schweiz«** mit Aussichtsturm zum Kennenlernen. Verhärteter Glassand inmitten von Kiefernwald erweckt hier den Eindruck einer Sächsischen Schweiz im Miniformat. Im Guteborner Schloß dankte 1918 der letzte sächsische König ab, heute existieren noch die Schloßkapelle aus dem 16. Jh., Schmiede, Teehäuschen sowie rundherum ein schöner Schloßpark. Im 3,5 km südwestlich entfernten **Lipsa** gibt es ein barockes Schloß mit Torhaus (18. Jh.) zu sehen, heute ein Alters- und Pflegeheim. Bei Jannowitz, am Großen Dub, fühlen sich viele Wasservögel wohl.

In **Kroppen** führt die Route durch einen stattlichen Landschaftspark, im 18. Jh. von E. Petzold angelegt, er vollendete u. a. auch den Pücklerpark von → Bad Muskau. Über Ortrand gelangt man in die Kmehlener Berge. Höchste Erhebung im bewaldeten Terrain ist der Kutschenberg mit 201 m.

Für Touren im Gebiet Senftenberg/ Ortrand/ Lauchhammer wurde vom Kreisfremdenverkehrsamt Senftenberg eine Wanderkarte im M 1: 50 000 herausgegeben.

Ruhland

H   *Hotel Zum Stern, Markt 7, ☎ 035752/2085*

Schon von weitem grüßt der Turm der **Stadtkirche**, die aus dem 15. Jh. stammt und 1772 im Barockstil umgebaut wurde. Wertvoll ist der mittelalterliche Altarschrein im Inneren.

Am Markt sollte man sich das Haus des Uhrmachermeisters Kerstan genauer ansehen. Über der Uhr an der Fassade befindet sich eine Kugel, die die jeweilige Mondphase anzeigt. Bei Vollmond ist nur die goldene Kugelseite zu sehen.

Von den im Jahre 1768 vom großen Stadtbrand verschonten Wohnhäusern blieb bis in unsere Zeit nur ein Holzhaus aus dem Jahre 1672 in der Dresdner Straße 33 erhalten.

Lauchhammer

i   *Fremdenverkehrsbüro, Kleinleipscher Str. 12,*
       ☎ 03574/120937
H   *Hotel Zur Eiche, Grünewalder Str.3, ☎ 03574/2544*
       Pension Schewe, Senftenberger Str. 38, ☎ 03574/7252
🏛   *Heimatstube (Anmeldung über Fremdenverkehrsbüro erforderlich!)*

Anfang des 18. Jh. entdeckte man in der Umgebung von Lauchhammer Raseneisenerzvorkommen, entsprechende Abbaugenehmigungen erhielt die ansässige Freifrau von Löwendahl vom Sachsenkönig August dem Starken. 1725-1733 entstanden in Folge vier Hochöfen. Bis Ende des 18. Jh. nannte man das Industrierevier Löwendahlscher Hammer, später dann Lauchhammer.

Im Jahre 1784 wurde erstmalig Eisenkunstguß, ab 1839 Bronzeguß gefertigt. In der über 200jährigen traditionsreichen Kunstgießerei entstanden seither unzählige Denkmäler, Brunnen, Wappen, Gedenktafeln etc. Ein überaus bekanntes Werk aus Lauchhammer ist bspw. der Neptunbrunnen in der deutschen Hauptstadt Berlin.

Lauchhammer war zu DDR-Zeiten Zentrum der Kohleveredlung und des Schwermaschinenbaus, ersterer Industriezweig ist 5 Jahre nach der Wende völlig zum Erliegen gekommen. Altbergbauflächen bestimmen das Bild der Umgebungslandschaft.

Der frühzeitigen Industrialisierung verdankt Lauchhammer heute aber auch einen bedeutsamen Anziehungspunkt: Das **Kunstguß-museum** im Stadtteil Lauchhammer-Ost, Grünhauser Str. 19. Das Haus mit Fachwerkgiebeln hat eine interessante Geschichte. »Im Jahre 1898 wurde auf einer lichten, kiefernumgrenzten Anhöhe in der Nähe des Eisenwerkes ein Lehrlingswohnheim übergeben. Dieser Ort ist geradezu für junge Leute geschaffen, die tagsüber im Betrieb ihre Ausbildung erhalten und abends wieder neue Kräfte für den nächsten Tag sammeln wollen. Man hat den Eindruck, als ob das Wohnheim dem Weltgetriebe entzogen sei, so still und idyllisch ist dieser Standort.« – liest man in einer Zeitung aus jener Epoche.

Bis 1991, also 93 Jahre, diente das Haus ohne Unterbrechung als Lehrlingswohnheim. Es war somit das älteste Deutschlands!

Zum Kunstgußmuseum umgestaltet, öffnete das Haus am 4. Februar 1993 neu. Oft werden Sonderausstellungen geboten. Aber auch die gußeisernen Öfen, Kamine, Kuchenformen und Töpfe, verkleinerte Denkmalkopien und Mobiliar der Daueraustellung lohnen einen Besuch. Geöffnet: täglich von 14 bis 18 Uhr.

Mit dem nordwestlich benachbarten **Grünewalder Lauch** besitzt Lauchhammer ein attraktives Erholungsgebiet für Badelustige (auch FKK), zum Surfen und Segeln. Der 100 ha umfassende See entstand in einem Braunkohlerestloch (Kohleförderung von 1957-1966) und verfügt heute über 5 km zugängliche Uferbereiche, zwei Ferienhaussiedlungen und einen Campingplatz (☎ 03574/3826, in Betrieb vom 1. April bis 31. Oktober). Interessante landschaftsgestalterische Ufersicherungsmaßnahmen fanden 1993/94 statt. Ein Rundwanderweg um das Gewässer ist ausgewiesen.

Oberlausitz

Die Nordausdehnung der Oberlausitz endet an der Landesgrenze zwischen Sachsen und Brandenburg. Im Westen liegt die Grenze an der Linie Königsbrück, Bischofswerda und Sebnitz. Tschechien ist südlicher, Polen östlicher Nachbar. Bis zum Ende des Zweiten Weltkrieges wurde auch das heute in Polen gelegene östliche Territorium bis zum Bober (Bobr) zur Oberlausitz gerechnet.

Der Nordteil der Region gehörte seit 1815 zu Preußen und damit zu Niederschlesien. Nach 1945 verblieben reichlich 2000 km² schlesisches Territorium bei Deutschland.

Landschaftliche Vielfalt auf kleinstem Raum (ausgedehnte Kiefernwälder und Teiche, Gefilde, Bergland), erhalten gebliebene mittelalterliche Stadtkerne sowie folkloristische Besonderheiten der Oberlausitz ziehen immer mehr Besucher in den Südostzipfel Sachsens.

Das sorbische Sprach- und Siedlungsgebiet in der Oberlausitz erstreckt sich um Hoyerswerda, Weißwasser, Bautzen und östlich von Kamenz.

Weißwasser (Běła Woda)

[i]   *Fremdenverkehrsamt Weißwasser, Schillerstr. 4,*
       ☎ 03576/207126

[H]   *Hotel Kristall, K.-Liebknecht-Str. 34, ☎ 03576/2640*
       Hotel Prenzel, Str. des Friedens 11, ☎ 03576/207798
       Hotel Datey Eyrich, Braunsteichweg 33, ☎ 03576/207444
       Gästehaus im Kindererholungszentrum am Braunsteich,
       ☎ 03576/207226
       Pension Tanneneck, Feldstr. 83, ☎ 03576/207176
       Pension an der Rennbahn, Hermannstr. 131,
       ☎ 03576/42604

▲   *→ Schleife und Kromlau*

Lage
Weißwasser befindet sich an der Bahnstrecke Berlin–Cottbus–Görlitz und an der B 156 Bautzen–Bad Muskau, umgeben von ausgedehnten Kiefernwäldern der Muskauer Heide.

Sehenswürdigkeiten
Seit 1935 mit Stadtrechten ausgestattet, verdankt die Stadt ihren Aufschwung vor allem der Glasindustrie. Zur Jahrhundertwende galt Weißwasser als die größte Glasmetropole der Welt, so existierten 40 Glasofenabteilungen, und 75 % der 12 000 Einwohner arbeiteten 1914 in der Glasbranche.

Ende der sechziger Jahre wuchs die Stadt erneut, diesmal als Wohnzentrum für Beschäftigte der Kohle- und Energiewirtschaft der DDR.

In der Forster Straße 12, westlich vom Bahnhof, wurde in der Gerlsdorf-Villa mit einer ständigen Glasausstellung die Grundlage für ein künftiges **Glas- und Heimatmuseum** geschaffen. Geöffnet: Mi, Sa und So von 14 bis 17 Uhr, ☎ 03576/62031.

Eine **Schauglashütte** befindet sich auf dem Gelände der Peill Kristall-Bärenhütte GmbH, Neuteichweg. Die 1897 gegründete Hütte ist die älteste in Sachsen. Am heutigen Standort wurden die einstigen Gründer bei einem Jagdausflug wahrhaftig von einem Bären erschreckt, der sich später als entlaufener Zirkusbär erwies. Die Schauanlage ist Di–Fr von 8 bis 17 Uhr, Sa von 8 bis 13 Uhr in Betrieb, der hiesige Glasverkauf findet Mo–Fr von 10 bis 18 Uhr und Sa von 10 bis 13 Uhr statt.

Eine Touristenattraktion ist die einzige **Schmalspurbahn** Deutschlands mit 600 mm Spurweite, die heute noch auf historischer Strecke verkehrt. Das Bahnhofsgebäude mit Ausstellungsgelände befindet sich in der Teichstraße am Ostrand der Stadt. Von Mai bis September oder nach Vereinbarung verkehren die Züge von hier durch die Muskauer Heide nach → Kromlau (1 h Hin- und Rückfahrt) und → Bad Muskau (2 h Hin- und Rückfahrt).

Die als »Gräflich von Arnimsche Kleinbahn« bekanntgewordene Bahn wurde ab 1895 in Betrieb genommen, transportierte u. a. Ton, Kohle, Torf sowie Holz und verfügte zu ihrer Blütezeit über ein Netz von etwa 70 km. Im Jahre 1978 stillgelegt und größtenteils zurückgebaut, konnten ab 1990 über ABM-Maßnahmen zwei Teilstrecken wiederbelebt werden. Bei Sonderfahrten der Waldeisenbahn Muskau (WEM) wird oft eine Dampflokomotive eingesetzt. Fahrplaninfos: Gesellschaft zur Betreibung der Waldeisenbahn Muskau mbH, Brunnenstr.11, ☎ 03576/207472.

Für Unternehmungen zu Fuß oder per Rad gibt es beim FVA Weißwasser die Übersichtskarte »Wandern in der Umgebung von Weißwasse, sowie »Oberlausitzer Heide- und Teichlandschaft–Radwanderkarte«, Blatt 2 Weißwasser, M 1:50000, Seeger Kartographie GmbH Dresden.

🚶🚶 **Wanderung zum Braunsteich und nach Krauschwitz** (6 km)
Weißwassers Umgebung ist trotz ausgedehnter Truppenübungsplätze, Braunkohletagebaue und verheerender Großbrände sehr waldreich geblieben. Eine Route führt vom Marktplatz auf der Straße der Einheit, an der Telux Spezialglas GmbH vorbei, zum etwa 2 km östlich gelegenen **Braunsteich** (Landschafts- und Naturschutzgebiet). Ein **Naturlehrpfad** mit vielen Schautafeln führt rund um das Gewässer. In der Saison können Sie Ruderboote aus-

leihen. Die Markierung (grüner/gelber Balken) geleitet Wanderer vom Seeufer ins östlich gelegene Naturschutzgebiet Keulaer Tiergarten und weiter nach **Krauschwitz** (4 km). Knorrige alte Kiefern, natürliche Bestände der Lausitzer Tieflandsfichte sowie großflächiger Bewuchs von Adlerfarn sind zu entdecken.

Krauschwitz besitzt ein sehr schönes Freibad. Wollen Sie es zum Abschluß der Tour besuchen, dann folgt man an den ersten Häusern des Dorfes nicht mehr dem gelben Balken (der Weg biegt hier rechts ab), sondern verbleibt auf dem Fahrweg geradeaus.

Ein ausgeprägter Streusiedlungscharakter blieb im Ortsteil West erhalten. Niederschlesische Töpferwaren bietet die Töpferei Najorka (gegründet 1898) im Waldweg 19 an, Werkstatt- und Schauvorführungen sowie Kurse sind nach Voranmeldung möglich (☎ 035771/9255 und 9680).

Zurück nach Weißwasser verkehren häufig Busse.

☗ Wanderung zum Urwald Weißwasser
(Rundwanderweg ca. 12 km)

Ein faszinierendes Naturschutzgebiet findet man knapp 6 km südwestlich der Glasmetropole. Der **Urwald Weißwasser** blieb als einer der wenigen in Deutschland von den Sägen und Äxten der Forstleute verschont. Auf etwa 100 ha Fläche wachsen uralte Kiefern, Tannen, Fichten, aber auch stattliche Eichen und Buchen.

Mittendrin stand einst das Jagdschloß der Standesherrschaft Muskau (1648 vom Grafen Callenberg erbaut und später von Fürst Pückler umgestaltet), es wurde Anfang der siebziger Jahre unseres Jahrhunderts abgetragen. Erhalten blieben einzig die Ruinen der Gebäude der hier später ansässigen Forstverwaltung.

Pückler widmete sich im Jagdschloß in aller Ruhe der Arbeit an seinen Büchern, daher auch der Name der Lokalität: Hermannsruhe. Vor 1945 waren 3000 ha als Tiergarten eingehegt, die Wälder waren ein beliebtes Jagdrevier der Muskauer Schloßbesitzer.

Am Weißwasseraner Wasserturm beginnt der markierte Wanderweg (gelber Balken), er führt vorbei am einzig erhaltenen Torhaus des Tiergartens unweit des Gasthauses Grüner Wald und weiter auf der Rennbahn entlang.

Interessant ist die Geschichte des Feuerwehrturmes am Weg. Im Jahre 1889 stand hier ein hölzerner Vorgängerbau. Dessen Modell wurde auf der Pariser Weltaustellung mit einer Goldmedaille bedacht.

Nördlich des Jagdschlosses steht ein **Wolfsstein**, dort wurde am am 14. Dezember 1845 der letzte Wolf der Muskauer Heide erlegt. Seit zwei Jahrzehnten wird das Naturschutzgebiet Urwald durch Grundwasserentzug des angrenzenden Tagebaus Nochten bedroht, die Kohleindustrie hat das Idyll um das Jahr 2020 zum Abbau vorgesehen.

Fuchsienbrücke im Landschaftspark Bad Muskau

Bad Muskau

ℹ️ *Fremdenverkehrsbüro Bad Muskau, Schloßstr. 3,*
☎ *035771/50492*

🏨 *Gasthof Bergkristall, Holteiweg 5, ☎ 035771/50829*
Hotel Parkstadt, Schulstr. 45, ☎ 035771/51151
Hotel Am Schloßbrunnen, Köbelner Str. 68, ☎ 035771/5230
Gasthof Parkstübl, Kirchstr. 53, ☎ 035771/271
Gasthof Bockkeller, Bockkellergasse 2, ☎ 035771/9509

Lage

Das niederschlesische Städtchen liegt idyllisch im Neißetal, es hat sich als Park- und Kurort einen überregionalen Ruf erworben.

Sehenswürdigkeiten

Im Jahre 1815 begannen die Arbeiten am **Landschaftspark** im englischen Stil nach Plänen Hermann Fürst von Pückler-Muskaus. Nach dem Verkauf der Standesherrschaft im Jahre 1845 vollendete Parkdirektor Eduard Petzold das Gartenkunstwerk. Das Muskauer Neißetal wurde durch aufwendige Erdarbeiten und Anpflanzungen zur Parklandschaft umgestaltet, ohne daß die Kunst dieser Gestaltung dem Besucher bewußt wird. Stets wechselnde Durchblicke, das Einbeziehen von Wasserläufen und Seen sowie kulissenartig angeordnete Bäume oder Baumgruppen machen den Reiz des Parks aus. Er umfaßt 545 ha und erstreckt sich ebenfalls auf heute polnischem Territorium. Der Landschaftspark gehört zu den größten Sehenswürdigkeiten der Lausitz und ist auch europäisches

Kulturerbe von Bedeutung. Jetziger Eigentümer auf deutscher Seite ist der Freistaat Sachsen.

Im Mittelpunkt des Schloßparks steht das **Neue Schloß**, welches in den zwanziger Jahren des 16. Jh. erbaut wurde. Umbauten veränderten mehrmals das Erscheinungsbild. Am 30. Oktober 1785 erblickte Hermann Pückler-Muskau im Neuen Schloß das Licht der Welt (→ Cottbus/Branitz). Das Gebäude brannte Anfang Mai 1945 aus ungeklärter Ursache vollkommen aus und ist seitdem Ruine. Gegenwärtige erste Sicherungs- und Stabilisierungsarbeiten sollen den weiteren Substanzverlust aufhalten.

Das **Alte Schloß** stammt aus dem 14. Jh. Zum Ende des 2. Weltkrieges zerstört, wurde es in den Jahren 1965 bis 1980 wieder aufgebaut und beherbergt seitdem ein sehenswertes **Stadt- und Parkmuseum** (geöffnet: vom 1. Mai bis 30. September Di–So von 10 bis 12 Uhr und 13 bis 16 Uhr, vom 1. Oktober bis 30. April Di–Fr von 10 bis 12 Uhr und 13 bis 16 Uhr, am So von 13 bis 16 Uhr), Standesamt, Stadtbibliothek, Weinkeller und Konzertsaal.

Über dem prächtigen Eingangsportal des Alten Schlosses stehen drei Sandstein-Plastiken. Der »Starke Mann« (Stadtwappen), »Flora« und »Hygieia« sind Sinnbilder für die Muskauer Landschaft und das ansässige Moorbad.

Neben dem Neuen Schloß sehen Sie das **Kavalierhaus** (1772), einst diente es als Sommerhaus und Theater, nach 1945 wurde es als Krankenhaus wieder errichtet und ist seit 1950 Kurhaus des Moorbades. Hier werden vorwiegend Patienten mit rheumatischen Erkrankungen behandelt.

Eine nordamerikanische Strauchkastanie – Unikat in Mitteleuropa – wächst nördlich vom Moorbad.

Die **Orangerie**, zwischen Schloßruine und Lausitzer Neiße gelegen, entstand 1840 nach Plänen des Dresdner Baumeisters G. Semper. Nach kürzlich erfolgter Rekonstruktion finden hier wechselnde Ausstellungen und Konzerte statt. Geöffnet: Mo–Fr 9 bis 12 Uhr. Parkplätze stehen am ehemaligen Schaltgerätewerk II (200 m nördlich vom Grenzübergang direkt an der Neiße) zur Verfügung. Pflanzenfreunden empfehlen wir einen Besuch im benachbarten Tropenhaus. Früher beherbergte es die Schloßgärtnerei, heute können Sie hier Kakteen, Orchideen, Bromeliaccaen (Ananasgewächse), verschiedene Wasserpflanzen und auch die »Königin der Nacht« sehen. Geöffnet: Vom 1. April bis 31. Oktober Mo–Fr von 8 bis 15 Uhr, vom 1. Juli bis 31. August Mo–Fr von 8 bis 16 Uhr, Sa und So von 9 bis 17 Uhr.

Viele Tagesbesucher der Stadt wollen gegenwärtig nicht in den herrlichen Landschaftspark. Massenhaft ziehen sie über den Grenzübergang zum benachbarten polnischen Neißeufer. In **Łęknica (Lugknitz)** wurde 1990 ein immer noch expandierender **Einkaufs-**

markt eröffnet, der zur Zeit etwa 1500 Stände umfaßt. Am Wochenende und an Feiertagen herrschen in Bad Muskau oft chaotische Verkehrsverhältnisse, denn die Käuferschar rollt aus allen Teilen Deutschlands an. Wer mit dem Auto kommt, sollte es deshalb auf dem bewachten Parkplatz Eiland (an der Straßenkreuzung Bad Muskau-Gablenz und B 115/156 gelegen) abstellen und mit dem Pendelbus in die Parkstadt fahren.

Veranstaltungen
Februar: Faschingsumzug
August: Stadtfest
Oktober: Fischerfest am Eichsee

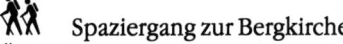 **Spaziergang zur Bergkirche**
Über eine Treppe gegenüber vom Markt oder durch die mittelalterlich anmutende Berg'sche Kirchgasse, die neben dem Gasthaus Parkstübl unscheinbar nach oben führt, gelangt man schnell in den **Bergpark**. Der letztgenannte Weg führt durch die malerische Rote Brücke zu den Resten der kleinen Bergkirche. Sie gilt als ältester Kirchenbau der östlichen Oberlausitz. Die erste urkundliche Erwähnung stammt aus dem Jahre 1346, Gottesdienste wurden bis zum Jahre 1785 abgehalten. Um die Mauern vor dem endgültigen Verfall zu bewahren, fanden 1955 und 1979 Teilrekonstruktionen statt. Von einer der Kirche vorgelagerten Wiese können Sie die Parkstadt in der Vogelperspektive überschauen, »eingerahmt« von Pücklers Gartenkunstwerk.
Nur ein paar Schritte von der Kirchruine befindet sich der Gasthof Bergkristall, in dem man Sa und So von 12 bis 16 Uhr **Glasschleifern** bei der Arbeit zusehen kann und auch gern selbst probieren darf (☎ 035771/9304).
Vor der Bergkirchruine führt der Oberweg entlang. Läuft man an den roten Parkhäusern vorbei, kann ein Abstecher zum Weinberg (160 müNN) führen.
Der Bergpark bildet den Scheitelpunkt des **Muskauer Faltenbogens**, eines auffälligen Bestandteils des Lausitzer Grenzwalls, der der Landschaft zwischen → Döbern und Bad Muskau ein besonderes Gepräge verleiht. Halbkreisförmig etwa 40 km lang und durchschnittlich 3 bis 4 km breit, formte eine gewaltige Gletscherzunge im letzten Stadium der Saaleeiszeit diese für mitteleuropäische Verhältnisse einzigartige Landschaft. Pückler nutzte das abwechslungsreiche Relief mit seinen Schluchten und Plateauflächen geschickt aus, was vor allem in ungewöhnlichen Wegführungen und großartigen Sichtbeziehungen zum Ausdruck kommt.
Laufen Sie am Weinberg auf einem schmalen Pfad den Abhang hinunter und halten sich auf dem Hauptweg immer links, dann gelangen Sie nach etwa 2 km in den **Badepark**. Dort befand sich

ehemals das Hermannsbad, das 1930 aus wirtschaftlichen Gründen geschlossen und 1945 fast völlig zerstört wurde. Im Badepark gedeihen seltene Bäume wie Goldeiche, Tulpenbaum, Schwarznuß und Eßkastanie.

🚶🚶 Über Köbeln in das NSG Zerna
🚲 (5 km)

Am restaurierten Wasserturm (Restaurant und Aussichtsmöglichkeit) zweigt die Straße nach Köbeln rechts ab. Drei bis vier Kilometer weiter erblickt man eine nicht minder reizvolle Landschaft, als sie die Park- und Bäderstadt bietet, nur urwüchsiger. In der Köbelner Schulstraße 12 haben Jugendliche aus vielen Ländern in den zurückliegenden Jahren eine historische Schrotholzscheune aus dem 19. Jh. rekonstruiert, die unter Denkmalschutz steht, heute bekannt unter dem Namen »**Alwins Hof**«. Das Jugendprojekt Muskauer Park organisiert im Gebäudekomplex alljährlich Feriencamps (Infos unter ☎ 035771/9528).

Das letzte Köbelner Haus rückt ins Blickfeld, ein kleines Schild markiert hier die nördliche »Sachsengrenze«, auch Grenze zwischen Ober- und Niederlausitz. Biegt man am Haus rechts ab, so gelangt man an das Neißeufer. An dieser Stelle brachen sowjetische Einheiten am 16. April 1945 durch den stark gesicherten deutschen Verteidigungsgürtel am Westufer der Neiße.

Der »Hänsel- und Gretelweg« führt in das **NSG Zerna**. Eichen, Fichten, Buchen und Erlen – die Vegetation wird immer abwechslungsreicher. Über eine Holzbrücke passiert man den Lachgraben und wendet sich ein paar Schritte weiter links einem fast unscheinbaren Pfad zu, der hier auf etwa halber Höhe des steilen Neißehanges verläuft. Am Fuße des Hanges treten Quellen zutage. Der Wanderweg endet in Köbeln.

Radler können die naturnahe Neißeaue über Pusack, Bahren, Klein Bademeusel und Groß Bademeusel im Rahmen einer Tagestour bis nach → Forst erkunden. Rückfahrt per Bahn nach Weißwasser möglich. (Achtung! Bahn verkehrt nur noch werktags.)

🚶🚶 Von Bad Muskau nach Klein-Priebus
🚲 (ca. 20 km)

Von Bad Muskau folgt man der Neiße flußaufwärts auf dem kombinierten Rad- und Gehweg parallel zur B 115 bis nahe Krauschwitz. Wenn man den ersten Waldweg nach links abbiegt, ist der befestigte Weg am Neißeufer bald erreicht.

Durch naturnahe Auen, Waldstücke, Wiesen und Felder läuft man nun immer am Fluß. Sagar wird als erstes Neißedorf erreicht, es liegt »hinter dem Berge«, wovon auch der sorbische Ursprung des Ortsnamens herrührt (za gory). **Sagar** besitzt direkt am Neißehang eine große hölzerne Ski-Sprungschanze, die jetzt leider verfällt.

Skerbersdorf (Gasthaus an der Ortsverbindungsstraße von Krauschwitz nach Klein-Priebus) und **Pechern** sind die nächsten kleinen Dörfer. Der Ort war früher für die Pechbrennerei bekannt. Die Herstellung erfolgte in Pechöfen durch Verkochen von Baumharz. Noch um 1840 waren im Kreis Rothenburg insgesamt 20 derartige Öfen in Betrieb. Pechern besitzt in Neißenähe eine kleine **Fachwerkkirche** (16. Jh.). Der Ort **Podrosche** hat durch die 1995 eröffnete Grenzbrücke für Auto-, Radfahrer und Fußgänger seinen früheren verschlafenen Charakter verloren. Im gegenüberliegenden Przewóz (Priebus) entstand ein großer Einkaufsmarkt. Die Podroscher **Kirche**, ehemals ein Fachwerkbau, stammt aus dem Jahre 1668 und wurde für evangelische Gläubige gebaut, da die Kirche im gegenüberliegenden Hauptort Priebus (heute Polen) Katholiken gehörte. 1907 durch Blitzschlag und 1945 durch Kriegseinwirkungen stark zerstört und massiv wiederaufgebaut, ist sie nach kürzlich abgeschlossener Rekonstruktiom wieder ein Schmuckstück. Sehenswert ist der gegenüberliegende alte Bergfriedhof, auf dem seit dem Mittelalter bestattet wird. Einige historische Grabtafeln an der kleinen Kapelle blieben erhalten. Die Anhöhe über der Neiße war vor Jahrhunderten eine slawische Burg, wie Ausgrabungen im Jahre 1937 bestätigten.

Von Klein-Priebus können Sie mit dem Linienbus zurück nach Krauschwitz bzw. Bad Muskau gelangen. Die Busse bedienen alle hier genannten Ortschaften, so daß man die Tour je nach Kondition abkürzen kann.

Kromlau

 Tourismusbüro, Halbendorfer Str. 7, ☎ *03576/62828*
 Hotel und Parkrestaurant, Halbendorfer Str. 1,
  ☎ *03576/62908*
▲ *Campingplatz Kromlau (1. April bis 30. September),*
  ☎ *03576/62883.*

Ein Abstecher in das ca. 5 km südwestlich von Bad Muskau gelegene Dörfchen lohnt immer. Die schönste Zeit für einen Besuch im hiesigen **Rhododendronpark** sind die Monate Mai und Juni, denn dann zeigen Azaleen und Rhododendren ihre Blütenpracht. Bis zur Mitte des vergangenen Jahrhunderts wechselten die Besitzer des Kromlauer Gutes häufig, der Waldboden warf nur geringe Erträge ab. 1842 kaufte Friedrich Hermann Rötschke das Terrain. Er ließ hier auf 200 ha seiner Besitzungen eine Parklandschaft gestalten – nicht ohne das beeindruckende Vorbild im benachbarten Muskau.

Viele fremdländische Gehölze aus jener Zeit haben gegenwärtig ihre volle Schönheit erlangt. Rötschke ließ künstliche Gewässer anlegen, über den Rakotzsee baute man fast ein Jahrzehnt an einer **Bogenbrücke**. Aus Feldsteinen bestehend, überspannt diese noch heute eindrucksvoll die Wasserfläche. Basaltsteinturmgruppen erhöhen den Reiz der Parklandschaft. Sie stammen aus Steinbrüchen der Sächsischen Schweiz und Böhmens und wurden mit Pferde- und Ochsengespannen hierher transportiert. Schließlich erwarb 1889 Friedrich Leopold von und zu Egloffstein die Kromlauer Besitzungen. Er ergänzte den Park mit Tausenden von Rhododendren und Freilandazaleen.

Nach einem ersten Touristenboom in den dreißiger Jahren ebbte der Gästezustrom während des Zweiten Weltkrieges beinah völlig ab. In der Nachkriegsperiode verwilderten die Anlagen, und erst ab 1960 widmeten sich Fachleute wieder der Pflege und dem Erhalt dieses Gartenkunstwerkes, welches als größter Rhododendronpark Deutschlands gilt.

Im ehemaligen Rentamtsgebäude eröffnete das Tourismusbüro der Gemeinde, nebenan das geschmackvoll eingerichtete Café Azalee. Direkt gegenüber steht ein weiteres sehenswertes Gebäude: das **Kavalierhaus** im schweizerischen Stil mit Butzenglasfenstern, Sandsteinplastiken und Lüftlmalereien. Östlich vom Kavalierhaus wächst eine der größten Trauerbuchen Deutschlands.

Am nördlichen Ortsrand befindet sich ein Badesee mit guter Wasserqualität. Zum Auto bietet sich eine interessante Anreisealternative: Zwischen Weißwasser und Kromlau verkehrt die Waldeisenbahn (→ Weißwasser).

Veranstaltungen
Pfingsten findet alljährlich das Park- und Blütenfest statt.

Schleife (Slepo)

⚠ *Campingplatz Halbendorf (1. Mai bis 30. September),*
☎ *035773/413*

In Schleife und den Nachbardörfern **Rohne (Rowno)**, **Mühlrose (Miłoraz)**, **Trebendorf (Trjebin)** und **Halbendorf (Brězowka)** leben noch heute Sorben mit deutschen Bewohnern Tür an Tür. Als einzigartig gilt die hiesige **Volksmusik** mit sorbischem Dudelsack und dreisaitiger Geige. Das Sorbische Folkloreensemble Schleife ist über die Grenzen der Lausitz bekannt. Viele ältere Bewohner tragen in und um Schleife noch täglich ihre Tracht.

Sehenswürdigkeiten
Die Schleifer **Kirche** stammt aus dem 14. Jh. und besitzt einen aus Feldsteinen erbauten spätgotischen Altarraum. Da auch die umliegenden Häuser und Gehöfte, aus roten Klinkersteinen erbaut,

von kulturhistorischer Bedeutung sind, soll der gesamte Dorfkern unter Denkmalsschutz gestellt werden. Noch heute ist der ursprüngliche Charakter des Dorfes, ein slawischer Rundling, sichtbar.

Bis Ende 1996 wird das ehemalige Gasthaus Eschenbach zu einem sorbischen Zentrum umgebaut.

In **Rohne** existiert eine kleine **Heimatstube (Serbska špa)**, die einen Einblick in das frühere Leben der Sorben gewährt. Im Oktober 1972 gegründet, zählt die Exposition heute etwa 400 Stücke – kunstvolle Trachten, hübsche Puppen, eine hölzerne Handmangel, geschnitzte Butterformen und einen historischen Kachelofen mit umlaufender Sitzbank. Anmeldungen zur Besichtigung bei Frau Noack, Trebendorfer Weg 120, die auch den Schlüssel verwahrt (☎ 035773/70712).

Literaturhinweis: Die »Heimatkundlichen Beiträge für den Landkreis Weißwasser«, Heft 9 (1993), sind dem Leben und Brauchtum der Sorben um Weißwasser gewidmet.

Der **Halbendorfer See**, hervorgegangen aus einem Braunkohlerestloch, ist heute ein beliebtes Naherholungszentrum mit Textil- und FKK-Stränden, Riesenrutsche und Surfschule. Er befindet sich direkt an der Straße Schleife–Halbendorf–Weißwasser.

Boxberg (Hamor)

In südlicher Richtung von → Weißwasser gelangt man auf der B 156 nach Boxberg. Schon von weitem künden die über 300 Meter hohen Schornsteine vom größten Braunkohlekraftwerk Europas. Südlich des Kraftwerkes befindet sich am Ortsrand von Boxberg ein beheiztes Freibad mit Riesenrutsche.

Im Ortsteil **Sprey (Sprjowje)** am Rande des Tagebaus Nochten blieb eine kleine **Schrotholzkirche** aus dem Jahre 1750 erhalten, errichtet als Tochterkirche der wendischen Andreaskirche zu Muskau. Das Kirchlein wurde ohne Metallnägel zusammengefügt. Das geschnitzte Altarbild stammt aus dem Jahre 1480. Der Altartisch wurde aus Mooreiche gefertigt. Relativ neu ist der kleine Kirchturm, während Restaurierungen im Jahre 1969 hinzugefügt. Infos und Anmeldung: Gemeindeverwaltung Boxberg, ☎ 035774/2141.

Der Ortsteil Sprey ist über eine kleine Verbindungsstraße (Richtung Bärwalde), die am westlichen Kraftwerksgelände vorbeiführt, zu erreichen.

🚶🚶 Der 21 km lange Spree-Schöpstal-Wanderweg, gekennzeichnet mit grünem Balken, führt von Sprey über Boxberg und Kringelsdorf nach Reichwalde.

Reichwalde

Die Ortsverbindungsstraße von Boxberg nach Rietschen führt durch Reichwalde, der Ort gab dem nördlich angrenzenden Großtagebau seinen Namen. Am Ortsausgang von Reichwalde sind links **mächtige Eichen** auf dem alten Schöpsdeich zu sehen, an dessen Ende ein Weg zu einem **Aussichtshügel** führt, von dem sich ein umfassender Blick in den Tagebau Reichwalde und die erhalten gebliebene Kulturlandschaft bietet.

Rietschen

[H]   *Hotel Garni, Görlitzer Str. 24 b, ☎ 035772/40246*

Am Ortsausgang führt auf der B 115 Richtung Bad Muskau gegenüber der Aral-Tankstelle ein Fahrweg zum **Erlichthof**. Das hier ansässige Freilichtmuseum verdankt seine Entstehung dem Bergbau. Die Schrotholzgebäude standen ursprünglich im kleinen Ort Mocholz im Braunkohleabbaugebiet des Tagebaus Reichwalde. Schon vor der Wende war die Umsetzung der wertvollen Volksarchitektur Bestandteil der Tagebaupläne. Aber erst 1991 nahmen sie konkrete Formen an. Das bisherige Ergebnis kann sich sehen lassen. Tor-, Wohn- und Ausgedingehaus, komplettiert durch Scheune und Stallgebäude, bilden den Erlichthof. Der Wiederaufbau gelang zusammen mit dem ausgewählten landschaftlichen Umfeld so perfekt, daß man glauben könnte, alles stände schon immer an diesem Ort.
Die Gebäude in Schrotholzbauweise waren im Mittelalter in Zentraleuropa weit verbreitet. Verstreut im Altkreis Weißwasser blieben insgesamt 115 derartige Bauten (17. bis 19. Jh.) erhalten, die man ansonsten nur noch im Spreewald, Vogtland und in Böhmen bewundern kann. Das Charakteristikum: Bis zu zehn Meter lange Holzstämme wurden ohne Säge, nur mit Äxten, bearbeitet und sind ohne Metallnägel zusammengefügt.
Inzwischen betreut der Förderverein »Schrotholzhäuser Erlichthof« das Terrain. Im Juni wird alljährlich ein Frühlingsfest, Ende September ein Naturfest begangen. Wer selbst vorbeischauen möchte: Der Erlichthof ist jeden Sonntag von 14 bis 16 Uhr geöffnet.
Rietschen ist von einer Vielzahl naturnaher Fischteiche mit wertvoller Fauna und Flora umgeben , wo es zu jeder Jahreszeit etwas zu beobachten gibt.
Zum **Teichgebiet von Niederspree**, einem großen Naturschutzgebiet, gelangt man über die östlich gelegenen Ortschaften Daubitz und Quolsdorf. Im Schloß Niederspree (Naturschutzstation und Umweltakademie) kann man auch übernachten (☎ 035894/30234).

Erlichthof in Rietschen

In **Spree**, einem kleinen Dorf an der Bahnstrecke Berlin-Görlitz, steht unweit der Hauptstraße ein **Gutsspeicher** aus dem Jahre 1748. Der zweigeschossige Blockständerbau mit Satteldach gilt als einzigartig, nur in Frankreich existiert noch ein vergleichbarer Bau.

In **Stannewisch**, auf der B 115 zwischen Rietschen und Niesky schnell zu erreichen, können Sie ein **Wildgehege** mit Dam-, Muffel- und Schwarzwild besuchen.

Rundweg von Rietschen über Teicha, Daubitz und zurück (ca. 10 km)

Wir folgen der Hauptstraße in Rietschen ein Stück Richtung Niesky und biegen am Haus des Diakonischen Werkes in die Gartenstraße links ab. Die nur von wenigen Motorisierten genutzte Strecke führt nach Teicha. Etwa auf halber Distanz überquert ein Trampelpfad die Bahngleise. Alte Kastanien und Linden säumen den Weg ins Ortszentrum. Direkt am Kriegerdenkmal lädt eine Bank zum Pausieren ein.

Auf der Teichaer Allee laufen wir nach **Daubitz**. Den Kirchturm der evangelischen Kirche konnten wir schon vom Nachbarort ausmachen.

Vorbei am Daubitzer Schloß und durch den dazugehörigen ehemaligen Gutshof stehen wir bald vor der St. Georgskirche. Sakralbau, Pfarrhaus, Alte Schule und zwei Schrotholzhäuschen bilden hier ein interessantes Bauensemble, das überwiegend vorbildlich rekonstruiert wurde. Noch nicht abgeschlossen sind die Erhaltungsarbeiten am **Daubitzer Gewandhaus**, dem wohl interessantesten Gebäude des Dorfes. Hier wurden früher während des Markttreibens Stoffe, Tuche und Gewänder ausgelegt. Zu DDR-Zeiten sträflich vernachlässigt, verfiel die historische Bausubstanz aufgrund der Nutzung als Düngemittellager noch schneller.

Über Feld- und Wiesenwege nähern wir uns den nordwestlich gelegenen Heidehäusern. Direkt am Südrand der Muskauer Heide gibt es noch ein seltenes Gewerbe zu beobachten. In der Köhlerei von Herrn Großmann verwandeln sich Laubholzklafter zu Holzkohle. Etwa 24 bis 36 Stunden muß das Holz bei diesem Verfahren in den zwei Meilern schwelen.

Vorbei an den Ufern mehrerer idyllisch gelegener Fischteiche gelangt man bald zum Erlichthof nahe Rietschen.

Rothenburg

[i] *Fremdenverkehrsamt Rothenburg, Grabenstr. 116,*
☎ *035891/5134*

[H] *Hotel Zur Krone, Marktplatz 10,* ☎ *035891/5225.*
Hotel Preußischer Hof, Marktplatz 15, ☎ *035891/5337*

Rothenburg an der Lausitzer Neiße war zwischen 1815 und 1945 die kleinste deutsche Kreisstadt mit dem größten Kreisterritorium (ca. 1350 km²). Die klassizistische Kirche stammt aus dem 19. Jahrhundert. An den Häuserwänden im Stadtzentrum können Sie zahlreiche schöne Zunftzeichen bewundern.

Der Stadtpark, auf 20 ha im englischen Stil gestaltet, besitzt viele dendrologische Kostbarkeiten, u. a. Rhododendron- und Azaleenbestände.

Im Rathaus ist ein Heimatmuseum eingerichtet.

Zwischen Rothenburg und → Görlitz befindet sich in **Deschka-Zentendorf** die **Kulturinsel Einsiedel** mit Galerie (wechselnde Ausstellungen), kleinem Café und einem zauberhaften hölzernen **Abenteuerspielplatz** für die kleinen Ausflügler.

Veranstaltung

Der Flugplatz Rothenburg ist alljährlich im Juni Austragungsort der Niederschlesischen Flugtage. Für Besucher besteht Gelegenheit zu Rundflügen.

Horka

In Horka, an der Bahnstrecke Berlin–Görlitz gelegen, steht eine sehr alte **Wehrkirche**, umgeben von einer der besterhaltenen Wehrmauern Deutschlands. Kirche und Wehrmauern stammen wohl aus dem 13. Jh. Die Randlage des Ortes abseits von wichtigen Heer- und Handelswegen bewahrte die Kirche vor Zerstörung, Plünderung und vor Stiländerungen. Offizielle Besichtigungen finden nur am »Tag des offenen Denkmals« im September statt, man kann sich aber auch bei Ortspfarrer Frey (☎ 035892/3223) oder beim Bäckermeister Hübner (☎ 035892/3225) zu einer »außerplanmäßigen« Führung anmelden.

Niesky (Niska)

i	*Fremdenverkehrsbüro Niesky im Heimatmuseum,*
	Zinzendorfplatz 8, ☎ 03588/5586
H	*Bürgerhaus Niesky, Muskauer Str. 31, ☎ 03588/200910*
	Landhotel Zum Heideberg, Ringstr. 8, ☎ 03588/201241
	Motel Baza, Jänkendorfer Kreuzung, ☎ 03588/7124
⚠	*Niesky-See (Zufahrt über B 115), ☎ 03588/5771*

Geschichte

Die Entstehungsgeschichte von Niesky ist ungewöhnlich. Mitten im Wald wurde der Ort im Jahre 1742 von der **Herrnhuter Brüdergemeine** ins Leben gerufen. Während der Gegenreformation im Habsburgerreich kam die böhmisch-mährische Glaubensgemein-

schaft in arge Bedrängnis. Dank der Vermittlerrolle des Reichsgrafen von Zinzendorf und der loyalen Politik des Preußenkönigs
Friedrich II. entstand in Niesky (niska = demütig) ein evangelisches Zentrum für Glaubensflüchtlinge aus Böhmen und Mähren.

Sehenswürdigkeiten

Zum Andenken an den Wegbereiter der Ortsgründung trägt der
Markt den Namen Zinzendorfplatz. Seit dem Jahre 1753 hat sich
der Grundriß des Platzes nur wenig verändert. Es dominiert die
Kirche der Brüdergemeinschaft (1874/75) auf der Westseite. Sehenswert ist der Friedhof mit flachliegenden Grabsteinen.
Das Raschkehaus (Nr. 8) auf der Ostseite ist das älteste Gebäude
der Stadt (1742). Es war Heimstatt des ersten Ortsvorstehers Johann Raschke. Heute beherbergt das Fachwerkhaus ein **Museum**
(u. a. historisches Kücheninventar und Möbel sowie eine Weberstube) und das Fremdenverkehrsbüro. Bemerkenswert ist weiterhin eine Treppenkonstruktion, die das Licht des Flurfensters in
die hinterste Ecke scheinen läßt, ein besonderes Erlebnis während
des Sonnenuntergangs. Geöffnet: Di–Fr von 9 bis 12 und 13 bis 16
Uhr, So von 13 bis 17 Uhr.
Einst war Niesky Produktionsstandort für Europas größte Holz-
hausfabrik, denn nach dem Ersten Weltkrieg begann die Christoph
& Unmack AG ihren Siegeszug. Der Chefarchitekt des Betriebes,
der Deutschamerikaner Konrad Wachsmann, perfektionierte die
Massenproduktion von Holzfertigteilbauten.
Um das Käuferinteresse zu wecken, enstanden in Niesky mehrere
Musterbauten, im Südosten gar ein kleiner Stadtteil. Man findet
die schmucken Häuser heute in der Blockhaus-, Raschke- und
Goethestraße.
Der **Wartturm** ist ein beliebtes Ausflugsziel der Einheimischen,
südwestlich vom Stadtgebiet gelegen. 1835 erbaut und kürzlich
renoviert, ist er auch unter dem Namen »Dicker« bekannt, denn er
mißt 18 m im Umfang und ist genau so hoch. Den Turmschlüssel
erhalten Sie im benachbarten Waldbad.

Südwestlich der Stadt Niesky breitet sich die mit 750 ha größte
Wasserfläche des Freistaates Sachsen aus, der **Quitzdorfer Stau-
see**. Feriensiedlungen und Campingplätze stehen bereit (u. a.
Ferienwaldsiedlung Hasentreff, ☎ 03588/5489, Campingplatz
Kollm/Nord, ☎ 03588/697).

In Jänkendorf, 4 km südwestlich von Niesky gelegen, können Sie
bei Frau Haude eine umfangreiche **Sukkulentenschau** besichtigen.

Mücka (Mikow)

Die kleine Gemeinde westlich von Niesky ist auf der Straße nach Klitten zu erreichen.

Hier befindet sich in der **Alten Försterei** die Reservatsleitung des Biosphärenreservats Oberlausitzer Heide- und Teichlandschaft (→ Reise-Infos von A–Z, Naturschutzgebiete und Biosphärenreservate). Gleichzeitig das älteste Fachwerkhaus der Region, ist es nach erfolgter Rekonstruktion wieder ein Schmuckstück des Dorfes.

Im nördlich benachbarten Dorf **Kreba** findet alljährlich zum Abfischen im Oktober ein großes Fischerfest statt.

☜☞ Radtour ins Biosphärenreservat

Empfehlenswerte Karten: Oberlausitzer Heide- und Teichlandschaft – Radwanderkarten – Blatt 3 Niesky und Blatt 4 Bautzen, Seeger Kartographie GmbH Dresden sowie Info-Prospekt Oberlausitzer Heide- und Teichlandschaft, herausgegeben vom Fremdenverkehrsverband Oberlausitz/Niederschlesien (→ Reise-Infos von A–Z, Informationen).

Von Mücka (Bahnstation auf der Strecke Hoyerswerda–Niesky) kann man auf einer ruhigen Straße über die Orte Förstgen, Tauer, Zimpel und Kaschel in die idyllische **Teichlandschaft bei Rauden** radeln. Alte Laubbaumbestände säumen hier die Teichufer. In → Milkel steht ein sehenswertes Schloß. Von Oppitz fährt man über Wald- und Wiesenwege nach Hermsdorf. Kurz hinter Weißig steht ein großer **Granit-Obelisk** am Wege. Auf einer mit frischen Lettern erneuerten Gedenkplatte ist zu erfahren, daß hier Weltgeschichte geschrieben wurde. »Unter General York lieferten sich 8 000 preußische und russische Soldaten in treuer Waffenbrüderschaft am Vorabend der Schlacht bei Bautzen ein schweres Gefecht gegen 14 000 Mann der französischen Okkupationsarmee unter Lauriston«. In Steinitz bietet sich eine Rast im gemütlichen Gasthof Lindeneck an. An zahlreichen Fischteichen entlang rollen die Räder später parallel zur Bahnlinie Bautzen–Knappenrode, wo man am Haltepunkt Koblenz einsteigen kann.

Mit Hilfe der o. g. Karten können Sie sich selbst eigene Routen durch diese schöne Landschaft zusammenstellen.

Uhyst (Delni Wujězd)

Uhyst liegt am Südwestrand des inzwischen stillgelegten Braunkohletagebaus Bärwalde (Bahnstation Strecke Hoyerswerda–Niesky).

Die evangelische **Barockkirche** aus dem Jahre 1716 besitzt noch das ursprüngliche Inventar, außen sieht man verwitterte Grabsteine aus dem 17. und 18. Jh. Nebenan steht das Dannenberghaus,

erbaut in der Mitte des 18. Jh. im Auftrag der Herrnhuter Brüdergemeine (→ Herrnhut). Hier genossen die Sprößlinge adliger Familien eine gediegene Schulbildung und Erziehung, darunter auch
der später zu Berühmtheit gelangte Hermann Fürst von Pückler-
Muskau. Im Jahre 1738 wurde das **Schloß** inmitten einer ausgedehnten Parkanlage errichtet.

Herrliche Eichenbestände kann man an der Straße zwischen Uhyst
und dem südlich gelegenen Ort Mönau entdecken.

Uhyst ist ein günstiger Ausgangsort für Radtouren durch die Oberlausitzer Heide- und Teichlandschaft.

Lohsa (Łaz)

H   *Gasthof Mortka mit Pension, Mortka,* ☎ *03571/672149*
▲   *Campingplatz Silbersee (15. April bis 3. Oktober),*
     ☎ *035724/50024*

Lohsa war die Wirkungsstätte des Begründers der sorbischen Romantik und bedeutenden Dichters **Handrij Zejler** (1835–1872), der
hier 37 Jahre Pfarrer war. Ein Denkmal erinnert an ihn. In der Kirche blieben sorbische Inschriften und schöne Emporen erhalten.
Westlich des Ortes wurden **Silbersee** und Speicherbecken Lohsa,
ehemalige Braunkohletagebaue, zu einem populären Naherholungszentrum ausgebaut. Dort findet man Bade-, Surf- und Angel-
möglichkeiten sowie Unterkünfte.

Am Silbersee existiert ein **geologischer Lehrpfad** mit 120 Findlingen der Elbe-Elster-Eiszeit, geborgen aus benachbarten Tagebauen.
Der schwerste der aus Skandinavien stammenden Riesen bringt
es auf 40 Tonnen Gewicht. 1982/83 angelegt, ist das Terrain um
den Silbersee zwischen Mortka (Mortkow) und Friedersdorf (Bje-
drichecy) schon 1984 zum Flächennaturdenkmal erklärt worden.

Knappenrode (Hórnikecy)

i   *Zweckverband Ferienpark Knappensee, Koblenz,*
     ☎ *035726/226*
H   *Hotel Glück auf, Koblenz,* ☎ *035726/288*
     Hotel Am Knappensee, Koblenz, ☎ *03571/ 672294*
     Gasthof und Pension Kühnel, Maukendorf,
     Wittichenauer Str. 1a, ☎ *035726/480*
▲   *Campingplatz Maukendorf und Knappenrode (1. Mai bis*
     15. Oktober), ☎ *03571/78100*
     Eurocampingplatz Groß Särchen (Mitte April bis Mitte Ok-
     tober), ☎ *035726/289*
     Eurocampingplatz Koblenz (Mitte Mai bis Mitte Oktober),
     ☎ *0357267/227*

In der ehemaligen Brikettfabrik Knappenrode, 1914–1918 errichtet und bis 1993 in Betrieb, ist heute das **Lausitzer Bergbaumuseum** im Aufbau. Die Originaltechnik aus jenen Jahren blieb fast vollständig und funktionstüchtig erhalten, so 13 Brikettpressen mit Dampfantrieb und drei Turbinen-Generatorblöcke, darunter einer der Firma Brown Bovery aus dem Jahre 1914. In den roten Backsteingebäuden der Gründerzeit wird der gesamte Verarbeitungsprozeß der Kohle von der Erkundung über Gewinnung bis zur Veredlung, aber auch die erforderliche Rekultivierung der Landschaft dokumentiert. Auf den Freiflächen werden künftig ausgediente Tagebaugroßgeräte zu sehen sein. Geöffnet: Sa und So von 10 bis 17 Uhr, an Wochentagen nur nach Voranmeldung beim Förderverein Lausitzer Bergbaumuseum, E.-Thälmann-Str. 8, 02979 Knappenrode, ☎ 03571/672122.

Vom Bergbaumuseum verkehrt von Mitte April bis Oktober (Sa, So und feiertags) eine **Grubenbahn** über Knappenrode, → Wittichenau, Dubring nach Zeißholz. Vorbei am Dubringer Moor wird die Strecke bis zur B 97/Auerhahn erweitert. Auf der insgesamt 18 km langen Bahnstrecke mit 9 Stationen können Räder mitgenommen werden. Kombinierte Tourenmöglichkeiten lassen sich anhand der Karten »Oberlausitzer Heide- und Teichlandschaft«, Blatt 1 Hoyerswerda , Blatt 4 Bautzen und Blatt 5 Kamenz, »maßschneidern«. Fahrplaninfos und Vorbestellungen: Förderverein Lausitzer Grubenbahn e. V., E.-Thälmann-Str. 8, 02979 Knappenrode, ☎ 03571/672664.

Südlich der Gemeinde erstreckt sich auf einer Fläche von 264 ha der bekannte **Knappensee**. Der einstige Braunkohletagebau wurde im April 1945 geflutet und ab 1949 zum Hochwasserspeicher ausgebaut, später auch zum Naherholungszentrum für die Stadt Hoyerswerda. Heute tummeln sich im Sommer am Strand Tausende Badelustige (mit FKK-Strand), Surfer, Segler etc. und Camper reisen auch aus anderen Teilen Deutschlands an.

Hoyerswerda (Wojerecy)

i	*Stadtinformation Hoyerswerda, Schlossergasse 1,* *☎ 03571/456920 und 456921* *Land & Leute, Tourismus und Service GmbH,* *Dr.-W.-Külz-Str. 1 ☎ 03571/408030*
H	*Congresshotel Lausitz, Dr.-Wilhelm-Külz-Str., ☎ 03571/4630* *City-Hotel, L.-Herrmann-Str. 7, ☎ 03571/79072* *Hotel Zur Mühle, An der Mühle 4, ☎ 03571/4770* *Gasthaus Altstadt, Badergasse 1, ☎ 03571/8760* *Hotel Achat, Bautzener Allee 1a, ☎ 03571/4700* *Lausitzhalle Hoyerswerda, ☎ 03571/604107*
⚠	*→ Lohsa, Knappenrode (Silber- und Knappensee)*

Lage

Hoyerswerda an der Schwarzen Elster (63 000 Ew.) liegt an der B 96 und 97 und besitzt Bahnanschluß auf mehreren Strecken (u. a. in Richtung Dresden, Leipzig, Bautzen, Görlitz sowie über Cottbus nach Berlin).

Geschichte

Im 13. Jh. besaß Graf Hoyer von Friedeburg das heutige Stadtgebiet als Lehen. Hoyerswerda wird erstmalig 1268 urkundlich erwähnt. 1371 genehmigte Kaiser Karl IV. die Abhaltung eines sonntäglichen Marktes. Aus dem Jahre 1423 datiert das Stadtrecht.

Über Jahrhunderte blieb Hoyerswerda ein kleines Ackerbürger- und Handwerkerstädtchen inmitten sorbischer Heidedörfer. Das änderte sich vor allem ab 1955, als der Aufbau des neuen Hoyerswerda als »sozialistische Wohnstadt« für Beschäftigte im nahen Gaskombinat Schwarze Pumpe und in benachbarten Kraftwerken und Braunkohletagebauen begann.

Sehenswürdigkeiten

Ein interessantes Bauwerk ist das **Schloß**, eine ehemalige Wasserburg, die 1592 im Renaissancestil erbaut und im 18. Jh. als Sitz der Fürstin Teschen nochmals mit barocken Elementen verändert wurde. Heute ist das restaurierte Gebäude Sitz des Stadtmuseums und Stätte vielfältiger kultureller Veranstaltungen. Öffnungszeiten: von April bis September Di–So 10 bis 12 und 13 bis 17 Uhr, von Oktober bis März Di–So 10 bis 12 und 13 bis 16 Uhr, ☎ 03571/456490.

Am Schloßareal können Sie auch dem **Zoo** mit über 200 Tierarten und viel Grün einen Besuch abstatten. Im Terrain existiert eine Open-air-Kunstausstellung mit Sandstein- und Bronzeplastiken des Hoyerswerdaer Bildhauers Jürgen von Woyski und anderer Künstler. Geöffnet täglich ab 9 Uhr, schließt je nach Jahreszeit zwischen 16 und 18.30 Uhr.

Auf dem rekonstruierten **Markt** fallen das 1680 zum Renaissancebau umgewandelte **Rathaus** auf der Westseite – mit doppelläufiger Freitreppe und Bogenportal – auf sowie einige barocke Bürgerhäuser und die Alte Apotheke. Dort steht auch eine **kursächsische Postmeilensäule** aus dem Jahre 1730, errichtet auf Anweisung König August des Starken.

Im einstigen Gesellschaftshaus am Schloßplatz wurde 1912 die **Domowina**, der Dachverband sorbischer Vereine, ins Leben gerufen.

In der Lessingstraße befindet sich ein weiterer Barockbau, das 1702 errichtete **Amtshaus**, auch Lessinghaus genannt, in dem der junge Gotthold Ephraim Lessing öfter zu Besuch weilte, da hier sein Onkel und Cousin, Amtmänner in Hoyerswerda, lebten.

Lange Straße in Hoyerswerda

Sehenswert ist die nur 2,5 m breite und 250 m lange Handwerkergasse **Lange Straße** mit 42 typischen Ackerbauhäuschen aus dem 18. und 19. Jh.

Die spätgotische **Johanneskirche** (1346) mit Renaissancehaube ist das älteste Gotteshaus der Stadt. Besondere Aufmerksamkeit verdient der mit Figurenreliefs geschmückte Taufstein aus dem 17. Jh.

In der Senftenberger Str. 19 empfängt das **Trachtenhaus Jatzwauk** seine Gäste – ein Haus mit Tradition. Seit 1926 werden hier Trachten geschneidert. Der Landkreis Hoyerswerda eröffnete 1992 in diesem Haus eine Ausstellung, welche mit wechselnden thematischen Expositionen Wissens- und Sehenswertes über die Tracht der Sorben um Hoyerswerda vermittelt. Die Hoyerswerdaer Tracht gilt als besonders abwechslungsreich, es gibt mehr als 25 Kleidungsvarianten! Johann Jatzwauk, der 1897 bis 1963 lebte, war vor allem ein Meister der Lochstickerei der weißen Festtrachtenschürze. Geöffnet: Di–Fr von 9 bis 13 und 14 bis 16 Uhr oder nach vorheriger Absprache, ☎ 03571/416550.

Veranstaltungen
Juli: Zoofest
August: Brunnenfest

In **Dörgenhausen (Němcy)**, am südlichen Stadtrand von Hoyerswerda gelegen, gibt es eine **Bockwindmühle** zu sehen. Sie wurde 1707 erbaut und 1920 modernisiert. Bis 1941 wurde hier Getreide gemahlen. Ein hübsches Fachwerkgebäude im Dorf lädt zum Verweilen ein, das Gasthaus Elstergrund in der Dorfstraße 36.

👫 **Auf dem »Krabat-Wanderweg« von Schwarzkollm nach Wittichenau** (12 km)

Empfehlenswerte Karte: Oberlausitzer Heide- und Teichlandschaft, Blatt 1 Hoyerswerda, M 1: 50 000, Seeger Kartographie GmbH Dresden.

Unsere Wanderung beginnt in Schwarzkollm, einer kleinen Gemeinde vor den westlichen Toren Hoyerswerdas (Bahnhaltepunkt Strecke Horka–Falkenberg). Aus Hoyerswerda steuern die Busse Nr. 107 und 228 unseren Ausgangspunkt an.

Schwarzkollm (Čorny Chołmc) ist ein typisches Straßendorf. Als interessante Zeugen mittelalterlicher Gerichtsbarkeit blieben an der Dorfstraße mehrere Steinkreuze erhalten. Auf dem Weg zum Tagesziel Wittichenau folgen wir ein gutes Stück dem gelben Markierungsbalken. Nahe des Ortsteils Koselbruch entdeckt man einen größeren Findling, den Teufelsstein. Er soll einst dem Teufel als Ruheplätzchen gedient haben.

Kurz vor Koselbruch lohnt ein kurzer Abstecher zur **Schwarzen Mühle**, heute zum Wohnhaus umgebaut. Dies ist der Ort, an dem der Überlieferung nach **Krabat** nicht nur als Müllerbursche arbeitete, sondern auch das Zaubern lernte. Hier stahl er das Zauberbuch des Schwarzen Müllers!

Der Weg nach **Bröthen (Brětnja)** wird von Kiefernwäldern gesäumt. Am westlichen Ortsrand ist eine Wassermühle aus dem vorigen Jahrhundert zu bestaunen, der Ort selbst ist ein Zentrum des sorbischen Brauchtums. In der hiesigen **Heimatstube** erfährt man Näheres.

Vorbei an der Feriensiedlung Bröthener See erreichen wir nach dem Überqueren der B 97 das Dorf Michalken mit dem gemütlichen Gasthaus Zum Mühlengrund.

Weiter südlich gelangt man auf einem breiten Fahrweg an den Nordrand des Naturschutzgebietes **Dubringer Moor**. Es gilt als eines der bedeutendsten Durchströmungsmoore Mitteleuropas und weist auf die Urlandschaft der Lausitz vor der Besiedlung hin. Beinah überall in der Lausitz verschwanden die Feuchtgebiete im Verlaufe der letzten Jahrhunderte, hier blieb ein ca. 400 ha umfassendes Gebiet erhalten. Das gesamte Terrain ist im Besitz des Klosters St. Marienstern, → Panschwitz-Kuckau.

Im 17. Jh. wurden einige Teiche zur Fischzucht angelegt. Zwischen Lilien- und Mittelteich verläuft der Wanderweg geradewegs zum Gasthaus Zelder. **Zelders Teiche** heißt die kleine Seenplatte bei den Einheimischen, sie ist aber auch als Neudorfer Teiche bekannt. Ab dem Gasthaus Zelder verlassen wir die gelb markierte Route, um die reizvolle Teichlandschaft weiterhin genießen zu können. Selbst in der kalten Jahreszeit – die Fischteiche werden nicht trockengelegt – können wir viele Wasservögel beobachten, denn längst nicht alle überwintern in südlichen Gefilden. Prächtig sind auch

die mächtigen Bäume amWegesrand, zumeist knorrige Eichen.
Bald erblickt man die Türme und Dächer von → Wittichenau. Zurück nach Hoyerswerda gelangt man mit dem Linienbus.

Wittichenau (Kulow)

[i] *Stadtinformation Wittichenau, Geschwister-Scholl-Str. 6,*
   ☎ *035725/70417*

[H] *Hotel Zum Goldenen Lamm, Markt 5,* ☎ *035725/70321*

1248 erstmals erwähnt, wurde Wittichenau bereits 1286 als Stadt
(civitates) genannt. Heute hat das Städtchen etwa 5000 Einwohner. Der sorbische Name Kulow bedeutet »Rundort«. Sehenswert
ist die hübsche **Pfarrkirche** mit einem barocken Hochaltar (1722/
23), ein Werk von **Matthias Wenzel Jäckel**, der 1655 hier geboren
wurde und zwischen 1707 und 1709 auch drei Plastiken für die
weltbekannte Prager Karlsbrücke schuf.
An der Pfarrkirche unter dem Sanctusglöcklein begegnen wir nochmals den Spuren Krabats. Es ist die Grabstelle des in kursächsischen
Diensten gestandenen Kroatenoberst Johann Schadowitz, von dem
behauptet wird, er wäre Krabat (=Kroat) gewesen. Ein besonderes Erlebnis bietet sich Gläubigen und Zaungästen am Ostersonntag. Dann reiten über 700 Männer singend und betend zum 20 km
entfernt liegenden Dorf → Ralbitz und verkünden die Osterbotschaft von der Auferstehung Christi. Schon seit 1541 wird das
Osterreiten zwischen beiden Kirchorten gepflegt. Die Reiter tragen Gehrock und Zylinder. An der Spitze des langen Zuges befinden sich Kruzifix- und Fahnenträger. Die Pferde sind mit Muschel-
geschirren und einer Seidenschleife mit Blumenornamenten am
Schweif geschmückt.
In der Wittichenauer Stadtbrauerei werden im Auftrag des Klosters St. Marienstern Panschwitz-Kuckau zwei Biersorten nach alten Rezepturen gebraut, nach Anmeldung kann man die Brauerei
besichtigen und eine Bierprobe genießen (☎ 035725/70261).

Auf dem Naturlehrpfad ins Dubringer Moor
(Rundweg etwa 7 km)
Das Naturschutzgebiet **Dubringer Moor**, westlich von Wittichenau
zwischen den Ortschaften Zeißholz, Michalken und Dubring gelegen, ist das letzte große Moor der Oberlausitz. Am Ortsausgang
Wittichenau beginnt ein Wanderweg. Zuerst gelangt man zur
Schowtschickmühle, der einzigen erhalten gebliebenen Wassermühle im Gebiet, erbaut um 1500. Erst vor kurzem begann die
Rekonstruktion des gesamten Gebäudekomplexes mit einem ober-
schlächtigen Wasserrad. Nur wenige Meter vom Mühlenstandort
beginnt das Moorgebiet.

Im Dubringer Moor

Das Moor ist mit 400 ha Fläche auch eines der größten Mitteleuropas. Es gilt als beinah letzter Rest der Lausitzer Urlandschaft, denn der Name Lausitz geht sprachgeschichtlich auf die Bezeichnung *Łužica* zurück, was soviel wie Sumpfland bedeutet. Hinter einer Schranke beginnt der 4,5 km lange Natur- und Waldlehrpfad. Die Markierung führt Sie anfangs am Mühlgraben entlang zu den Pasternackwiesen, 26 Schautafeln machen mit der Entstehungsgeschichte, Pflanzen und Tieren vertraut. An der Lokalität »Radischo« soll einst ein Schloß gestanden haben, das im Moor versunken ist. Heute erfreuen uns an Ort und Stelle uralte Eichen. Etwa 100 m weiter künden Rotbuchen, Eschen und Weymouthskiefern vom einstigen Pflanzgarten des klösterlichen Forstreviers.
Die Markierung weist bald nach rechts, wo größere Waldflächen durch Staunässe abstarben. Die genußvolle Entdeckungstour wird am Rand des nun folgenden Wiesenmoores durch herrlich würzigen Duft gesteigert. Vorbei an den Städtischen Teichen steht man nach wenigen Schritten wieder an der Schowtschickmühle.

Die nordöstlich von Wittichenau gelegene Gemeinde **Spohla (Spale)** blieb bis heute als Angerdorf erhalten, d. h. die Höfe wenden ihre Front dem Dorfanger zu. Ein ähnliches Bild zeigt sich in der unmittelbaren Umgebung von Hoyerswerda noch in Bergen (Hory), Neuwiese (Nowa Łuka), Seidewinkel (Židźino) und Schwarzkollm (Čorny Chołmc).
Zeißholz, z. Z. Endhaltestelle der Lausitzer Grubenbahn, besitzt ein interessantes **Dorfmuseum**, welches 1974 in einem Dreiseithof eröffnet wurde. Das Wohnhaus, 1401 in Blockbauweise errichtet, baute man später zum Fachwerkhaus um. In der einstigen

Schlafstube wird heute eine geologische und naturkundliche Sammlung gezeigt. Auf der Wiese hinter dem Hof entsteht eine Schauanlage, welche an die Zeißholzer Bergbaugeschichte erinnern soll, die hier um 1840 begann. Die Kohle lag so günstig, daß sie anfangs von den damals zumeist sorbischen Bewohnern per Hand gewonnen wurde. Besucher sollten sich bei Herrn Robel anmelden, ☎ 035723/29567.

Biehla

Das Dorf, reichlich 4 km nördlich von Kamenz an der Landstraße nach Bernsdorf gelegen, besaß bis 1945 ein Schloß. Es wurde abgerissen, und nur der Schloßpark mit schönem alten Baumbestand und ein zweites Herrenhaus überdauerten die Zeit.

Der Ort eignet sich als Ausgangspunkt für Streifzüge ins **NSG Biehla-Weißiger Teichgebiet**. Schützenswert sind die artenreiche Fauna und Flora in Naßwäldern, Moorwiesen und Fischteichen. Vom Biehlaer Ortszentrum führt ein grün markierter Wanderweg über 5 km direkt durch das Naturschutzgebiet bis nach Weißig.

Grüngräbchen

1993 zum schönsten Dorf Sachsens gekürt, ist der Ort vor allem wegen seiner **Rhododendren-Großkulturen** weithin bekannt. Der königliche Hofgärtner Johann Heinrich Seidel begann hier, etwa 6 km westlich von Bernsdorf, schon im Jahre 1744 mit ersten Zuchtversuchen, 1807 waren sieben neue Sorten im Angebot.

Seit jeher in Familienbesitz, werden hier auf idealen moorigen Standorten auch Alpenrosen und Azaleen herangezogen.

Die beiden **NSG Erlenbruch/Oberbusch** (Waldschutzgebiet auf feuchten Standorten) und **NSG Lugteich** (1746 angelegter, z. T. verlandeter Teich sowie Moorvegetation und Feuchtheide), die unmittelbar an den Ort angrenzen, gehören zur bemerkenswerten Landschaft.

Kamenz (Kamjenc)

[i] *Tourist-Information Kamenz, Kirchstr. 1, ☎ 03578/304300*
[H] *Hotel Goldener Hirsch, Markt 10, ☎ 03578/301221*
Hotel Stadt Dresden, Weststr. 10–12, ☎ 03578/301410
Hotel Zur Westlausitz, Ortsteil Wiesa, Nebelschützer Str. 1 ☎ 03578/301313
Hotel Am Flugplatz, Macherstr. 142, ☎ 03578/301025
Pension Otto, Bautzener Str. 71, ☎ 03578/304067
▲ *Campingplatz Deutschbaselitz, ☎ 03578/301489 (geöffnet von April bis Oktober), auch Bungalowvermietung*

Lage

Die Lessing-Stadt an der Schwarzen Elster (18000 Ew.) liegt an der Bahnstrecke Dresden-Arnsdorf-Senftenberg am nördlichen Rand des Nordwestlausitzer Berglandes.

Geschichte

Der Ortsname ist vom Altsorbischen abgeleitet und bedeutet „Ort am Stein". Er wurde 1225 erstmals urkundlich erwähnt. Das Wachsen zu einer größeren Siedlung steht im Zusammenhang mit der Lage an einer Furt über die Schwarze Elster. Hier stand eine deutsche Grenzburg, welche die Hohe Straße, eine wichtige Handelsstraße zwischen Flandern und Polen, schützte. Ende des 12. Jh. erhielt Bernhard von Vesta die Stadt als Lehen und begann mit einer planmäßigen Stadtentwicklung. Im Jahre 1213 durch ein verheerendes Feuer vernichtet, setzte sein Sohn, Bernhard II. von Kamenz, das Werk seines Vaters fort, indem er mit dem Aufbau einer neuen Stadt auf der Hochfläche am Fuße des Hutberges begann. Kamenz besaß nun einen ansehnlichen Marktplatz (3344 m²). Militärstrategisch günstig gelegen, war Kamenz in das Verteidigungssystem von Bautzen einbezogen.

Aufschwung und Wohlstand bis ins 16. Jh. hinein brachte die Mitgliedschaft im **Oberlausitzer Sechstädtebund** ab 1346 (→ Geschichte).

Die großen Stadtbrände von 1707 und 1842 (670 Häuser wurden vernichtet) und die Lage abseits neuer Verkehrswege sind Gründe, weshalb Kamenz im 19./20. Jh. nur ein kleines Provinzstädtchen blieb.

Am 22. Januar 1729 wurde in Kamenz der große deutsche Dichter und Aufklärer **Gotthold Ephraim Lessing** geboren. Seine bekanntesten Werke: »Nathan der Weise« und »Emilia Galotti«.

Sehenswürdigkeiten

Anläßlich des 200. Geburtstages des bekanntesten Kamenzer Sohnes wurde 1929–1931 das **Lessing-Museum** erbaut. Das Gebäude auf dem Lessingplatz 3 im Norden der Altstadt ist kein verstaubtes Memorialmuseum, sondern ein lebendiges »Haus der Literatur und des Lesens« mit bibliophilen Kostbarkeiten und gemütlichem Lesecafé.

Im Januar/Februar finden hier die **Lessing-Tage** statt – mit Lesungen, Aufführungen und Diskussionsrunden. Geöffnet: Di–Fr von 9 bis 12 und 13 bis 16 sowie Sa, So und feiertags von 13 bis 16 Uhr, vom 24.12. bis 31.12. geschlossen.

Die benachbarte spätgotische **Klosterkirche St. Annen** (1493–1499) ist neben der angrenzenden Mönchsmauer der Rest des bis zum Stadtbrand 1842 hier befindlichen Franziskanerklosters. Gottfried Semper leitete die späteren Reparatur- und Umbauarbeiten. Im

Inneren haben u. a. fünf Schnitzaltäre aus dem 16. Jh. die Stürme der Zeit überdauert.

Auf dem Weg zum Markt ist das **Klostertor** an der Straßenkreuzung Klosterstraße/Theaterstraße sehenswert.

Das beeindruckende **Rathaus** am **Markt** wurde nach dem großen Stadtbrand ab 1842 nach Plänen des Zittauer Baumeisters Carl August Schramm, Schüler K. F. Schinkels, im Stil italienischer Renaissance neu errichtet und ähnelt seitdem einem venezianischen Palazzo. Das gegenüberliegende Hotel »Zum Goldenen Hirsch« (Markt 10) ist eines der wenigen Häuser, die von o. g. Feuersbrunst verschont blieben. Der **Andreasbrunnen** (1570) trät seinen Namen zum Gedenken an den Kamenzer Stifter, den Bürgermeister Andreas Günther. Den Brunnen schmücken ein Standbild der Gerechtigkeit, das einstige Reichswappen (Doppeladler), das böhmische Wappen (Löwe) sowie das Kamenzer Stadtwappen.

Neben dem hinteren Teil des Rathauses, in der Kirchstraße, ist ein frisch restaurierter Arkadengang zu sehen, die **Fleischbänke**. Bis zum Beginn unseres Jahrhunderts boten Fleischer hier ihre Ware feil.

In der auf der südlichen Marktplatzseite einmündenden Kurzen Straße finden sich interessante Gebäude, so das Eckhaus Nr. 1, im Volksmund **Steinerner Mönch** genannt, mit der Grabplatte des 1506 verstorbenen Hans Wagner, und Nr. 6, das **Feuerhaus**. Letzteres zeigt auf einem Wandbild über dem Renaissanceportal den Stadtbrand von 1707. Das Haus gehörte zu Beginn des 18. Jh. J. Haberkorn, dem Leibarzt König August des Starken.

Westlich vom Rathaus, über die Zwingerstraße zu erreichen, ist im Ponickauhaus das **Museum der Westlausitz** beherbergt. Das stattliche Gebäude in der Pulsnitzer Str. 16 besitzt eine barocke Fassade (1745) und ein großes Korbbogentor. Neben ständigen Ausstellungen zur Geologie der Westlausitz und zur Geschichte der Stadt Kamenz werden auch Sonderausstellungen geboten. Geöffnet: Di–Fr von 10 bis 17, Sa, So und feiertags von 13 bis 17 Uhr.

Geht man die Zwingerstraße neben dem Museum noch ein Stückchen weiter, gelangt man zum einzig erhaltenen **Basteiturm** (Pichschuppen) der ehemaligen Stadtbefestigung, die 1835 geschliffen wurde. Nebenan steht das 400 Jahre alte **Malzhaus**.

Der **Rote Turm** als Überbleibsel des alten Pulsnitzer Stadttores in der Pulsnitzer Straße ist heute gelb gestrichen! Sa und So zwischen 14 und 16 Uhr (nur bei günstiger Witterung geöffnet) kann man das Bauwerk erklimmen.

Im benachbarten schmalen Lessinggäßchen erinnert eine Gedenktafel an den Standort des Geburtshauses von G. E. Lessing, der hier bei seinen Eltern 12 Lebensjahre verbrachte. Lessings Vaterhaus wurde im Jahre 1842 durch den Stadtbrand vollkommen vernichtet. Jetzt befindet sich am selben Ort eine kleine **Lessing-gedenkstätte**.

Am Rand der südlichen Altstadt ragt die spätgotische **St. Marien-Kirche** empor. Zwischen 1400 und 1480 wurde das größte Gotteshaus der Stadt, u. a. aus Lausitzer Granit und sächsischem Sandstein, auf den Resten eines Vorgängerbaus errichtet. Der große **Marienaltar** (1510–1520) gilt als wertvollster Teil der erhaltenen mittelalterlichen Innenausstattung. Michaelisaltar (1498), Kreuzigungsgruppe im Triumphbogen, der aus einem Lausitzer Granodioritblock gearbeitete Taufstein (14. Jh.), Kanzel (1566) sowie das Chorgestühl sind beachtenswert. In der Sakristei sehen Sie drei Votivgemälde, einen kleinen Flügelaltar (1505) und einen böhmischen Reliquienschrein (14. Jh.). Im Kirchenvorraum fanden die Eltern und der Großvater von G. E. Lessing eine letzte Ruhestätte. Im Sommer für Besucher täglich von 14 bis 16 Uhr geöffnet.

Südöstlich der Hauptkirche befindet sich die **Katechismuskirche**, eine Wehrkirche, die in die einstige Stadtbefestigungsanlage integriert war (1358 erstmals urkundlich genannt).

Die gotische **St. Justkirche**, nordwestlich der Altstadt in der Königsbrücker Straße, besitzt die ältesten Wandmalereien auf dem Gebiet der Oberlausitz (um 1380), die erst 1937 wiederentdeckt wurden. Der Kaufmann Albertus Blau lebte in drei Jahrhunderten (1599-1710) und hinterließ 24 Kinder und Kindeskinder. In der Kirche sehen Sie eine Gedenktafel für den im greisen Alter von 111 Jahren Verstorbenen.

Gegenüber der Kirche steht eine Postmeilensäule (1725) mit sächsischem und polnischem Wappen.

Ein als Bodendenkmal geschützter bronzezeitlicher **Ringwall** (etwa 1000 v. Chr.) befindet sich am Reinhardsberg, welcher sich am Zusammenfluß von Langem Wasser und Schwarzer Elster erhebt.

In Ralbitz
Unterwegs in der Oberlausitz
Eingangsportal zum Domstift St. Petri Bautzen
Altstadt von Bautzen
Schmalspurbahn im Zittauer Gebirge
Umgebindehaus in Großschönau
Kloster St. Marienthal in Ostritz
Winterabend in Oybin-Teufelsmühle

Veranstaltungen

In der Woche um den Bartholomäustag (24.8.) wird seit 1521 das **Kamenzer Forştfest** als mehrtätiges Volksfest begangen, bei dem zum Auftakt Schüler und Lehrer mit Blütenschmuck durch die Straßen ziehen. Das Schulfest hat seinen Ursprung in einer Legende, wonach die Eltern bei der Hussitenbelagerung ihre Kinder zum feindlichen Heer schickten und um Gnade baten. Die Hussiten sollen beeindruckt gewesen sein und die Stadt verschont haben, was in Wahrheit aber nicht den Tatsachen entspricht – die Stadt wurde eingenommen. Dem Fest tut das aber heute keinen Abbruch.

Wanderung auf den Hutberg (Pastwina hora), weiter nach Lückersdorf und zurück (6 km)

Der Hutberg (294 m) liegt westlich der Kamenzer Altstadt und ist über die Königsbrücker Straße (Parkplatz) auf einem mit rotem Punkt markierten Weg schnell erreichbar. Wegen seiner weitreichenden Aussichtsmöglichkeiten ist er ein beliebtes Ausflugsziel. Besonders anziehend wirkt der Berg, wenn von Mitte Mai bis Ende Juni zahlreiche **Azaleen und Rhododendren** im Parkwald des Hutberges erblühen. Insgesamt gibt es 108 verschiedene Gehölzarten zu sehen. Eine besondere botanische Seltenheit ist die hiesige Japanische Schirmtanne. Bekannt ist auch der »Blaue Wald«, die erste größere mit Blaufichten besetzte Fläche Deutschlands. Die gestalteten Anlagen verdanken wir Rudolf Seidel, dem ersten Züchter der Blaufichte, sowie dem Gärtnermeister und Ehrenbürger Wilhelm Weiße. Die Hauptpflanzungen fanden von 1915-1920 statt. Auf dem Gipfel steht der **Lessing-Turm** aus dem Jahre 1864, welcher demnächst um 5 Meter aufgestockt werden soll, da Bäume die Aussicht z. Z. einschränken. Das Hutberghotel mit Gaststätte wird jetzt im alten Stil rekonstruiert. Ein neues Bettenhaus mit 100 Übernachtungsplätzen wird hinzugefügt. Schon Ende 1996 können Besucher den erweiterten Komplex nutzen.

Bekannt ist die am Osthang des Hutberges befindliche **Freilichtbühne**. Die im Stil griechischer Amphitheater erbaute Anlage faßt ca. 10 000 Zuschauer und wurde anläßlich der 300jährigen Zugehörigkeit der Oberlausitz zu Sachsen im Jahre 1935 eingeweiht. Heute ist die Naturbühne oft Austragungsstätte von Rockkonzerten. Über den Markweg und einen Feldweg (vom Hutberg mit rotem Punkt markiert) gelangt man hinunter nach Lückersdorf (hier Gasthaus »Schwarze Mühle«). Ab jetzt folgt man der roten Balkenmarkierung zurück nach Kamenz.

Etwa 3 km nordöstlich von Kamenz, nördlich der Gemeinde **Deutschbaselitz**, liegt Sachsens größter Teich, der **Deutschbaselitzer Großteich** (1 km²). Das bekannte Naherholungsgebiet der Kamenzer verfügt über Gaststätte, Campingplatz und Badestelle.

Königsbrück

ⓘ   *Königsbrück-Information, An der Bleiche 8,*
    ☎ *035795/2555*

Ⓗ   *Hotel Stadt Königsbrück, Weißbacher Str. 20-22,*
    ☎ *035795/2374 und 5743*

Lage

Die Stadt an der Pulsnitz liegt am Westrand der Lausitz, etwa 14 km westlich von → Kamenz, an der B 97 sowie der Bahnstrecke Dresden–Hohenbocka–Ruhland.

Geschichte

Die Siedlung an des Königs Brücke über die Pulsnitz wurde 1248 erstmals urkundlich genannt und 1331 mit Stadtrechten versehen. Eine befestigte Warte schützte die Furt an der Hohen Straße (→ Kamenz) an der damaligen Grenze zwischen der Mark Meißen und dem böhmischen Reichslehen Oberlausitz. Die Feste baute man im Laufe der Zeit zum Schloß aus.

Vom Mittelalter bis zu Beginn unseres Jahrhunderts war Königsbrück eine Heimstatt vieler Schuhmacher, Töpfer und Tuchmacher. Ab 1907 entstand eine Militärstadt mit dem sich nördlich anschließenden, etwa 75 km² umfassenden Truppenübungsplatz. Letzterer soll zukünftig zum großen Teil als Naturreservat ausgewiesen werden.

Sehenswürdigkeiten

Der rechteckig angelegte **Markt** wird von Renaissance- und Barockhäusern umsäumt. Doch viele Stadtbrände und nicht zuletzt Kampfhandlungen im April 1945 zerstörten viel von der alten Substanz. Trotzdem lohnt es sich, durch die Straßen zu bummeln und schöne Haustüren, Sandsteinportale sowie Schmuck-Reliefs zu entdecken. Das älteste Haus finden wir in der Hoyerswerdaer Straße, es ist das »Weiße Roß« (1522). In der Gartenstraße (Nr. 3) steht das ungewöhnliche **Apothekerlusthaus** (18. Jh.). Es ist in Form eines Pavillons mit achteckigem Obergeschoß und Mansardzeltdach erbaut worden.

Die barocke **Hauptkirche** (1682) auf einer Anhöhe erstrahlt seit ihrer Rekonstruktion in frischem Gelbton. Davor stehen zwei alte Bäume: Kirchlinde und Luthereiche. Neben dem Barockaltar und spätgotischen Tafelbildern gilt das große Holzepitaph aus der Werkstatt Balthasar Permosers als besonders wertvoll.

Das **Schloß** wurde 1355 auf Beschluß des Oberlausitzer Sechsstädtebundes zerstört. Immer wieder baulich verändert, stammen die erhalten gebliebenen ältesten Architekturzeugen des Schlosses aus dem 16. Jh., so das Rundbogentor an der Rückseite des

Gebäudes. Ab 1952 heilte man im Schloß Tbc-Patienten, jetzt dient es als Krankenhaus. Der hiesige Schloßpark verfügt über einen sehenswerten Baumbestand und ein Freibad.

Seit 1851 wird in der **Töpferei Frommhold**, Weißbacher Str. 21, Geschirr nach Bunzlauer Art hergestellt, und man kann die Werkstatt besichtigen (☎ 035795/31529).

Am Ortsausgang Richtung Höckendorf (Höckendorfer Straße 95) befinden sich die **Füssel-Granitwerke**. Im Steinbruch werden Werkstatt- und Schauvorführungen angeboten. Anmeldungen sind unter ☎ 035795/31529 möglich.

Von Königsbrück zum Keulenberg und weiter nach Oberlichtenau (ca. 10 km)

Empfehlenswerte Karte: Oberlausitzer Heide- und Teichlandschaft, Blatt 5, Kamenz, M 1: 50 000, Seeger Kartographie GmbH Dresden

Der **Keulenberg** erhebt sich südöstlich von Königsbrück, der Wanderweg auf den sagenumwobenen Gipfel ist vom Bahnhof Königsbrück-Ost mit rotem Balken markiert und mit 7 km ausgewiesen. Am besten, man läuft etwa 100 m die Straße Richtung Reichenau entlang und biegt dann gleich am nächsten Weg nach rechts ab. Der Pfad führt nun geradewegs zum Mahnmal (KZ- und Kriegsopfer) auf dem Scheibischen Berg. Von der hiesigen Aussichtsterrasse überblickt man das Stadtgebiet und seine waldreiche Umgebung.

Hoch über dem Pulsnitztal verläuft der Weg um den Scheibischen Berg herum, viele Sitzbänke laden zu Ruhepausen ein, und man sieht von einem Punkt aus auch schon den Keulenberg mit dem markanten Telekomturm.

Im Pulsnitztal angelangt, fehlen die Markierungsbalken. Geradeaus führt der Weg in das **NSG Tiefental**, wo die Pulsnitz ein tiefes schluchtartiges Tal schuf und größtenteils Wildbachcharakter besitzt. Man kann am Ufer der »wilden« Pulsnitz Richtung Reichenau wandern.

Doch wir verbleiben auf dem Kleinpflaster und stehen bald am Ortseingang Gräfenhain. Auffällig sind die vielen **Trockenmauern aus Naturstein**, seit dem Mittelalter in Generationen angelegt, um das Kerbtal auf Terrassen besiedeln zu können. Die großen Steine sind mit Hilfe der Zwicker, kleiner Steine mit Keilwirkung, noch heute festsitzend. Wenn es regnet, kann das Wasser die Trockenmauern durchfließen und füllt die Hohlräume immer wieder mit Bodenmaterial aus. Die Mauern sind teilweise bis zu 4 m hoch und bis 1 m stark.

Am Ortsausgang sieht man linkerhand ein Steinkreuz (16. Jh.) mit einer eingeritzten Axt. Zwei Zimmerleute stritten sich um ein Mädchen, wobei der eine den anderen erschlug.

Von hier bis zum **Keulenberg** liegen noch 4 km Wegstrecke durch Felder, Wiesen und Wald vor uns, auf dem letzten Viertel geht es nur noch bergan.

Der Keulenberg (413 m) ist ein beachtlicher Gipfel des Lausitzer Berglandes an dessen Nordwestgrenze, weshalb er auch die Bezeichnung »Wächter der Westlausitz« trägt. Beinah 27 Jahre, von 1962–1989, war das Bergplateau Sperrgebiet. Erst im November '89 »eroberten« beherzte einheimische Wanderfreunde den Gipfel unter der Losung »Der Keulenberg gehört dem Volke« zurück. Die Umzäunung blieb bis heute erhalten, die Tore stehen jedoch offen.

Die alte Keulenbergbaude mußte 1990 wegen Baufälligkeit abgerissen werden, doch für das leibliche Wohl wird jetzt in der Berggaststätte gesorgt (auch Pension, ☎ 035955/72305).

Auf dem Berg existieren drei ausgeprägte Gipfelklippen. Der **Aussichtsturm** direkt über der Steinsäule des trigonometrischen Punktes ist ein Schwarzbau aus dem Jahre 1925, Bauherr und -firma mußten eine hohe Strafe zahlen, der Turm wurde aber glücklicherweise nicht abgerissen (geöffnet Sa, So und feiertags von 13 bis 17 Uhr).

Hinunter nach **Oberlichtenau** läuft man noch 3 km, jetzt grün markiert. Der Ort nennt das schönste Schloß der weiteren Umgebung sein eigen, das 1718 erbaute **Barockschloß** mit kostbarem Festsaal (reiche Stuckarbeiten) im Obergeschoß. Frühere Besitzerin war u. a. auch die berühmte Gräfin Cosel.

In der Pulsnitzer Straße 9, einem frisch renovierten Fachwerkhaus, hat Herr Bergmann ein kleines **Bienenmuseum** eingerichtet, geöffnet nur So von 9 bis 11 Uhr, zusätzliche Führungen sind nach vorheriger Absprache möglich (☎ 035955/45970).

Linienbusse verkehren von Oberlichtenau zurück zum Ausgangspunkt oder nach Pulsnitz nur noch werktags.

Pensionen in Oberlichtenau:
Fam. Heimann, Mühlweg 18, ☎ 035955/72579
Pension Gill, Pulsnitzer Str. 35, ☎ 035955/41845

Pulsnitz

i	*Pulsnitz-Information, Julius-Kühn-Platz 2,* ☎ *035955/44246*
H	*Hotel Wettiner Hof, Wettinstr. 11,* ☎ *035955/72802* *Hotel Ratskeller, Am Markt 2,* ☎ *035955/43168* *Pension Weitzmann, Schulstr. 16a,* *035955/44551*
▲	*Campingplatz Luxoase (ganzjährig), Stausee Wallroda,* ☎ *0172/3584787*

Marktplatz in Pulsnitz

Lage

Das Städtchen liegt am gleichnamigen Fluß, umgeben von den bewaldeten Höhenzügen des Nordwestlausitzer Hügellandes, nördlich der A 4 Dresden–Bautzen sowie an der Bahnstrecke Kamenz–Radeberg.

Geschichte

Die Siedlung gehörte im 13. Jh. zum Besitz des Deutschen Ritterordens und wurde 1225 erstmals urkundlich erwähnt. Die Pulsnitz (= kriechendes, langsam fließendes Gewässer) gab dem 1375 von Kaiser Karl IV. mit Stadtrechten ausgestatteten Ort seinen Namen. Zum Ende des 16. Jh. gründete man eine Innung der Leineweber, seit 1558 ist die **Pfefferküchlerei** beurkundet. Doch Stadtbrände (drei während des Dreißigjährigen Krieges), Pestepedemien (1680) und Plünderungen während des Durchzuges von Truppenverbänden störten das Stadtwachstum erheblich.

1745 kam es zur Gründung einer Töpferinnung. Ab 1762 arbeitete in Pulsnitz eine Bandmanufaktur, die wollene und leinene Bandsorten produzierte. Um 1800 existierten im Stadtgebiet über 100 Bandstühle.

Die Bänder waren europaweit begehrt und wurden sogar nach Amerika ausgeführt.

Der bekannte Bildhauer **Ernst Rietschel** wurde am 15. Dezember 1804 in Pulsnitz geboren.

Mit dem Anschluß an das Bahnliniennetz (1871) gewann die Industrialisierung an Schwung.

Sehenswürdigkeiten

Am **Markt** steht ein historischer Brunnen (1798, 1995 originalge-treu rekonstruiert) und vor dem Rathaus das Ernst-Rietschel-Denk-mal. Das **Renaissance-Rathaus** weist Pfeilergiebel und ein Sitz-nischenportal auf. Die einst gotische **Pfarrkirche St. Nikolai** unweit des Marktes wurde nach einem Kirchenbrand im Jahre 1742 teil-weise durch barocke Stilelemente verändert. Im Chor fallen der Empire-Altar mit Säulen aus gebranntem Ton (1796), eine Spende der Töpferinnung, und mehrere Logen auf. In der Sakristei an der Kirchensüdseite befindet sich die Rietschel-Gedächtnis-Kapelle. Die Kirche ist nach einer umfassenden Rekonstruktion wieder zugänglich, Besichtigungsmöglichkeiten sind im gegenüberliegen-den Pfarramt zu erfragen.

Nördlich der Kirche, in der Gothestraße 24, ist das **Heimatmuse-um** zu finden. Man erinnert an das Leben und Schaffen berühm-ter Männer der Stadt: Der Bildhauer Ernst Rietschel schuf u. a. das Goethe-Schiller-Denkmal in Weimar, das Carl-Maria-von-Weber-sowie Martin-Luther-Denkmal in Dresden und das Lessing-Denk-mal in Braunschweig. Der Landwirtschaftswissenschaftler **Prof. Dr. Julius Kühn** (1825–1910) erwarb sich insbesondere durch die Ent-wicklung neuer Bekämpfungsmethoden gegen Pflanzenkrank-heiten große Verdienste. Der Sprachforscher und Missionar **Bar-tholomäus Ziegenbalg** (1682–1719) gründete 1706 die erste evan-gelische Missionsstation in Indien, erlernte die Sprache der Ein-heimischen und veröffentlichte das Buch »Grammatica Tamulica«. Auch auf die Traditionen des einheimischen Handwerks wird ein-gegangen, so besonders auf die **Pfefferküchlerei**, u. a. mit Pfeffer-kuchenmodellen aus dem 18. Jh. Von den einstmals 50 Handwerks-betrieben sind heute noch neun übrig (Firmen Gräfe, Groschky, Handrick, Löschner, Nitsche, Schäfer, Spitzer, Zeiler sowie die Pulsnitzer Lebkuchenfabrik GmbH). Die Blütezeit der Pfefferku-chen-Bäckerei begann um die Mitte des 18. Jh., als ein Bäcker und Küchler 1743 aus Thorn (heute Toruń/Polen) nach Pulsnitz zurück-kehrte und neue Rezepte und Erfahrungen mitbrachte. Im Unter-schied zu den Produkten der Konkurrenz aus Nürnberg, die aus Sofortteig entstehen, wird der Pulsnitzer Teig erst bis zu sechs Wo-chen gelagert und dann verbacken. Wer mehr erfahren möchte, kann an Schauvorführungen in der Pulsnitzer Lebkuchenfabrik GmbH teilnehmen (Feldstraße 15, Anmeldung: ☎ 035955/51274). Weiterhin laden im Museum ein historischer Fotosalon sowie wech-selnde Sonderausstellungen zum Besuch ein. Geöffnet: Di–Mi von 9 bis 15, Do von 9 bis 17, Fr von 9 bis 12 sowie jeden 1. und 3. Sonntag im Monat von 14 bis 17 Uhr. Südlich der Altstadt breitet sich zwischen Schloßteich und Großröhrsdorfer Straße ein 5 ha umfassender **Schloßpark** im englisch-französischen Stil aus. Durch das rekonstruierte Schloßtor und das Torhaus (17. Jh.) gelangt man zum Alten Schloß, auch als Eustasius-Haus bezeichnet. Es wurde im 16. Jh. im Renaissance-Stil als Herrschaftssitz derer von Schlieben errichtet, es besitzt ein sehenswertes rekonstruiertes Sitznischenportal mit zwei Wappen (17. Jh.).

Das barocke **Neue Schloß** (1718) erstrahlt in frischem Gelbton. Seit 1948 finden hier Lungenkranke Linderung und Heilung, jetzt wirkt in der Neurologischen Rehabilitationsklinik die Wittgensteiner Kuranstalt GmbH. Für Besucher werden im Schloß Sonderausstellungen und Schloßabende geboten (☎ 035955/51274).

Im Park beeindruckt gegenüber vom Alten Schloß der 250 m lange **Laubengang** aus verschnittenen Weißbuchen.

Ein **befestigter Bauernspeicher** aus dem Jahre 1420 steht in der nordwestlich vom Markt liegenden Pulsnitzaue im Ortsteil Meißner Seite, über die Bachstraße zu erreichen. Der zweigeschossige Fachwerkbau ist einer der wenigen in Deutschland erhalten gebliebenen bäuerlichen Verteidigungsbauten. Er entstand zum Schutz vor hussitischen Heerscharen, die 1429 in Pulsnitz einfielen, und trägt auch die Bezeichnungen **Perfert** und Hussitenhäuschen. Zwischen 1958–65 wurde das Baudenkmal vorbildlich rekonstruiert. Man kommt allerdings nur hinein, wenn man sich einer Stadtführung anschließt (➔[i]).

In der **Blaudruckwerkstatt** (Alfred Thieme, Bachstraße 7) wird originaler Blaudruck in überlieferter 300jähriger Handwerkstradition hergestellt, gegründet 1633 in Steinau/Schlesien und seit 1946 in Pulsnitz. Geöffnet: Mo–Fr von 8 bis 12 und 13 bis 17 Uhr, Sa von 9 bis 12 Uhr.

In der **Töpferei** von Michael Jürgel (Julius-Kühn-Platz 4) ist das Brennhaus, der Kasseler Langofen (1742–1959 in Betrieb), ein technisches Denkmal, und man kann dem Meister während der Arbeit über die Schulter schauen.

Am Julius-Kühn-Platz sieht man einen steinernen Wassertrog (1794), der von einem imposanten Brunnenaufsatz mit Gnomen gekrönt wird, sehenswert ist auch die Löwenapotheke. Der Löwe über dem Eingang ist vermutlich ein Werk Ernst Rietschels.

Auf dem Wettinplatz am Schützenhaus steht eine Postmeilensäule aus dem Jahre 1731.

Veranstaltungen
Mai: Brunnenfest (Stadtfest)
         Wochenende vor dem 6. Dezember: Nikolausfest

🚶🚶 **Wanderung von den Gickelsberghäusern auf den Schwedenstein** (1 km)

Östlich von Pulsnitz erhebt sich der Schwedenstein (418 m). Früher trug die Erhebung des Westlausitzer Berglandes den Namen Gickelsberg. Als aber 1832, anläßlich des 200. Todestages des schwedischen Königs Gustav Adolf, in einen der hiesigen Gesteinsblöcke die Inschrift »Gustav Adolf Rex 1632« eingemeißelt wurde, setzte sich der neue Name immer mehr durch. Der Schwedenkönig selbst war nie auf dem Berg.

Am bequemsten ist der Aufstieg, wenn man von Pulsnitz über Ohorn zu den Gickelsberghäusern fährt. Auf dem Gipfel lädt eine Ausflugsgaststätte im Landhausstil (1909) ein, und Sie können den kürzlich aufgestockten Aussichtsturm (1898) besteigen. Der große dunkelglänzende Stein am Fuß des Turmes besteht aus nordischer Hornblende. Das Inlandeis transportierte den Riesen zum Schwedenstein.

Geologisch interessierte Wanderer wird es auch hinüber zum etwa 1,5 km entfernten Hirschberg (415 m) ziehen. Dort kann man in alten Steinbrüchen Grauwacke mit eingelagerten Erzadern entdekken, für das Gebiet der Oberlausitz eine Seltenheit.

In Ohorn, am Hang des Schleißberges, steht die 1936 erbaute Jugendherberge (☎ 035955/72762).

🚶🚶 Wanderung zum Sibyllenstein (etwa 2 km)

Nahe der Autobahn A 4 Dresden–Bautzen führt vom Gasthaus Luchsenburg ein markierter Wanderweg zum Sibyllenstein, mit 449 m die höchste Erhebung des Nordwestlausitzer Hügellandes. Er wird auch als Hochstein bezeichnet.

Berühmt sind die bis zu 8 m hohen Gipfelklippen aus Granodiorit. Sie entstanden durch Druckentlastung im Gestein und kamen später, nach der Verwitterung der Lößlehm-Schuttdecken, ans Tageslicht. Auf im 18. Jh. angelegten Treppen kann man hinaufsteigen und die Aussicht in südlicher und westlicher Blickrichtung genießen. Im höchsten Felsbereich sind deutlich drei Vertiefungen zu sehen – des Teufels Hohlmaße, wie Sagen berichten: Hier hat er die von Kaufleuten und Müller benutzten Maße überprüft und Betrüger entlarvt ...

Am Südosthang, inmitten eines Blockmeeres, einer Ansammlung vieler Felsblöcke, entspringt auf 320 müNN die Schwarze Elster, die nach knapp 200 km Lauf in die Elbe mündet.

Seit 1977 ist im Gebiet Muffelwild beheimatet.

Steina

🅷 *Pension auf dem Bauernhof, Herr Günther, Hauptstr. 103,*
   ☎ 035955/44069

Das langgestreckte Dorf an der Straße zwischen Pulsnitz und Kamenz liegt am Nordhang des Schwedensteins. Da das Ortszentrum auf etwa 300 müNN liegt, wird es auch als »Himmelsreich« bezeichnet. Das Modell der 1910/11 erbauten Dorfschule in

Obersteina erhielt auf der Brüsseler Weltausstellung eine Goldmedaille. Neben einigen schönen Fachwerkhäusern gibt es an der Hauptstraße 85 einen sehenswerten Vierseithof mit Rundbogentor zu sehen.

Der Ort eignet sich als Ausgangsbasis zu einer Wanderung auf den → Schwedenstein (3 km).

Elstra

Lage

Die Kleinstadt am Oberlauf der Schwarzen Elster liegt an der Straße von Rammenau nach Kamenz sowie an der Bahnlinie Kamenz–Bischofswerda.

Sehenswürdigkeiten

In Elstra kreuzen sich die Straßen noch im auffälligen Maße rechtwinklig, die Stadtanlage blieb von der Straßenanordnung her so erhalten, wie sie wohl seit der Gründung im 14. Jh. planmäßig geschaffen wurde.

Mitten auf dem Marktplatz steht eine **Gerichtslinde**, unweit davon eine **Postmeilensäule** (1725). Auffällig wirkt der achteckige Dachreiter auf dem Rathaus (1717). Die barocke **Stadtkirche** (1717–1726) besitzt u. a. einen Marmor-Sandstein-Altar sowie eine sehr schöne Kanzel (1733/35). Von der Orgel blieb nur der mit vielen Schnitzereien versehene Prospekt erhalten.

Einige Bürgerhäuser lohnen einen kleinen Bummel durch die Straßen, so in die Pfarrgasse 1, wo ein Renaissance-Sitznischenportal aus Sandstein zu sehen ist. Barocke Fassaden entdeckt man in der Bachgasse (Nr. 9) sowie der Parkgasse (Nr. 2).

🚶🚶 Vom Stadtzentrum Elstra kann man einige interessante **Rundwandertouren** unternehmen, so über Rauschwitz zum Sybillenstein, zurück am Aussichtspunkt »Rehnsdorfer Linden« vorbei (14 km) oder zum Schwarzenberg mit Abstieg zu den »Rehnsdorfer Linden« (7 km). Ein anderer Weg führt östlich über etwa 6 km nach **Ostro (Wotrow)**, wo mit der **Ostroer Schanze** das bedeutendste Bodendenkmal der Oberlausitz zu begutachten ist. Es handelt sich hierbei um einen Burgringwall der Lausitzer Kultur (etwa 800 v. Chr.), der später auch von Deutschen und Slawen besiedelt wurde. Auf dessen Ostseite steht ein sehenswerter Fachwerk-Vierseithof.

Panschwitz-Kuckau (Pančicy-Kukow)

JH   *Jugendherberge, Čišinskistr. 1,* ☎ *035796/96357*

Auf der Strecke zwischen Kamenz und Bautzen gelegen, ist hier das **Zisterzienserinnen-Kloster St. Marienstern** von jeher größter Anziehungspunkt. Seit dessen Gründung im Jahr 1248 hat es trotz zahlreicher Zerstörungen alle Stürme der Zeit überdauert. Der Überlieferung zufolge hatte sich der spätere Klosterstifter, Bernhard III. von Kamenz, im Moor verlaufen. Da erschien ein heller Stern mit Marienanlitz, dem er folgte und so wieder herausfand. Im Tal des Klosterwassers, damals noch eine Sumpfaue, begann man 1248 mit den Bauarbeiten im gotischen Stil. In der Blütezeit des Klosters gehörten ihm zwei Städte, 49 Dörfer und 12 Dorfteile mit etwa 2000 Untertanen. Das heutige Erscheinungsbild zeigt überwiegend böhmischen Barock in kräftigem rotbraun-weißen Farbkontrast (18. Jh.).

Die gotische **Abteikirche** (1260–1290) wurde in den sechziger Jahren stilgerecht renoviert. Die wertvolle Innenausstattung umfaßt u. a. einen **Hochaltar aus Marmor** (von Franz Lauermann, Prag) mit vergoldeten Holzstatuen (von Ignaz Platzer) sowie ein Altarbild Maria Himmelfahrt (von F. K. Palko), drei spätgotische Flügelaltäre (Annenaltar, Altar der Vierzehn Nothelfer und Maria-Magdalenen-Altar) und die strahlende Mondsichelmadonna (17. Jh.). Links neben dem Hauptaltar ist das gotische Hussitenfenster zu bewundern, besonders eindrucksvoll anzusehen, wenn früh die ersten Sonnenstrahlen hineinscheinen. Einzig diese Glasmalerei-

Kloster St. Marienstern Panschwitz-Kuckau

en (um 1375) überstanden den Kirchenbrand während der Hussitenkrige (1429), daher die Namensgebung.

Im südlichen Seitenschiff stehen auf der Brüstung der Chorgasse 12 überlebensgroße barocke Heiligenfiguren aus Holz.

Die Nonnen versammeln sich täglich zum Stundengebet, bei der hl. Messe hört man Melodien des Gregorianischen Chorals – jahrhundertelang überliefert.

Im Klosterhof sehen Sie mehrere Statuen (u. a. Mariensäule, Nepomuksäule, Dreifaltigkeitssäule), vermutlich allesamt aus der Werkstatt des Matthias Wenzel Jäckel aus Prag.

Der hiesige **Löwenbrunnen** kündet von der jahrhundertelangen Zugehörigkeit der Lausitz zur böhmischen Krone.

An der Südseite des Klostergeländes steht das Maria-Martha-Heim, in dem 80 behinderte Mädchen gepflegt, betreut und gefördert werden.

Auf dem Gelände der ehemaligen Klostergärtnerei entstand ein beeindruckender **Umwelt- und Lehrgarten** mit einer agrarhistorischen Ausstellung. Die alten Gerätschaften und Maschinen verdeutlichen, wie mühselig der Weg vom Korn zum Brot für unsere Vorfahren war. Schulklassen können nach Anmeldung an Ort und Stelle Brot backen und selbstverständlich verkosten! Und auch wie man einst die Spreu vom Weizen trennte, zeigt Ihnen die Museumsleiterin Frau Reinhardt gern.

Geöffnet: Vom 1. April bis 1. November täglich von 10 bis 17 Uhr, ansonsten nur nach Terminabsprache (☎ 035796/96219).

Im Park am Klosterwasser, von den Einheimischen Lippe genannt, südöstlich an das Kloster angrenzend, befindet sich ein **Denkmal** für den sorbischen Dichter **Jakub Bart-Ćišinski** (1856–1909). Mit seinem Schaffen erwarb er sich große Verdienste bei der Entwicklung der sorbischen Nationalliteratur.

Gepflegte Speisen und Getränke (u. a. das bekannte St. Mariensterner Schwarzbier und der Kloster-Likör) kommen im Klosterstübl auf den Tisch. Geöffnet: Mo–Sa 11 bis 21, So 10 bis 20 Uhr.

Das **Osterreiten** zwischen dem Kloster Marienstern und der Nachbargemeinde → Crostwitz zieht am Ostersonntag viele Gäste an. Eine Besonderheit: Da der Crostwitzer Pfarrer 1790 die Prozession untersagte und den Gläubigen die Kirchenfahnen vorenthielt, wurden kurzfristig neue Fahnen genäht. So sieht man heute immer noch zwei verschiedene Fahnenpaare.

Der eingemeindete Ortsteil **Schweinerden (Swinjarnja)** steht komplett unter Denkmalsschutz, da hier ein typisch sorbischer Rundling mit ehemaliger Schmiede und Bauerngehöften (z. T. Fachwerk- und Umgebindehäuser*) erhalten blieb.

Reichlich 2 km nordwestlich von Panschwitz-Kuckau können Sie nahe des Dörfchens **Miltiz (Miłoćicy)** dem **Froschstein** einen Besuch abstatten. In der Nähe des Flüßchens Jauer am Nebelschützer Fußweg steht dieser eindrucksvolle Findling, der einem hockenden Frosch ähnelt. Er besteht aus Granodiorit, wurde während der Elsterkaltzeit duch das Inlandeis abgeschliffen und gilt heute als der eindrucksvollste Rundhöcker der Oberlausitz.

Räckelwitz (Worklecy)

In dem kleinen Ort befindet sich ein **Malteserstift**. Gräfin Monika, Ordensfrau in Belgien, erbte das Herrenhaus der Grafen Stollberg-Stollberg. Sie beauftragte um die Jahrhundertwende den Malteserorden, dort ein Krankenhaus zu schaffen, dem Herrn zu huldigen und den Bedürftigen zu dienen. Der Grundstein für die prächtige **Kapelle** wurde 1883 nach Plänen von P. Desiderius Lenz im Beuroner Stil, benannt nach einem Kloster in Südwestdeutschland, gelegt. Sie wurde 1980 vollständig renoviert. Die Buntglasfenster stammen aus Birmingham/England. Heute existiert nur noch im Donaukloster Beuron ein ebenbürtiger Bau (Mauruskapelle). Vor der Kapelle steht eine Maria-Immaculata-Säule (1904).
Die gepflegten Parkanlagen des Stifts laden zum Spaziergang ein. Hier steht ein Gartenhaus mit Mansarddach (um 1790).
Im Ort wurden die sorbischen Schriftsteller **Michał Hórnik** (1833–1894) – Denkmal an der westlichen Dorfgrenze – und **Jurij Brězan** (1916) geboren. Letzterer veröffentlichte im Domowina-Verlag viele Romane, Erzählungen sowie Kinderbücher und 1995 den vielbeachteten Roman »Krabat oder die Bewahrung der Welt«.

Crostwitz (Chrósćicy)

Das Dorf hat seinen ländlichen Charakter mit einer imposanten Barockkirche (1769–1772) und vielen Bauernhöfen (Fachwerk- und Umgebindehäuser*) bewahren können. Deshalb wurde es 1995 zum Austragungsort des »1. Internationalen Folklorefestivals Lausitz« gewählt. Es soll zukünftig alle zwei bis drei Jahre stattfinden.
Am Haus Hornikstraße 25 erinnert eine Gedenktafel an die Neugründung der Domowina, des Bundes der Lausitzer Sorben, am 10. Mai 1945. Die Organisation war 1912 in Hoyerswerda ins Leben gerufen und 1937 von den Nazis verboten worden.
Auf einem Hügel steht das 1980 erbaute, 7 m hohe Denkmal für 2000 polnische Gefallene im April 1945. Sie gerieten im Talkessel der Lippe bei → Panschwitz-Kuckau in ein mörderisches Gefecht mit deutschen Truppenverbänden.
Im Pfarrhof (östlicher Dorfrand, am Abzweig nach Storcha/Dreikretscham) steht ein bemerkenswerter Taubenschlag mit Hundehütte.

Rosenthal (Róžant)

Der Rittergutsbesitzer Luzian aus Zerna (Sernjany) fand der Legende nach Ende des 15. Jh. in der Höhlung einer Linde eine kleine Marienfigur und ließ an Ort und Stelle eine kleine hölzerne Kapelle erbauen. Seit 1516 ist ein erster Marienaltar bekannt, eine massive Kapelle ab 1537. Äbtissin Luzia Günther von Marienstern ließ um 1600 neben der Kapelle ein Kirchlein erbauen, 1628 wurde für die Madonna ein erster Altar geweiht. Die freistehende weithin sichtbare barocke **Wallfahrtskirche** wurde 1776–1778 errichtet und entwickelte sich nach der Reformation zum Zentrum des Marien-Kultes in der katholischen Lausitz. Am 1. Mai 1945 beschossen, brannte die Kirche bis auf die Umfassungsmauern aus. Der damalige Administrator rettete die Marienfigur aus der brennenden Kirche.

1946/47 wurde sie wiederaufgebaut, die gediegene hölzerne Innenausstattung ist bemerkenswert.

Im Mittelpunkt des Interesses steht »**Maria von der Linde**«, eine etwa 30 cm große Lindenholzfigur der Mutter Gottes mit dem Jesuskind aus dem 15. Jh. im barocken Hauptaltar (letzterer stammt aus dem Kloster St. Marienthal). Gläubige Wallfahrer zieht es viermal jährlich nach Rosenthal, am Dienstag nach Ostern zum Dankgottesdienst der Osterreiter, am Pfingstmontag, zu Mariä Heimsuchung (2.7.) sowie zu Mariä Geburt (8.9.). So kann man am Pfingstmontag in den Prozessionszügen junge Mädchen (Druschken) in ihrer Festtracht bewundern.

Nördlich der Kirche entspringt hinter dem Pfarrhaus, direkt am markierten Wanderweg (Kirchsteig) nach Piskowitz, die wundertätige **Marienquelle**. Das jetzige Brunnenhäuschen stammt aus dem Jahre 1909.

Im Dorf blieben einige schöne Fachwerkhäuser erhalten.

Ralbitz (Ralbicy)

14 km nordöstlich von → Kamenz gelegen, befindet sich in der kleinen Gemeinde ein unter Denkmalsschutz stehender **sorbischer Friedhof**. Jeder Einwohner, egal ob reich oder arm, wird hier gleich bestattet, mehr als 300 weiß gestrichene Holzkreuze mit schlichten ornamentalen Schmuckmotiven kann der Besucher zählen. Die beeindruckende Grabstätte ist in Europa einmalig.

Am Ostersonntag ist der Friedhof das Ziel der Osterreiter aus → Wittichenau. Die Ralbitzer selbst begeben sich zur Prozession nach Wittichenau.

Wallfahrtskirche Rosenthal

Königswartha (Rakecy)

H *Hotel Heidehof, Hermsdorfer Str. 32,* ☎ *035931/20360*
▲ *Campingplatz Waldbad am südwestlich benachbarten See Niesendorf (1. Mai bis 30. September),* ☎ *035931/20538*

Der Ort ist neben → Peitz das zweite große Binnenfischereizentrum der Lausitz.

Eine beabsichtigte Stadtgründung in der Periode böhmischer Herrschaft, als hier eine königliche Domäne existierte, scheiterte, als Mitte des 13. Jh. der König das Gut abgab. Deshalb findet man zwar einen Marktplatz, das Rathaus sucht der Besucher jedoch vergeblich. Aber die königliche Befestigung (Straßenwarte) am Weg von Prag über Bautzen nach Hoyerswerda gab dem Ort seinen heutigen deutschen Namen: Königswartha. Nach der krebsreichen Umgebung aber nannte man die Siedlung sorbisch Rakecy (zu rak = Krebs).

Die frühbarocke **Dorfkirche**, Ende des 17. Jh. auf gotischen Grundmauern erbaut, besitzt im Innern hölzerne Emporen (galerieartiges Obergeschoß), einen reich geschnitzten Renaissance-Kanzelaltar, zwei mit Bildnissen versehene Wandepitaphien im Chor sowie einen barocken Taufengel. Ein sehr **ungewöhnlicher Blumenladen** steht an der östlichen Kirchhofsmauer: Dies war früher der Eingang zur jetzt zugemauerten Dallwitzschen Gruft!

Das klassizistische **Schloß** am Nordrand des Landschaftsparks im englischen Stil ließ Johann Friedrich Reichsgraf von Dallwitz um 1780 erbauen. Die sechs Sandsteinplastiken an der Hauptfront stammen aus der Werkstatt des berühmten Bildhauers Balthasar Permoser, weitere vier Plastiken sieht man an der Südseite des Schlosses. Seit 1949 wird das Gebäude als Fischereischule genutzt und ist nicht zugänglich. Das schlichte rekonstruierte Gebäude in östlicher Nachbarschaft war ursprünglich eine Orangerie.

Königswartha ist Bahnhaltepunkt auf der Strecke Bautzen–Hoyerswerda. Von hier läßt sich der westliche Bereich der Oberlausitzer Heide- und Teichlandschaft bequem zu Fuß oder per Rad erkunden (→ Naturschutzgebiete und Biosphärenreservate).

Milkel (Minakał)

Milkels **Schloß** gilt als das »Moritzburg der Lausitz«, denn der barocke Prunkbau wurde 1720 tatsächlich nach dem Vorbild des Jagdschlosses Moritzburg erbaut und war Sitz der Grafen von Holstein. Auf dem rechten Schloßturm fühlt sich ein Weißstorchenpaar wohl, das jedes Jahr regelmäßig für Nachwuchs sorgt. Ein etwa 5 ha umfassender Landschaftspark umgibt das Schloß.

Neschwitz (Njeswačidło)

🏠 *Jugendherberge Neschwitz, Kastanienallee 1,*
    ☎ *035933/5370*

Ein besonderer Anziehungspunkt ist das **Barockschloß**. Auf einem künstlich angelegten Hügel stand ursprünglich ein Renaissance-schloß (Mitte 14. Jh.). 1721 wurde der österreichische Herzog Fried-rich Ludwig von Württemberg-Teck im Dienste des Sachsenkönig August des Starken neuer Besitzer. Er ließ das alte Schloß abbre-chen und mit Hilfe königlich-sächsischer Baumeister bis 1723 ein prächtiges Barockschloß erbauen. Wertvoll ist der mit pompeja-nischen Wandmalereien ausgeschmückte zweigeschossige Fest-saal. Kunstkenner genießen von Mai bis September zahlreiche Kon-zertveranstaltungen.

Schloß mit Kleiner Galerie und Naturschutzausstellung sind ge-öffnet: werktags von 8 bis 15, So von 10 bis 12 und 13 bis 17 Uhr.

Im Jahre 1930 richtete Arnold Freiherr von Vietinghoff-Riesch im Schloßareal eine Vogelschutzwarte ein, die bis zum Kriegsende bedeutsame Forschungsarbeit auf den Gebieten Ornithologie und Forstzoologie (biologische Schädlingsbekämpfungsmethoden) leistete. Von 1953 bis 1970 war Neschwitz erneut Sitz einer Vogelschutzwarte. Die jetzige **Naturschutzstation** möchte diesen Status nun wieder anerkannt haben. In Deutschland gibt es weite-re Vogelschutzwarten auf den Inseln Hiddensee und Helgoland sowie am Bodensee (Radolfzell). Mehrere Volieren mit heimatli-chen Arten existieren am Schloß.

Der Park besteht aus zwei unterschiedlichen Teilen. Vor dem Schloß sieht man den französischen Barockgarten mit drei von ehemals vier Pavillons und schönen Sandsteinplastiken.

Der Neue Park nahe des Dorfes ist im englischen Stil erhalten und besitzt viele fremdländische Gehölze und mehrere Teiche.

Auf dem Kirchfriedhof erinnert seit 1994 eine Gedenkplatte an **Jurij Mjeń** (1727–1785), Pfarrer, Dichter und Schriftsteller. Er gilt als Begründer der sorbischen gelehrten Dichtung und war in je-ner Zeit ein Verteidiger der sorbischen Sprache.

Kleinwelka (Mały Wjelkow)

Ⓗ *Evangelische Brüdergemeine (Ferienwohnung),*
    Kirchplatz 7, ☎ *025935/3263*

Etwa 5 km nördlich von Bautzen, an der B 96 und der Bahnstrecke Richtung Hoyerswerda gelegen, können Sie einen Ausflug in das Erdmittelalter unternehmen. Franz Gruß (1931 geboren), Maler und Betonunternehmer, schuf hier einen **Saurierpark**. Da es im

Saurierpark Kleinwelka

eigenen Garten bald zu eng wurde, modellierte der Meister ab Anfang der achtziger Jahre auch im nahen Park nach wissenschaftlichen Vorlagen über 100 Saurierplastiken in Lebensgröße. Die detailgetreue Gestaltung der ungewöhnlichen Tiere, die vor etwa 250 Millionen Jahren die Erde bevölkerten und die nie ein Mensch lebend zu Gesicht bekam, ruft Bewunderung hervor. So z. B. der Diplocus-Diona-Saurus, der mit seinem extrem langen und schlanken Hals bis zu 30 m groß wurde und damit das gewaltigste Landlebewesen der Erde war, oder der Brachiosaurus, der hier eine Höhe von 13 m aufweist. Jüngste Attraktion sind die Cro-Magnon-Menschen-Plastiken im Privatgarten des Künstlers, sie lebten vor etwa 40 000 Jahren. Für beide Objekte (Park, Garten) wird ein gesonderter Eintritt erhoben.

Am zentralen Parkplatz (in Kleinwelka von der B 96 auf die Straße nach Salzenforst abbiegen, Hinweisschildern folgen) wurde 1992 der größte deutsche **Irrgarten** mit einer Fläche von 2601 m² eröffnet. 3500 immergrüne Koniferen säumen die Wege. Der kürzeste Weg zum Ziel in der Mitte des Labyrinths ist etwa 350 Meter lang. Es gibt zwar keine Sackgassen, aber dafür viele Umwege. Ein Spaß für die ganze Familie!

Öffnungszeiten für alle drei Objekte: im Sommer von 8 bis 18, von November bis Februar von 9 bis 15, ansonsten 9 bis 17 Uhr, Führungen im Saurierpark nach Anmeldung möglich, ☎ 035935/3036.

Das Rittergut Kleinwelka wurde 1751 der Herrnhuter Brüdergemeine (→ Herrnhut) als neues Missionszentrum überlassen. Der Friedhof der »Kolonie Kleinwelka« mit in langen Reihen liegenden gleichartigen Grabplatten legt davon beredtes Zeugnis ab.

Ab 1831 nahm die Glockengießerei Gruhl die Produktion auf. Ihre Glocken läuten heute noch in vielen Orten der Lausitz und Schlesiens, so u. a. ein Fünfergeläut im Bautzener Petridom. Auswanderer nahmen 1854 eine Glocke mit ins ferne Texas.

Bautzen (Budyšin)

ⓘ   *Bautzen-Information, Hauptmarkt 1,* ☎ *03591/42016*
    Fremdenverkehrsverband Oberlausitz/Niederschlesien e. V.
    Taucherstr. 39, ☎ *03591/48770*
    Sorbische Kulturinformation Bautzen, Kurt-Pchalek-Str. 26,
    ☎ *03591/42105*

🄷   *Auswahl:*
    Hotel Stadt Bautzen, Wendischer Graben 20, ☎ *03591/4920*
    Hotel Goldener Adler, Hauptmarkt 4, ☎ *03591/48660*
    Hotel Weißes Roß, Äußere Lauenstr. 11, ☎ *03591/42263*
    Hotel Bautzener Stüb'l, Steinstr. 5, ☎ *03591/42075*
    Hotel Husarenhof, Käthe-Kollwitz-Platz 1, ☎ *03591/530205*
    Hotel Rendezvous, Niederkainaer Str, 3, ☎ *03591/67000*
    Spreehotel, An den Steinbrüchen 4, ☎ *03591/21300*
    Hotel Zur Seidau, Seidauer Str. 50, ☎ *03591/304246*
    Pension Lausitz, Bahnhofstr. 16, ☎ *03591/47186*
    Pension Fischer, Löhrstr. 19, ☎ *03591/41785*

🏠   *Jugendherberge, Am Zwinger 1,* ☎ *03591/44045*

⚠   *Campingplatz An den Steinbrüchen (April bis Oktober),*
    ☎ *03591/21430*

🏛   *Stadtmuseum, Kornmarkt 1 (geöffnet: Mi–So von 10 bis*
    17 Uhr)
    Gedenk- und Begegnungsstätte Bautzen II, Weigangstr. 8a,
    ☎ *03591/42521 und 490750 (Info-Broschüre »Bautzener*
    Gefängnisse« in Bautzen- Information erhältlich).

🎭   *Deutsch-Sorbisches Volkstheater, Seminarstr. 12*
    Sorbisches National-Ensemble, Äußere Lauenstr. 2
    Puppentheater des Deutsch-Sorbischen Volkstheaters,
    Seminarstr. 12

🚲   *Bahnhof Bautzen*

Lage

Bautzen liegt am Ufer der Spree reizvoll zwischen nördlichem Lausitzer Bergland und südlicher Oberlausitzer Heide- und Teichlandschaft.
Die A 4 (Dresden–Görlitz) tangiert die Metropole der Oberlausitz, Bahnanschluß besteht in Richtung Dresden, Görlitz, Hoyerswerda, Cottbus (über Knappenrode) und mit Bad Schandau in die Sächsische Schweiz.

Geschichte

Die einstige Burgwallanlage war um 600 n. Chr. der Stammsitz der slawischen Milzener. Ende des 10. Jh. nahm Eckhard II., Markgraf von Meißen, das Milzenerland in Besitz. Im Jahre 1002 wurde Bautzen erstmals als »civitat Budissin« urkundlich erwähnt, schon damals war es eine ansehnliche Siedlung aus Feste, sakralem Zentrum und Marktviertel. Zwei wichtige Handelswege führten hier vorüber, die Hohe Straße Halle–Breslau und die Straße Prag–Ostsee. König Bolesław Chrobry eroberte Teile der Lausitz, die mit dem Frieden zu Bautzen von 1018–1031 an die polnische Krone fielen. König Konrad II. gelang die Rückeroberung, Bautzen kam zum Markgrafentum Meißen. Mit Stadtrechten wurde Bautzen vermutlich um 1240 ausgestattet.

Von 1254–1319 brandenburgisch, gehörte die Stadt zusammen mit dem überwiegenden Teil der Lausitz mit nur kurzen Unterbrechungen von 1319–1634 zu Böhmen.

Mit der Gründung des **Oberlausitzer Sechsstädtebundes** im Jahre 1346 (→ Geschichte) wurde Bautzen zur Hauptstadt des Bundes gewählt. Der Handel erblühte, und Tuchmacher-, später Leineweberzunft, Kürschnerei, Töpferei, Gerberei, Schuhmacherei waren im Mittelalter wichtige Stützen des Wohlstandes der Stadt. Vom 13. bis zum 16. Jh. wurden die Befestigungsanlagen ständig erweitert und vervollkommnet.

1400 und 1405 gab es **Handwerkeraufstände**, die blutig beendet wurden. Die Hussiten belagerten Bautzen 1429 und 1431 erfolglos. 1469–1490 gehörte die Stadt kurzzeitig zum Reich des Ungarnkönigs Matthias Corvinus.

In die Zeit des Dreißigjährigen Krieges fielen zahlreiche Verwüstungen und verheerende Stadtbrände (1620 und 1634). Ab 1634 gehörte die Oberlausitz zu Sachsen. Nach erneuten Bränden Ende des 16./Anfang des 17. Jh. wurden viele Gebäude im Barockstil wiederaufgebaut.

Kriege verhinderten jedoch fast 200 Jahre lang einen neuen wirtschaftlichen Aufschwung. Im April 1813 starben in der Schlacht bei Bautzen zwischen napoleonischen und preußisch-russischen Verbänden etwa 30 000 Soldaten.

Mit dem Beginn des Frühkapitalismus und dem Anschluß an das Bahnnetz Richtung Dresden (1846) begann eine neue erfolgversprechende Epoche.

1868 fand die amtliche **Umbenennung** von Budissin in Bautzen statt.

Im April 1945 zur Festung erklärt, wurde die Stadt zum Ende des 2. Weltkrieges schwer zerstört.

Die Bautzener Gefängnisse Bautzen I (auch als »Gelbes Elend« bekannt) und Bautzen II wurden zwischen 1900 und 1906 errichtet. 1933–1945 saßen hier viele politische Gefangene, u. a. Ernst Thäl-

Ortenburg in Bautzen

mann. Bautzen I wurde von 1945–1950 als sowjetisches Internierungslager genutzt, von 1956–1989 diente Bautzen II vor allem zur Verwahrung politischer Häftlinge unter Aufsicht der Staatssicherheit.

Insbesondere seit den siebziger Jahren wurden große Bereiche der historischen Altstadt dem Verfall preisgegeben.

1991 wurde der Sechsstädtebund neu ins Leben gerufen, und es konstituierte sich die »Stiftung für das sorbische Volk« mit Sitz in Bautzen. 1992 begannen umfangreiche Rekonstruktionsmaßnahmen zum Erhalt der Altstadt.

Sehenswürdigkeiten

Das tausendjährige Bautzen mit großartiger Stadtsilhouette, die Stadt der Türme und das Zentrum der sorbischen Kultur in der Oberlausitz, besitzt etwa 1500 Baudenkmäler.

Stadtführungen finden von Mai bis Oktober mittwochs um 14 und Samstag um 11 Uhr ab Bautzen-Information am Hauptmarkt statt. Wer die Stadt allein entdecken möchte, kann sich hier auch mit Info-Broschüren ausstatten, u. a. zum »Bautzener Geschichtspfad«.

Ein Wahrzeichen der Stadt ist der **Reichenturm** (1490) mit barokker Haube (1715) an der östlichen Grenze der Altstadt. Mit 1,44 m Lotabweichung bezeichnet man ihn auch als »Schiefen Turm der Lausitz«. Hier bietet sich von April bis Oktober, täglich von 10 bis 17 Uhr (letzter Einlaß 30 Minuten vor Schließung), eine ideale Möglichkeit, die Altstadt aus der Vogelperspektive zu betrachten. Am Turmfuß befindet sich ein Relief des Kaisers Rudolf II., auf dem Thron sitzend, Zepter und Reichsapfel haltend. Geschaffen wurde es 1577 von Bildhauer Martin Michael anläßlich eines Besuches des Kaisers. Sehenswert sind auch die jüngst erneuerten kursächsischen und das Bautzener Wappen (Zinnenmauer, Spangenhelm und Federbusch).

Die **Reichenstraße** ist die Flaniermeile und Einkaufsstraße der Einheimischen und ihrer Gäste. Aufmerksamkeit verdienen die barocken Hausfassaden mit interessanten Details, viele Häuser werden gegenwärtig vollständig rekonstruiert.

Am Hauptmarkt imponiert insbesondere das im Gelbton erstrahlende barocke **Rathaus** (1729–1732).

Nach Anmeldung in der Stadtverwaltung (☎ 03591/534279) darf man den Rathausturm besteigen. Am Rathausturm sieht man drei verschiedene Uhren.

In der historischen Altstadt rund um das Rathaus laden originelle Gaststätten die Bautzener und ihre Gäste ein. Im historischen Gewölbe des Restaurants »Wjelbik« in der Kornstraße gibt es sorbische Spezialitäten wie das Hochzeitsessen. Wer eine urige mittelalterliche Atmosphäre genießen will, sollte den »Mönchshof« in der Heringstraße wählen.

Der Markt wird von eindrucksvollen Bürgerhäusern flankiert, u. a. dem **Hardtmannschen Haus** an der Ecke Innere Lauenstr./ Heringsstr. Es war einst Herberge für die High Society vergangener Jahrhunderte (u. a. König Friedrich II. von Preußen, Kaiser Napoleon, Zar Alexander I.). Gegenüber sieht man das Gewandhaus (1882/83) mit gotischen Gewölben an der Südseite. Vollständig rekonstruiert ist das Hotel Goldener Adler (Hauptmarkt 4). Etwa in der Mitte des Platzes, auf dem gelb abgegrenzten Pflasterweg am kleinen Hydrantendeckel, findet man einen **Pflasterstein mit Malteserkreuz**: An dieser Stelle wurden 1406 nach einem Aufstand der Handwerker 14 Männer auf Befehl König Wenzels von Böhmen geköpft. Auf dem Fleischmarkt zwischen Rathaus und St. Petridom wurde der Marktbrunnen mit der historischen Ritterfigur Dutschmann (1576) neu gestaltet. Der spätgotische **St. Petridom** entstand in Etappen ab dem 13. Jh. Vermutlich stand hier schon um 1000 eine Kirche. Heute ist das frühgotische Westtor (1260) ältester Teil der Kirche. Die dreischiffige Haupthalle mit gotischen sechsfächrigen Maßwerkfenstern auf der Südseite, Netzgewölben und schlanken Achteckpfeilern vermittelt dem Besucher ein bemerkenswertes Raumerlebnis.

Der St. Petridom ist die einzige **Simultankirche** Ostdeutschlands, seit der Reformation (1524) ist der Kirchenraum geteilt. Im Chor finden katholische Gottesdienste statt, während sich im Langhaus die Protestanten zum Gottesdienst einfinden. Bedeutendes Inventar im evangelischen Langhaus: hölzerner Südaltar (1644) im Renaissance-Stil, reich geschnitzte **Fürstenloge** im Südwestteil (geschaffen vom Bautzener Tischler C. Neumann, 1673/74), **Jugendstil-Orgel (1909)** der Firma Eule mit 4000 Pfeifen. Manchmal werden Konzerte zu zwei Orgeln (Eule-Orgel im evangelischen und Kohl-Orgel im katholischen Bereich) geboten.

Im katholischen Chor gilt das große **barocke Holzkruzifix** von Balthasar Permoser (1713) als bedeutendes Barockkunstwerk und wertvollstes Kunstwerk im Dom. Der schmuckvolle Hochaltar besteht aus sächsischem Marmor und Pirnaer Sandstein (1722), das Gemälde »Schlüsselübergabe an Petrus« schuf der Italiener Pellegrini. Daneben sieht man den kleinen gotischen Marienaltar (1540). Geöffnet: Von Mai bis September Mo-Sa von 10 bis 16 Uhr, im Sommer auch So nach den Gottesdiensten. Außerhalb dieser Zeiten ist eine Anmeldung erforderlich (evangelisches Pfarramt ☎ 03591/44546, katholisches Pfarramt ☎ 03591/44102).

In unmittelbarer Nachbarschaft, An der Petrikirche 6, erblickt man das prächtige, 1753–1755 im böhmischen Barock erbaute **Portal zum Domstift**. Schon 1221 gegründet, stammen die heutigen Gebäude des Stifts aus dem 17. Jh. Besucher kommen vor allem, um die 1985 eröffnete **Domschatzkammer St. Petri** im 1. Stock zu besichtigen. Wertvollste Stücke: kunstvoll bestickte Meßgewänder, das Benno-Reliquiar (1923), welches eine Rippe des hl. Bischofs Benno von Meißen beinhaltet, Bischofsstäbe, eine spätgotische Monstranz (1520) des Bautzener Goldschmiedes Hans Ochs und zwei große Engelsfiguren von Balthasar Permoser (18. Jh.) sowie die Holzplastik des hl. Sebastian aus der Permoserschule. Es finden auch wechselnde Sonderausstellungen statt. Geöffnet: Mo–Fr von 10 bis 12 und 13 bis 16 Uhr.

Wir möchten Ihnen nachfolgenden **Rundgang**, der auch einen Großteil der mittelalterlichen Stadtbefestigungsanlagen einschließt, empfehlen:

Vom Hauptmarkt geht man südlich durch die Innere Lauenstraße bis zum **Lauenturm**. Den wohl ältesten Stadtturm krönt eine Barockhaube, an der Südseite sieht man ein Denkmal für König Albert von Sachsen. Lenken Sie Ihre Schritte nun zur nahen **Friedensbrücke**. Hier zeigt sich Bautzen von seiner schönsten Seite – ein unvergeßliches Panorama, oft fotografiert.

Zurückgekehrt zum Lauenturm, geht man anschließend die Mühltorgasse entlang. Bald führen Treppen Richtung Spree (Fischerpforte). Geht man ein Stück hinab, steht man bald vor dem hölzernen **Hexenhäusel**. Es überstand den großen Stadtbrand von 1634, Neider bezichtigten den Besitzer später, mit Hexen im Bunde gestanden zu haben.

Die Mühltorgasse führt weiter zum Wendischen Kirchhof. Die **Michaeliskirche** stammt aus dem 15. Jh., sie wurde aus Dankbarkeit für die angebliche Hilfe des Erzengels Michael bei der Abwehr der Hussitenbelagerung erbaut und rief sorbisch-evangelische Gläubige umliegender Dörfer zum Gebet.

Das Gotteshaus rühmt sich des mit reichem Schnitzwerk ausgestatteten Altars. Führungen können unter ☎ 03591/42201 angemeldet werden.

Nebenan steht eines der Bautzener Wahrzeichen, die **Alte Wasserkunst**, nach 1558 unter Leitung von Wenzel Röhrscheidt erbaut. Als Teil der Stadtbefestigung diente das fünfstöckige Bauwerk vor allem der Wasserversorgung. Am Spreewehr wurde die Energie zum Antrieb des Mühlrades gewonnen, welches ein Pumpwerk in der Wasserkunst in Bewegung setzte. Von hier aus floß das Spreewasser in den Sammelbrunnen und anschließend über eine Druckleitung in das oberste Stockwerk der Wasserkunst, von dort nahm es durch Holzröhren seinen Weg in die Altstadt. Heute ein technisches Museum, soll die historische Technik wieder funktionstüchtig gemacht werden, die bis 1965 in Betrieb war. Es finden hier aber auch wechselnde kunst- und stadtgeschichtliche Ausstellungen statt. Geöffnet: Von April bis Oktober täglich von 9 bis 12 und 13 bis 17 Uhr, letzter Einlaß eine halbe Stunde vor Schließung. Im stadtseitig angelehnten Langhaus wohnte der jeweilige Wassermeister.

Am **Mühltor** (1606) beginnt der Reymannweg, der zur Ortenburg führt. Kurz vor der Burg existiert ein kleiner Stadtmauerdurchlaß. Durch ihn gelangt man auf die **Ortenburg**. Man kann aber auch auf dem Osterweg weiter um die äußere Stadtbefestigung laufen. An der rekonstruierten gotischen Ortenburg fallen die reichgeschmückten Renaissancegiebel auf. Der Grundstein für das heutige Erscheinungsbild der Burg wurde 1483 gelegt, nachdem der Vorgängerbau bei einem Brand völlig zerstört wurde und der ungarische König Matthias Corvinus einen Neubau aus riesigen Natursteinquadern veranlaßte. Im Inneren gelten die **prächtigen Stuckarbeiten** (1662) der italienischen Meister Vinetti und Comeotan im einstigen kurfürstlichen Audienzsaal als bedeutendes Kunstwerk, leider seit Jahren nicht für Besucher zugänglich. In neun Feldern werden hier Bilder aus der Lausitzer Geschichte von der Epoche Karl IV. bis zum sächsischen Kurfürsten Johann Georg I. gezeigt.

Im gegenüberliegenden ehemaligen Salzhaus ist heute das **Sorbische Museum (Serbski muzej)** beheimatet. Es gilt zu Recht als »Schaufenster der sorbischen Kultur«. Die Ausstellungsgegenstände stammen aus der Zeit von den Anfängen der Besiedlung im 6./7. Jh. bis in die Gegenwart. Zu den eindrucksvollsten Stücken zählen die farbenfrohen, mit aufwendigen Stickereien versehenen Trachten. Bekannt ist auch die kleine ständige Schau kunstvoll verzierter Ostereier. Zu Ostern wird in Schauvorführungen gezeigt, wie mit Wachs-, Kratz- und Ätztechnik die farbenfrohen Ostereier entstehen. Im großen Festsaal mit klassizistischen Wandmalereien finden regelmäßig Konzertveranstaltungen statt. Auf der hiesigen Empore kann der Besucher eine umfangreiche Bibliothek sorbischer Werke nutzen. Wechselnde Sonderausstellungen finden statt. Geöffnet: täglich von 10 bis 12.30 und 13 bis 16, von April bis Oktober bis 17 Uhr.

Durch den spätgotischen **Matthiasturm** verlassen wir das Burgareal. Am Turm ist eine Reliefdarstellung des Ungarnkönigs Matthias Corvinus aus dem Jahre 1486 zu sehen. Es soll das gelungenste Porträt des Königs sein, der Meister war sechsmal in Buda, um die Gesichtszüge zu studieren. Die vortreffliche Arbeit wurde dreimal kopiert und existiert heute noch in der Slowakei (Kralova Lhota) sowie in Ungarn (Budapest, Szeged).

Über Schloßstraße und Nikolaipforte gelangt man zum **Nikolaiturm** (1522) und weiter zum **Nikolaifriedhof**. Die **Nikolaikirche** ist seit dem Stadtbrand von 1634 eine Ruine. Seit dem Jahre 1734 wurden nicht nur auf dem Nikolaifriedhof, sondern auch im Inneren der Kirchenruine Gräber angelegt – ein romantischer Anblick. An der Nordseite der Ruine ist ein historischer Wehrgang zu besichtigen. Von hier bis zum Markt ist es nur noch ein Katzensprung. Man kann aber auch über die Nikolaistufen ins Spreetal hinabsteigen.

Am anderen Ufer gelangt man über die Seidauer Straße (hier ist am Spreeufer die Hammermühle zu sehen) über Stufen zum **Protschenberg**. Vom hiesigen Friedhof erschließt sich eine ganz neue Perspektive auf die Bautzener Altstadt mit Spreebogen und den Häusern »Unterm Schloß«, die sich wie Schwalbennester um die Ortenburg schmiegen.

Die Oberlausitz im Miniformat können Sie im nordwestlichen Bautzener Stadtteil Seidau (Židow) in den **Miniaturstuben alten Handwerks & Mechanisches Dorf** (Teichnitzer Str. 10) erleben. In 5jähriger Bauzeit schuf Tom Glöß hier ein bemerkenswertes Museum. Die Miniaturstuben umfassen sorbische Bauernstube, Töpferei, Uhrmacherwerkstatt, Reifendreherei, Hufschmiede, Drechsler- und Radiowerkstatt, Weihnachtsstube, Blumenladen. Im mechanischen Dorf entdeckt man Schule, Bäckerei, Schusterei und Dorfteich. Der überdimensionale »Räuberhauptmann Karasek« (2,31 m hoch) soll sogar als größtes Räuchermännchen der Welt ins Guinness-Buch der Rekorde aufgenommen werden. Fantasievolles Holzspielzeug können Sie hier käuflich erwerben. Geöffnet: Mi bis So von 14 bis 18 Uhr.

Veranstaltungen

März: Ostereiermarkt
Ostersonntag: Osterreiten (Bautzen-Radibor)
April: Jugendmusiktage
Mai: Stadtfest »Bautzener Frühling«
Juli/August: Lausitzer Musiksommer
(seit 1994 im zweijährigen Rhythmus)
Oktober: (1. Samstag): Herbstsingen Lausitzer Chöre
Dezember: Weihnachtsmarkt

 Von Bautzen zum Mönchswalder Berg und Abstieg nach Wilthen (ca. 14 km)

Obwohl zwischen dem Bautzener Stadtgebiet und dem markanten Höhenzug des Mönchswalder Berges gut 10 km Distanz liegen, gehört er für die Bewohner einfach mit zur Stadt. Schließlich begrenzt der Berg mit seinen bewaldeten Ausläufern den südlichen Blickhorizont der Stadt auf reizvolle Weise.

Vom Bahnhof folgt man anfangs der grün- roten Markierung. Nur wenige hundert Meter Straße, und der Wanderweg führt über viele Stufen hinunter zur Spree. Ihrem schlängelnden Lauf werden wir über mehrere Kilometer unmittelbar am Ufer folgen. Direkt am Weg liegt auch das Spreebad, von Mai bis September geöffnet. Ab hier ist die Route bis ins Bergland rot gekennzeichnet.

Das **Spreetal** verengt sich zusehends, und zerfurchte Granitsteinfelswände treten zutage. Selbst im Flußbett versperren riesige Felsbrocken dem Wasserlauf den Weg. Doch bald weicht das Engtal mit grünem Blätterdach einer offenen Wiesenlandschaft, die ersten Häuser von Grubschütz werden zwischen zahlreichen Obstbäumen sichtbar. Die Landschaft wartet mit neuen Schönheiten auf, parkartig mutet der Wegabschnitt von Grubschütz/Ortsausgang bis kurz vor Schlungwitz an. Unter der Wasseroberfläche der Spree ziehen zahlreiche Fische ihre Bahnen – ein untrügliches Zeichen, daß sich der Zustand des Gewässers durch den Bau einiger Klärwerke und Betriebsstillegungen im Oberlauf langsam normalisiert.

Der Kastanienhof in Singwitz, direkt an der Route gelegen, lädt zur Rast ein. Wohl kaum ein Wanderer wird der Aussicht auf kühle (oder warme) Getränke widerstehen können, zumal man hier schon 7 km Wegstrecke absolviert hat.

Die letzten Häuschen von Obergurig schmiegen sich beinah bis an die nördlichen Ausläufer des Mönchswalder Berges. Über den stetig ansteigenden Fuchsweg erreicht man auf kürzester Route das **Jägerhaus**. Die meisten Tagesausflügler stellen ihre Autos hier am Parkplatz ab und laufen dann die letzten fünf Minuten hinauf zum Mönchswalder.

Die rustikale **Bergbaude** in Blockbauweise, mit schwarzen Schieferplatten gedeckt, hat schon über hundert Jahre auf dem Buckel. Trotz 40 Jahren Material- und Instandshaltungsengpässe macht das Haus mit einem massiven Aussichtsturm einen sehr gepflegten Eindruck. Künftig möchte man auch 12 Bettplätze anbieten. Der Aussichtsturm mit Glaskuppel ist seit dem Abschluß der Rekonstruktion im September '95 wieder zugänglich (☎ 03592/33024). Hinunter nach → Wilthen stehen mehrere Abstiegsrouten zur Auswahl, ausgewiesen mit ca. 2,5 km. Zurück gelangen Sie am besten mit der Bahn (Strecke Bad Schandau–Bautzen).

Hochkirch (Bukecy)

H   *Zur Post, Schulstr. 1, ☎ 035939/525*
Gasthaus und Pension Aßmann im Ortsteil Steindörfel,
☎ 035939/363

▲   *Campingplatz Hochkirch, Rezeption in der Gemeindeverwaltung, ☎ 035939/694 (geöffnet von Mai bis September)*

Auf halber Strecke zwischen Bautzen und Löbau gelegen, ging das Lausitzer Dorf aufgrund einer blutigen **Schlacht im Siebenjährigen Krieg** (14. Oktober 1758) in die Geschichtsbücher ein. Den österreichischen Truppen mit Feldmarschall von Daun gelang ein Überraschungsangriff gegen hier lagernde preußische Truppenverbände unter Feldmarschall von Keith. Letztere wurden vernichtend geschlagen, 15 000 Tote waren die traurige Bilanz des Tages.

Blick auf Hochkirch

In der **Dorfkirche** mit barockem Turm (1717–1720) findet man zweietagige Emporen, einen klassizistischen Altar sowie sieben Herrschaftslogen. Die Lehnsche Gruft im Renaissancestil wurde an der Südseite angelegt. An der alten Kirchentür blieben Einschußlöcher der o. g. Schlacht zurück.

König Friedrich II. stiftete das Marmordenkmal hinter dem Altar zum Gedenken für den gefallenen Befehlshaber von Keith. In den Wänden des Gotteshauses befinden sich mehrere eingemauerte Kanonenkugeln.

Am Kirchhoftor, 1758 Zentrum des Gemetzels, steht ein schwarzer Obelisk zum Gedenken an Major von Langen. Unter seinem Befehl verteidigte man das Areal gegen eine zehnfache österreichische Übermacht. Da das Blut der Gefallenen wie ein Strom die nahe Gasse herunterfloß, heißt der Weg an der Kirchhofmauer seit jenem tragischen Ereignis **Blutgasse**.

Während der Befreiungskriege war die Wegverbindung zwischen Löbau und Bautzen eine wichtige Heeres- und Kriegsstraße. Bei seinem Rückzug aus Schlesien übernachtete Napoleon vom 4. zum 5. September 1813 in der Hochkircher Pfarrei.

Bis 1945 waren im berühmten Wirtshaus »Alter Fritz« (K.-Marx-Str. 19) Gegenstände aus der Schlacht von 1758 zu sehen, die leider in den Nachkriegswirren verschwanden.

Wer sich für Details der Schlacht interessiert, sollte sich einer geführten Wanderung des Kulturhistorischen Vereins »Alter Fritz« anschließen. Vermittlung erfolgt über das Gemeindeamt Hochkirch ☎ 035939/226 oder Fam. Mittasch, ☎ 035939/273.

Hochkirch ist ein beliebter Ausgangsort für Wanderungen auf den Hochstein (7 km, 2 h) und den Czorneboh (8 km, 2 h).

Weißenberg (Wóspork)

Weißenberg erhielt das Stadtrecht vom böhmischen König Ottokar I. im Jahre 1228. Heute leben im idyllischen Städtchen an der A 4 nur reichlich 1000 Einwohner.

Seine Berühmtheit verdankt es der ehemaligen Pfefferküchlerei von Paul Opitz. Im Alter von 73 Jahren schenkte 1937 der letzte Nachkomme einer über Jahrhunderte in der Stadt ansässigen Pfefferküchlergeneration seinen Besitz der Stadt – bis auf die geheimen Rezepte, die er 81jährig mit ins Grab nahm. Seit 1941 ist im Gebäude aus dem 17. Jh. auf dem August-Bebel-Platz das einzige **Museum der Pfefferküchlerei** Europas zu besichtigen. Innen duftet es das ganze Jahr über nach Anis, Zimt, Honig und Mandeln. Um Weihnachten können die Besucher am Neujährchenbacken »nowe lĕtka«, einem sorbischen Brauch, teilnehmen. Aus einem Brotteig entsteht dabei ein Glücksbringer für das kommende Jahr. Gebildgebäck wird jeweils in der 3. Februarwoche, 3. Juliwoche und 3. Oktoberwoche gebacken.

Im Hinterhaus stehen ein originaler Backofen und Kupfergefäße, in denen Sirup und Honig gelagert wurden, sowie historische Waagen. Daneben fallen die mit wunderbaren Motiven verzierten Pfefferkuchenbackformen aus Weißenberg und aus Böhmen auf. Für die gelungene Rekonstruktion des Gebäudekomplexes erhielt das Museum 1992 das Verdienstdiplom von Europa Nostra, dem Interessenverband für den Schutz des europäischen architektonischen und natürlichen Erbes. Geöffnet: Di–Fr von 8 bis 12 und 13 bis 16, Sa und So (außer 1. Wochenende im Monat) von 13 bis 17 Uhr, geschlossen am 24., 25., 26. und 31.12. sowie 1.1.

Am Markt steht das von wildem Wein umrankte barocke **Rathaus** (1788). Um den Fuß des Rathausturmes wurde eine überdachte Wendeltreppe erbaut. Die **Pfarrkirche**, auf romanischen Grundmauern errichtet, besitzt einen kostbaren Altar des Zittauer Meisters Michael Bubenick (1666).

Wanderung durch die Gröditzer Skala nach Gröditz (4 km)
Vom Rathaus geht man die Straßenkurve südwärts zur Brücke über das Löbauer Wasser und wendet sich dann nach rechts und läuft an der ehemaligen Bahnstrecke Weißenberg–Baruth bis zum Wuischker Weg, überquert die einstige Bahntrasse und gelangt nun bald an den Eingang zur Skala.

Skala bedeutet im Sorbischen Fels oder Felstal. Das Löbauer Wasser hat hier in einer Grauwackenscholle ein **romantisches Engtal** geschaffen, dessen Felswände eine Höhe bis 40 m aufweisen. Das 42 ha umfassende Naturschutzgebiet in einem Laubmischwald wurde schon 1938 ins Leben gerufen. Der markierte Weg führt größtenteils am Flußufer entlang.

Lausitzer Bergland

Das Lausitzer Bergland als kleines Mittelgebirge im Süden der Oberlausitz breitet sich auf einer Länge von nur ca. 25 km aus. Bei Bischofswerda geht es in das Nordwestlausitzer Hügelland über, im Osten reicht es bis Ebersbach und Neugersdorf. Drei bewaldete Bergrücken mit lieblichen Tälern ziehen sich in Ost-West-Richtung hin. Markante Berge in diesem Gebiet sind der Valtenberg (589 m), der Czorneboh (561 m) und der Bieleboh (499 m). Das Lausitzer Bergland ist ein typisches Granitbergland. Die wichtigsten Gesteinsarten sind Lausitzer Granodiorit und Lausitzer Zweiglimmergranodiorit.

Im 16./17. Jh. siedelten sich hier im Zuge der Gegenreformation viele böhmisch-mährische Glaubensflüchtlinge an. Wirtschaft und Handel erblühten.

Bischofswerda

Stadtinformation, Altmarkt 1, ☎ 03594/86241
Hotel Am Markt, Altmarkt 30, ☎ 03594/7510
Hotel Goldener Engel, Altmarkt 25, ☎ 03594/705338
Sportshop-Hotel, C.-Zetkin-Str. 6, ☎ 03594/75930
Pension Felsenkeller, Neustädter Str. 10, ☎ 03594/3346
Pension Gutshof, Alte Belmdorfer Str. 33, ☎ 03594/705200

Naturbühne Bischofswerda, Schmöllner Weg, Infos bei Herrn Hänchen, ☎ 03594/702845

Lage

Die Stadt an der Wesenitz zwischen Kloster- und Butterbergmassiv, an der B 6 und der Bahnstrecke zwischen Bautzen und Dresden gelegen, bildet die westliche Eingangspforte in die Oberlausitz. Hier beginnen die sanften Höhenzüge des Nordwestlausitzer Hügellandes.

Geschichte

Bischof Bruno II. von Meißen verdankt man die erste urkundliche Erwähnung im Jahre 1227. Dem Bistum Meißen war die 1361 zur Stadt erhobene Siedlung bis 1559 unterstellt. Johann IX. von Haugwitz, letzter Bischof des Bistums, schenkte die Besitzungen zu diesem Zeitpunkt Kurfürst August von Sachsen. Dank der guten Verkehrsverbindungen wuchs die Bedeutung als Handelsplatz stetig (insbesondere Fischzucht, Leinwand, weißes Garn). Zwischen 1429 und 1813 zerstörten sieben Brände die Bausubstanz, bei den Napoleonischen Befreiungskriegen 1813 blieben in der gesamten Stadt nur 3 Häuser unversehrt (in der Alten Gasse). Der planmäßige Wiederaufbau wurde im klassizistischen Baustil nach Plänen des sächsischen Hofbaumeisters G. F. Thormeyer sowie des Bürgermeisters H. G. Süssmilch verwirklicht.

Mit der Inbetriebnahme der Eisenbahnstrecke Görlitz–Dresden (1847) entstanden neue Industriezweige.

Sehenswürdigkeiten

Auf dem Altmarkt sieht man das dreigeschossige klassizistische **Rathaus** (1818) mit Freitreppe, davor den Adam-und-Eva-Brunnen und die östlich benachbarte spätgotische Christuskirche (1497, 1814–1818). Im Gotteshaus beeindrucken die logenartigen Holzemporen, barocke Grabdenkmäler (u. a. vom Bürgermeister B. Daxfenger, gest. 1623) und in der Sakristei das Gemälde »Das Jüngste Gericht« des Malers O. Schindler mit Selbstdarstellung und dem Abbild weiterer Bürger der Stadt Bischofswerda.

An der J.-S.-Bach-Str. erhebt sich die katholische Kirche (1923) mit einem Denkmal des Stadtgründers, Bischof Benno von Meißen.

Deutschlands kleinster **Tierpark** entstand 1957 in der Lutherstraße, er nimmt nur eine Fläche von knapp einem Hektar ein. Trotzdem sind über 450 Tiere in 85 Arten zu sehen, darunter Braunbären mit Nachwuchs, Wölfe, Dingos und Damwild.

Die Töpferei Meyer, Bautzener Str. 49, kann nach telefonischer Voranmeldung besichtigt werden (☎ 03594/6014).

Nordwestlich des Stadtgebietes, über den Goldbacher Weg zu erreichen, findet man den **Napoleonstein** (334 m). Seinen neuen Namen erhielt der einstige Goldbacher Berg nach 1813. Der auf dem Rückzug befindliche Feldherr Napoleon soll von hier aus auf die von seinen Soldaten eingeäscherte Stadt geblickt haben (auf dem Stein erkennt man die eingemeißelten Jahreszahlen 1813 N 1863). Heute kommen die meisten Besucher hinauf, um die schöne Aussicht – nordöstlich bis Bautzen, südwestlich zur Burg Stolpen – zu genießen.

Am Gipfel war ab 1873 ein Granodiorit-Steinbruch in Betrieb.

Heimatkundlicher Lehrpfad vom Altmarkt zum Stadtwald, über den Butterberg zum Ortsteil Geißmannsdorf, weiter zum Napoleonstein, Rüden- und Belmsdorfer Berg zurück in das Stadtzentrum

Rammenau

Nur etwa 5 km nordwestlich von Bischofswerda gelegen, ist hier das **Barockschloß** größter touristischer Anziehungspunkt.

Man betritt das Terrain, hinter hohen Mauern versteckt, durch ein wappenverziertes Torhaus (heute Hotel) und überquert den Rittergutshof mit Kavalierhäusern zu beiden Seiten. Wem der Ruhm als Baumeister eines der schönsten Beispiele des ostdeutschen Dorfbarocks gebührt, ist heute nicht mehr dokumentiert, alle originalen Bauzeichnungen sind verlorengegangen. Doch das im Auftrag von Kammerherrn und Appelationsrat Ernst Ferdinand von Knoch zwischen 1721–1735 errichtete Gebäudes trägt nach Expertenmeinung ganz eindeutig die Handschrift des Dresdener Oberlandbaumeisters Johann Christoph Knöffel.

Der prachtvolle Bau war bald nach seiner Vollendung beliebter Teffpunkt des sächsischen Adels. Auch der Dichter Theodor Körner und der Philosoph **Johann Gottlieb Fichte** weilten häufig im Schloß. Letzterer wurde am 19. Mai 1762 in Rammenau geboren, dem Andenken des bedeutenden Vertreters der klassischen deutschen Philosophie ist im Erdgeschoß des Schlosses neben dem Kreismuseum eine Daueraustellung gewidmet (die Fichte-Gedenkstätte wird nach Abschluß aller Rekonstruktionsmaßnahmen künftig in einem der Kavalierhäuser eine neue Heimstätte finden). Erst kürzlich endeten umfangreiche Restaurierungsmaßnahmen im Schloß. Nun erstrahlen u. a. Spiegelsaal, bulgarisches, chinesisches und pompejanisches Zimmer, Kornblumen-, Vogel- und Jagdzimmer sowie mehrere Salons in alter Pracht.

Ständig wechselnde Besitzer haben den Reichtum angehäuft.Unter ihnen ein preußischer Rittmeister, Friedrich von Kleist, Mitstreiter des Malteserordens. Er ließ Decken- und Wandmalereien anfertigen und kaufte kostbare Leinwandtapeten. Centurius Hoffman von Hoffmannsegg übersetzte auf dem Schloß Werke Friedrich Schillers ins Italienische und züchtete in seinen Gewächshäusern Orchideen.

Freunde klassischer Musik finden sich heute im Spiegelsaal zu regelmäßig stattfindenden Konzertreihen ein. In der Schloßgaststätte werden Gaumenfreuden geboten (regionale und französische Küche). Öffnungszeiten des Schlosses: täglich von 10 bis 18 Uhr, im Winter bis 16 Uhr.

Im 18. Jh. wurde der **Park** im Stil englischer Landschaftsgärten angelegt. Man findet hier zumeist einheimischen Altbaumbestand, einige Teiche, das Fichte-Denkmal (1862) und eine kleine Grotte.

Demitz-Thumitz

Am Nordfuß des Klosterberges gelegen, gilt der Ort als Zentrum des Oberlausitzer Granitabbaus. Durchreisenden Bahngästen auf der Strecke Bautzen–Dresden bleibt das älteste **Eisenbahnviadukt** Ostsachsens verborgen (1845/46), das Teile des Ortes im Tal des Schwarzwassers eindrucksvoll überspannt. Mit 230 m Länge und 17 m Höhe gehört das Viadukt auch zu den größten Steinbrücken der Lausitz. Im einstigen Rittergut Thumitz blieb ein Barockschloß erhalten (18. Jh.).

👫 Von Demitz-Thumitz über den Klosterberg nach Neukirch/Bahnhof-West (10 km)

Vom Bahnhof geht man durch eine Unterführung zuerst zum Viadukt. Die grünen Markierungszeichen geleiten noch ein Stück durch den Ort, bis der Wanderweg stetig durch Mischwald hinauf zum Klosterberg führt (2,5 km). Ab 1413 gehörte der Berg jahrhundertelang dem Kloster St. Marienstern (→ Panschwitz-Kuckau). Die jetzige Bergbaude steht den Gästen seit 1980 offen, der Vorgängerbau (1904) mit Aussichtsturm (1906) wurde am 6. Mai 1945 von Wehrmachtsverbänden gesprengt.

Nur knapp hundert Meter von der Baude entfernt, liegt am Wanderweg Richtung Neukirch der Dreisesselstein mit Hohlsitzen. Der Stein markierte einst den Punkt, an den drei Besitzungen grenzten: die der Rittergüter Döbschke und Thumitz sowie des Klosters St. Marienstern. Bald kommen wir zu Granitsteinbrüchen, in denen heute noch abgebaut wird. Ab 1845 waren sie die größten Deutschlands. Der anstehende Demitzer Granodiorit zeichnet sich durch hervorragende Spaltbarkeit und hohe Druckfestigkeit aus. Polierte Platten, Pflaster, Bausteine und Splitt entstehen aus dem hiesigen Rohmaterial. Selbst die Herren der brasilianischen Stadt Manos wollten nur bestes Material bei der Anlage ihres Marktplatzes und bestellten Demitzer Kleinpflaster. Bald lichtet sich der Wald und man läuft an dessen Rand an einem großen Feld entlang, mit Blick auf die Dächer des Dorfes Tröbigau. Nach dem Überqueren der Straße Putzkau–Gaußig verläuft die Route über eine Wiese mit schönem Fernblick bis zu den Bautzener Türmen. Durch den nahen Hochwald führt der Weg später zwischen Neukircher Berg und Hohem Hahn ins Tal von Neukirch und weiter auf der Straße bis zum Bahnhof Neukirch-West, einem Ausgangspunkt für Wanderungen auf den Valtenberg (→ Neukirch).

Neukirch

☐ *Fremdenverkehrsamt Neukirch, Hauptstr. 20,*
☎ 035951/32243

🄷 *Hotel Hofgericht, Hauptstr. 24, ☎ 035951/3880*
Hotel Oberland, Hauptstr. 2, ☎ 035951/31580
Gasthof Erbgericht, Dresdener Str. 1, ☎ 035951/32448
Gasthof Waldschlößchen, Karl-Berger-Str. 17,
☎ 035951/31487
Pension Valtental, Valtentalstr. 5, ☎ 035951/32482
Naturfreundehaus Valtenberghaus, Karl-Berger-Str. 16,
☎ 035951/31484

Einst als Waldhufendorf angelegt, erstreckt es sich heute fast 5 km im Tal der Wesenitz am Fuße des Valtenbergs. Bahnanschluß existiert auf den Strecken Dresden–Zittau sowie Bautzen–Wilthen–Bad Schandau.

Deutschlandweit bekannt ist inzwischen das **Töpferfest**, veranstaltet am 1. Oktoberwochenende mit Markttreiben, Schauvorführungen der Töpfer und kleinen Kulturangeboten. Als Initiator der Veranstaltung hat sich Karl-Louis Lehmann verdient gemacht, der 1984 anläßlich des 150jährigen Firmenjubiläums erstmals rund um seine Werkstatt eine Töpferkirmes organisierte.

Im Ort sind drei Töpfereien ansässig: Kannegießer, Südstr. 10, Lehmann, Dammweg 26 und Heinke, Zittauer Str. 46.

Im kleinen Heimatmuseum der Gemeinde sind Ausstellungen zum Töpfer- und Weberhandwerk zu besichtigen, geöffnet am 1. Samstag des Monats von 13 bis 16 und am 3. Sonntag im Monat von 9 bis 12 Uhr oder nach vorheriger Anmeldung im → Fremdenverkehrsamt.

Im Ort verstreut existieren noch ca. 50 **Umgebindehäuser***.

Neukirch ist der westliche Ausgangsort für Touren auf dem **Oberlausitzer Bergweg**, der auf insgesamt 112 km durch die reizvollsten Orte und über die schönsten Berggipfel des Lausitzer Berglandes sowie des Zittauer Gebirges mit Zielort Zittau führt und durchgängig mit einem blauen Balken markiert wurde. Die Fremdenverkehrsgemeinschaft Oberlausitz/Niederschlesien e. V. und AG Ferienlandschaft der Oberlausitzer Umgebindehäuser haben gemeinsam eine Wegbeschreibung herausgegeben, die bei den Fremdenverkehrsämtern angefordert werden kann.

 Von Neukirch auf den Valtenberg

Es führen verschiedene Aufstiegsrouten zum Valtenberg-Gipfel. Wer für Auf- und Abstieg nicht denselben Weg gehen möchte, sollte ab Bahnhof Neukirch-West wandern, (grüner Balken, 2 km, 0:45 h). Unterwegs ermöglichen Lichtungen eine weite Sicht Richtung Norden bis zu den Türmen der Bautzener Altstadt.

Auf dem Gipfel des Valtenberges befindet sich eine kleine **Bergwirtschaft** sowie ein massiver **Aussichtsturm** aus dem Jahre 1856. Mit 587 m ist der Valtenberg gleichzeitig die höchste Erhebung des Lausitzer Berglandes.

Der frühgeschichtliche Ringwall wurde beim Bau des Aussichtsturmes leider zerstört. Die sorbische Bevölkerung strömte früher alljährlich am Johannistag in die Gipfelregion, um hier Wurzeln des Weißwurzes auszugraben. Daraus entstandenen Amuletten wurde Wunderkraft zugesprochen.

Ein markierter Pfad führt von den Gipfelgebäuden in südöstlicher Richtung zur **Wesenitzquelle**. Die hübsche Quellfassung liegt auf 515 m Höhe inmitten von Buchhochwald. Heute mag es kaum je-

Wanderweg bei Neukirch

mand für möglich halten, aber an Ort und Stelle wurde jahrhundertelang nach Gold gesucht, erste Aufzeichnungen datieren aus dem Jahre 1333. Glücksritter aus ganz Europa, vorwiegend aus Frankreich, Spanien und Italien, betrieben zusammen mit Einheimischen an die 40 Gold- und Silbergruben. Das bekannteste Goldgräberzentrum führte über den »Valentin-Erb-Stollen« – direkt an der Wesenitzquelle – ins Innere des Berges. Das jetzige Erscheinungsbild stammt aus dem Jahre 1928, gestaltet vom Gebirgsverein Valtenberg. Trotz erheblichen Kostenaufwandes wurde kein Gold gefunden.

Es existieren aber einige Geschichten über spektakuläre Funde, die letzte aus den sechziger Jahren unseres Jahrhunderts.

Die südliche Abstiegsroute führt an der Hohwaldschänke, an der Straße von Langenburkersdorf nach Steinigtwolmsdorf, vorbei. Zu Zeiten der nahen Grenze zur Monarchie Österreich-Ungarn war das Gasthaus ein Ort friedlicher Koexistenz zwischen Zöllnern und Schmugglern.

Zurück nach Neukirch führt eine breite Forststraße, vorbei am Waldschlößchen (hier nimmt schräg gegenüber am Parkplatz ein interessanter Waldlernpfad seinen Lauf) und dem etwas abseits liegenden Valtenberghaus, in reichlich einer Stunde nach Oberneukirch zurück.

146

Steinigtwolmsdorf

H   *Gasthaus Erbgericht, Am Markt 5, ☎ 035951/32916*

Der Ort wurde im 13. Jh. an der einst wichtigen Handelsmagistrale von Bautzen ins Böhmische auf einer großen Rodungsfläche als Waldhufendorf deutscher Siedler gegründet. Die Urlauber schätzen heute besonders die schöne landschaftliche Lage im Lausitzer Bergland.

Die **Dorfkirche** entstand Mitte des vorigen Jahrhundert neu, nur der Turm (17. Jh.) mit achteckiger Schieferhaube wurde vom baufällig gewordenen Vorgängerbau aus dem 13. Jh. belassen.

In der Dorfstraße stehen **Umgebindehäuser*** mit Schmuckmotiven, eine Sehenswürdigkeit auch des nördlichen Nachbarortes Ringenhain, wo etwa 50 Häuser dieser Bauart erhalten blieben. Neusiedler aus Südwestdeutschland errichteten Fachwerkhäuser, ein sehr schönes mit Walmdach findet man am Steinigtwolmsdorfer Dorfteich (Grenzstr. 8).

Im Ortsteil Birkguthäuser steht die **größte Linde der Oberlausitz** mit einem Stammumfang von 7,4 m, einer 30 m breiten Krone und einem geschätzten Alter von 500 Jahren.

An der Straße nach → Weifa lädt ein **Erlebnisfreibad** zum Abkühlen ein.

🚶🚶 Von Steinigtwolmsdorf zum Valtenberg (8 km, 2 h)

An der oberen Dorfgrenze, direkt an der Straße nach Langburkersdorf, befindet sich ein markanter, lindenumsäumter Platz, die »7 Linden«. Man blickt von hier oben auf die Dächer von Steinigtwolmsdorf, Weifa und Ringenhain und kann auf Bänken oder in einer Schutzhütte rasten.

In früher Vorzeit war an Ort und Stelle ein germanischer Ringplatz. Für die Namensgebung gibt es zwei Deutungen: Bei der Geburt jedes seiner sieben Kinder ließ der Gutsherr einen Baum pflanzen. Andere Quellen sprechen davon, daß die Lindengruppe aus Freude über den Frieden zum Ende des Siebenjährigen Krieges angelegt wurde.

Der nun folgende kurze Wegabschnitt über die sich nördlich der »7 Linden« anschließende Wiese ist nicht markiert. Man folgt dem ausgetretenen Pfad bis zum nächsten Fahrweg, vorbei an Weideflächen und hält sich dann links, bis man auf einen rot markierten Weg zum Valtenberg stößt (→ Neukirch).

Weifa

H   *Erbgericht, Hauptstr. 7,* ☎ *035951/32944*

Die Ortsbezeichnung deutet noch heute auf den früheren Haupt-
erwerbszweig der Bewohner hin, die Hausweberei. Eine Weife,
d. h. die Haspel, diente zum Aufwickeln der Wolle von der Spule.
Der gesamte Ortskern steht unter Denkmalsschutz, viele schöne
Umgebindehäuser*, teils mit Schieferverkleidung, sind hier zu sehen.
In der Lindenstr. 5 steht das Geburtshaus des Heimatdichterts Karl
Gude, an der Hauptstraße eine Säule, die an die Reformation erinnern soll.

Wehrsdorf

🚲   *Handrick, Zittauer Str. 9*

In Wehrsdorf (eingemeindet zu Sohland/Spree) findet der Besucher eine Vielzahl von **Umgebindehäusern*** mit interessanten Details an Türen und Umgebindeständern. Das schönste Ensemble
steht im Oberdorf (Nr. 62, 63 und 64).
Die Barockkirche stammt aus dem Jahre 1725, der Turm wurde
erst 1859 angefügt.
Der Volksschullehrer August Matthes (1854–1937) veröffentlichte
unter dem Namen Bihms Koarle zahlreiche Schwänke, Schnurren
und Verse, in Oberlausitzer Mundart (1980 vom damals ansässigen
Kulturbund als »Vu oalln woas« (Von allem etwas) neu aufgelegt.
Im Sommer bietet das reizvoll gelegene Waldbad willkommene
Abkühlung. Am nördlichen Dorfrand kann man den Naturlehrpfad
am Steinbruch begehen.

Sohland/Spree

i   *Fremdenverkehrsamt Sohland/ Wehrsdorf, Bahnhofstr. 26,*
    ☎ *035936/32244*
H   *Hotel Waldschlößchen, Hauptstr. 11,* ☎ *035936/37333*
    Gasthaus Stiebitz, Am Markt 11, ☎ *035936/37137*
    Gasthof und Pension Oberschmiede, Lessingstr. 42,
    ☎ *035936/37620*
    Schanzenbaude Tännicht, ☎ *035936/30010*
    Bootsverleih am Stausee, Mai–September ab 10 Uhr

Die Ortsgründung erfolgte im 11. Jh., ab dem 17. Jh. kamen ver-
streute Siedlungsteile hinzu, weshalb der Ort bald »fuffzehn Zippel«
besaß. Die Zahl stimmt auch nach der Gebietsreform vom März

'94. Seitdem besteht die Einheitsgemeinde aus den Ortschaften Sohland, Wehrsdorf und Taubenheim mit insgesamt 15 Ortsteilen. Die Gemeindefläche beträgt annähernd 40 km².

Wahrzeichen Sohlands ist die malerische **Himmelsbrücke**, 1796 als Spreeübergang errichtet. Seit der Spreeverlegung im Jahre 1947 überspannt sie nur noch den Dorfbach, zu finden am südlichen Ufer des Stausees. Letzterer wurde 1937–1941 angelegt. Auf der 15 ha großen Wasserfläche kann man rudern oder an einer Gondelausfahrt teilnehmen, für die Kleinen lohnt sich der Besuch des nahegelegenen Abenteuerspielplatzes.

Die **Waldbühne Sohland** wurde 1990 nach 60jähriger Ruhepause wiederbelebt. Die Aufführungen von Anfang Mai bis Mitte September (sonntags im Abstand von 14 Tagen jeweils 15 Uhr) erfreuen sich wachsender Beliebtheit.

Die evangelische Kirche stammt aus dem Jahre 1824 und weist eine spätklassizistische Innenausstattung auf. Im Kirchhof sieht man die klassizistische tempelartige Böhmesche Gruft (1843), jetzt eine Gedenkstätte für Kriegsopfer.

Das nahegelegene Schloß (keine Besichtigungsmöglichkeit) mit **Schloßpark** ließ Reichsgraf Franz Xaver zu Solms im 18. Jh. errichten.

Eines der ältesten Umgebindehäuser* der Region, ein ehemaliges Weberhaus aus dem Jahre 1750, Lessingstraße 19, beherbergt seit 1957 das **Heimatmuseum** mit original erhaltener Weberstube. Geöffnet: So von 15 bis 18 Uhr, auch nach Voranmeldung bei Herrn Lebelt, ☎ 035936/37190.

Für »Sternengucker« ist die **Volks- und Schulsternwarte** »Bruno H. Bürgel« in der Nähe des Schützenhauses jeden Do ab 19 Uhr geöffnet (Anmeldungen nimmt Herr Knobel, ☎ 035936/37270, entgegen).

Südwestlich des Ortszentrums liegt im Tännicht ein Wintersportzentrum mit Sprungschanze und der Schanzenbaude Tännicht (➔ **H**). Ausflügler zieht es das ganze Jahr über zum frisch rekonstruierten **Prinz-Friedrich-August-Turm** und dem gleichnamigen Berggasthaus.

Von Sohland über Ellersdorf, Kälberstein, Bieleboh und Beiersdorf nach ➔ Neusalza-Spremberg (20 km, ca. 6–7 h), Teilstrecke des Oberlausitzer Bergweges (➔Neukirch), Markierung blauer Balken.

Der neu eröffnete Fußgänger- und Radfahrergrenzübergang Sohland–Rožany ermöglicht reizvolle Wanderausflüge in den benachbarten böhmischen Schluckenauer Zipfel (Šluknovsko).

Taubenheim

🅷   *Gastgeber-Verzeichnis bei Ortsverwaltung Taubenheim,*
Sohlander Str. 31, ☎ *035936/34312, anfordern!*

🚲   *Verleih in der Ortsverwaltung Taubenheim*

Taubenheim liegt am Oberlauf der Spree sowie der Bahnlinie Zittau–Dresden und gehört seit 1994 zur Großgemeinde → Sohland/Spree.

Der Ort ist das Lausitzer **Mekka der Sonnenuhren**. Insgesamt 17 Stück, davon sechs mit historischen Motiven, sind zu bestaunen. Der Großteil ist ein Werk des Grafikers Martin Hölzel, so auch das steinerne Exemplar gegenüber dem Gemeindeamt (1983).

Die Dorfkirche (18. Jh.) weist eine spätklassizistische Innenausstattung auf und besitzt an der Außenwand sehenswerte Relief-Grabplatten. Der »Sechskinderstein« (1674) an der südlichen Außenmauer stellt die sechs Kinder von Anna Maria Pietzschmann, Pfarrersfrau, dar. Sie starben bei der Geburt oder kurze Zeit später.

In der ehemaligen Obermühle, Zumpeweg 3, verlebte Herrmann Zumpe (1850–1903) seine Jugend. Er komponierte an der Seite von Richard Wagner in Bayreuth und wurde später zum Königlich-Bayrischen Generalmusikdirektor in München ernannt.

Fast 60 erhaltene **Umgebindehäuser*** erinnern an die Epoche, in der die Leineweberei in Taubenheim weit verbreitet war. Das Karasek-Haus mit einer Sonnenuhr war einst Unterschlupf und zugleich »Liebesnest« des berühmten böhmischen Räuberhauptmanns bei seinen Streifzügen im Sächsischen.

Das Freibad Taubenheim wird gegenwärtig zum Erlebnisfreibad umgebaut, es soll im Sommer 1996 wiedereröffnet werden.

🚶🚶   **Von Taubenheim zum Wachtberg und zurück** (2 km)

Die nordwestlich des Ortes gelegene 363 m hohe Erhebung ist vulkanischen Ursprungs. Die Kuppe besteht aus Basalt, der bis in die dreißiger Jahre teilweise abgebaut wurde. Dank dem Vorkommen seltener Pflanzen- und Insektenarten wird das Terrain als Flächennaturdenkmal geschützt. Vom Gipfel bietet sich eine umfassende Aussicht ins obere Spreetal.

Die Taubenheimer selbst nennen den Hügel Wacheberg. Als sich deutsche Siedler hier niederließen, standen dort Wachtposten zur rechtzeitigen Warnung vor drohenden Überfällen.

🚶🚶   **Von Taubenheim rund um den Taubenberg** (3 km, 1 h)

Der Taubenberg erhebt sich südlich des Ortes an der böhmischen Grenze. Vom Parkplatz am Erlebnisfreibad führt der Weg an einer Bungalowsiedlung vorüber. Der Rundweg ist gleichzeitig **Natur-**

lehrpfad mit vielen Informationstafeln zur hiesigen Fauna und Flora. Fischgut, eine ehemalige Forellenzuchtanlage, und Bettelstein (angeblich wurde hier ein Bettler beerdigt) sind die nächsten Stationen. Der Schalenbruch war bis in die dreißiger Jahre bedeutendster Granodiorit-Steinbruch der Taubenheimer Region. Heute bietet sich von hier eine weite Aussicht Richtung Sohland und zum böhmischen Nachbarn. An der Weggabelung (Abzweig Grünhut) verbleibt man auf dem Naturlehrpfad und steigt zum Taubenberg auf. Eine Säule, die einstige »Station der königlich-sächsischen Triangulierung« (1864), markiert den höchsten Punkt des Taubenberges (458 m). Die nahe Teufelskanzel setzt sich aus übereinanderliegenden Granodiorit-Blöcken zusammen. Wer genauer hinschaut, erkennt das aus verschiedenen Gesteinseinschlüssen zusammengesetzte Teufelsbildnis. Zurück zur Weggabelung, geht es am Südhang steil hinunter nach Grünhut, einer ehemaligen Steinbrucharbeitersiedlung.

Schirgiswalde

[i] *Fremdenverkehrsbüro/ Touristinformation,*
Sohlander Str. 3a, ☎ *03592/34897*

[H] *Hotel Am Lärchenberg, Lärchenbergweg 2,* ☎ *03592/3660*
Gasthof Schirgiswalder Marktstuben, Markt 4,
☎ *03592/3730*
Pension Thürmchen, Marienplatz 5, ☎ *03592/380322*
Heimatmuseum Carl Swoboda, Hauptstr. 11a
(geöffnet: Di von 14 bis 16, Do von 10 bis 12 und 14 bis 16
Uhr)

Lage
Das kleine Städtchen mit reichlich 3000 Einwohnern liegt in einem reizvollen Engtal am Oberlauf der Spree und trägt den Beinamen »Perle der Oberlausitz«.
Es existiert ein Bahnanschluß auf der Strecke Zittau–Dresden. Unweit des Ortes verlaufen B 96 und B 98.

Geschichte
Das von deutschen Siedlern um die Mitte des 13. Jh. gegründete Waldhufendorf gehörte ab 1451 der böhmischen Adelsfamilie von Luttiz. Als nach dem Frieden zu Prag (1635) die Oberlausitz unter sächsische Hoheit gelangte, verblieb Schirgiswalde in böhmischem Besitz und war bis 1809 eine böhmische Enklave, seit 1665 im Besitz der Stadtrechte. Nach dem Frieden von Schönbrunn (1809) sollte Schirgiswalde dem Königreich Sachsen einverleibt werden, was jedoch 36 Jahre lang wegen Streitigkeiten im Übergabeprotokoll zwischen Österreich-Ungarn und Sachsen nicht geschah.

Von 1809-1845 war die Stadt ein kleiner Stadtstaat, auch als »Republik Schirgiswalde« bekannt. In dieser abenteuerlichen Periode lenkten ein Stadtrichter, zwei Gerichtsbeisitzer, 20 Communrepräsentanten und ein böhmischer Justizamtmann die Geschicke des Städtchens. Steuerfreiheit, Abschaffung des Militärdienstes, die Aufnahme politischer Flüchtlinge, Spielerlaubnis für das in Sachsen verbotene »Böhmische Lotto« und der Schmuggel mit zollfrei eingeführten Waren über die sächsische Grenze förderten den Aufschwung. Der rege Handel brachte dem Städtchen zeitweise den Beinamen »Klein-Leipzig« ein.

Ein Aufruhr unter der Bevölkerung gegen einen mißliebigen böhmischen Justitiar führte zu neuen Verhandlungen zwischen der Monarchie Österreich-Ungarn und Sachsen. Am 4. Juli 1845 fand die feierliche Übergabe der Mini-Republik an das Königreich Sachsen statt. Die Kirche unterstand noch bis 1894 dem böhmischen Bistum Leitmeritz.

In Schirgiswalde wurden der Geschichtsforscher **Carl Swoboda** (1896-1978) und der Mundartdichter **Joseph Vogt** (1881-1959) geboren.

Sehenswürdigkeiten

Die jahrhundertelange Verbindung zu Böhmen ist noch heute an vielen historischen Gebäuden zu erkennen. Die imponierende katholische **Pfarrkirche** wurde von 1739-1741 im Stil des böhmischen Land-Barock erbaut. Im Inneren blieb die originale barocke Erstausstattung weitgehend erhalten. Die Kanzel stammt wahrscheinlich aus der Werkstatt des Prager Schülerkreises um Dientzenhofer.

Erst 1866-1868 komplettierte man die Kirche mit zwei Türmen. In der Kirche sind die alten Grabplatten und -denkmäler aus der Hand von Franz Pettrich und Jacob Delenka bemerkenswert. Am Aufgang zur Kirche steht eine Ecce-Homo-Statue, geschaffen von Franz Biener (um 1760).

Böhmische Elemente zeigt auch der **Marktplatz** mit zwei **Laubenhäusern**. Das klassizistische Rathaus stammt aus dem Jahre 1818. Ursprünglich war es das Haus eines reichen Leinwandhändlers. Das Alte Rathaus am Obermarkt sollte als »Regierungssitz« des Stadtstaates noch erweitert werden.

Das einstige domstiftliche Herrenhaus, das **St.-Pius-Haus** am Fuße des Kirchberges, beeindruckt den Besucher im Inneren, wo es drei Räume mit handbedruckten Bildtapeten (u.a. mit den Motiven »Aufstand in Mexiko« und »Olympische Feste«), um 1830 hergestellt, zu sehen gibt. An den östlichen Fuß der Weifaer Höhe grenzt der denkmalgeschützte Stadtteil Neudorf (Neuschirgiswalde), gegründet nach dem Ende des Dreißigjährigen Krieges. Hier kann man eine Vielzahl von **Umgebindehäusern*** bewundern.

Im Winter ist am Mälzerberg ein Skilift in Betrieb.

Auch das überlieferte Brauchtum erinnert an die böhmische Epoche der Stadt. Das Fronleichnamfest wird mit einer Prozession begangen. Im Dezember kommen viele Gäste zum Nikolausmarkt und der Weihnachtskrippenausstellung im Elisabethsaal. Die Krippen stammen nicht nur aus Schirgiswalde, sondern auch aus Tschechien und Österreich. Bekannt ist der große Faschingsumzug. Von Karfreitag bis Ostermontag ertönen keine Kirchenglocken, stattdessen Holzklappern, die die Menschen an ihre Vergänglichkeit erinnern sollen.

 Schirgiswalde besitzt einen **Obstbaumlehrpfad**.

 Rund um die Stadt existieren zwei Routen, **Großer Rundweg** (13 km) und **Panoramaweg** (6 km).

 Von Schirgiswalde zum Kälberstein (3 km, ca. 1 h)
Über die Spreebrücke am Gondelteich führt der markierte Weg (roter Punkt) zum östlich gelegenen Kälberstein (485 m). Die Gipfelklippen aus Granodiorit weisen eine Höhe bis zu 8 m auf, eine steht als Aussichtsmöglichkeit zur Verfügung.
Die Rücktour ist auch über → Crostau möglich.

Kirschau

H   *Pension, Callenberger Str. 16*

Kirschau war als südlichster altsorbischer Siedlungsort im Lausitzer Bergland schon vor der letzten Jahrtausendwende gegründet. An einer damals wichtigen Kreuzung der Handelsstraßen von Bautzen nach Prag und Zittau nach Halle entstand auf einem Felsvorsprung aus einem sorbischen Ringwall ein Wachthaus, das später zur **Burg Körse** ausgebaut wurde. Bis 1250 wurde die Feste verstärkt und erweitert. Der Meißner Vorposten auf der Burg mißfiel Kaiser Karl IV., König von Böhmen und Landesherr der Lausitz, und die Truppen des soeben ins Leben gerufenen Oberlausitzer Sechsstädtebundes erstürmten 1352 unter Führung Bolko von Schweidnitz' die Burg. Anschließend geschleift, blieben bis heute nur Relikte des Bauwerks erhalten, wie Ringmauerreste um den Burghof, ein teilrestauriertes Doppeltor und ein Schacht des Bergfrieds. Für ein neues Burgmuseum (Grabungsfunde und textile Schauwerkstatt mit Webstuhl) wurde kürzlich der Grundstein gelegt, die Eröffnung ist für Anfang '96 zu erwarten.
1601/02 suchte man am Südfuß des Burgberges nach Silber, der Stolleneingang heißt Kuxloch.

Am Westrand des Ortes, an der Kesselwiese, steht der Dreiländerstein (1746), er markierte zu jener Zeit den Grenzpunkt zwischen Schirgiswalde (Böhmen), Kirschau (Lausitz) und Wilthen (Meißen). Durch die um die Mitte des 19. Jh. einsetzende Industrialisierung (deutscher Hauptproduktionsort von Grobgarn aus Textilabfällen) mußte das historische Ortsbild größtenteils neuen Bauten weichen. In der Handweberei, Lessingstraße 7, finden nach Voranmeldungen Betriebsführungen statt (☎ 03592/38220). Die Verkaufstelle (Spezialität Halbleinen) ist von Mo-Fr von 9 bis 15 Uhr geöffnet.

Wilthen

[i]   *Fremdenverkehrsamt Wilthen, Bahnhofstr. 8,*
      ☎ 03592/385416

[H]   *Landhotel Erbgericht Tautewalde, OT Tautewalde Nr. 61,*
      ☎ 03592/38300
      Gasthaus Schöne Aussicht (mit Pension), OT Sora,
      ☎ 03592/33642
      Obere Gaststätte (mit Pension), Neukircher Str. 32,
      ☎ 03592/33146
      Pichobaude auf dem Berg Picho, ☎ 03592/32953

[🏛]   *Heimatstube, Bahnhofstr. 8 (geöffnet: Di 14 bis 16 Uhr*
      oder nach Vereinbarung)

[🚲]   *Fahrradgeschäft Brade, Dresdener Str. 14*

Weithin bekannt ist die **Wilthener Weinbrennerei GmbH**, eine der größten und ältesten Deutschlands. Christian Traugott Hünlich gründete das Unternehmen im Jahre 1842. Schon auf der Pariser Weltausstellung im Jahre 1900 wurden die Hochprozentigen aus der Oberlausitz mit Gold- und Silbermedaillen gewürdigt. Nach Voranmeldung kann man die Weinbrennerei besichtigen (Dauer 1 bis 2 h), ☎ 03592/3840.

Die hiesige Bergwelt war einst das Betätigungsfeld von **Pumphut**, dem Hexenmeister der Oberlausitz. Sein Markenzeichen war ein breitkrempiger hoher Hut. Der Sohn armer Bauern zog als Müllergeselle durch die Lausitz, doch seine derben Späße mit geizigen und hartherzigen Menschen brachten ihm in der Überlieferung bald den Rang eines Hexenmeisters ein. Als lebensgroße Holzfigur grüßt er Sie heute in der Wilthener Bahnhofsstraße.

Das Butterwasser erhielt seinen Namen, weil die Frauen, bevor sie die Butter auf dem Bautzener Markt verkauften, sie im Bach frisch hielten.

Veranstaltungen

Oktober: Oberlausitzer Hunderter, ein international beachteter Wanderwettbewerb

🚶 Von Wilthen auf den Mönchswalder Berg (4 km, 1,5 h)
Vom Bahnhof Wilthen führt ein grün gekennzeichneter Weg auf
den Gipfel, auf kürzester Distanz müssen etwa 150 Höhenmeter
überwunden werden. Oben auf dem Mönchswalder Berg steht
seit dem Jahre 1885 eine rustikale Baude mit Aussichtsturm (→
Bautzen, Wanderung zum Mönchswalder Berg). Zurück ins Wilthener Tal steigt man bequem, vorbei am westlich benachbarten
Jägerhaus, auf der rot markierten Route oder auf der Paßstraße
Obergurig–Wilthen ab.

Crostau

i	*Fremdenverkehrsverein Crostau e. V.,*
	Niedercrostauer Str. 6, ☎ *03592/34453*
H	*Gasthaus Drei Linden, Lindenweg 2,* ☎ *03592/34314*
	Weiterbildungsakademie, Wurbiser Str. 2, ☎ *03592/38280*

Für die evangelische **Dorfkirche** gab Gutsbesitzer C. H. von Watz-
dorf 1732 eine **Silbermann-Orgel** in Auftrag. Mit 21 klingenden
Registern und 1255 Pfeifen (5 cm bis 2 m Höhe) ist sie die einzige
des bekannten Orgelbaumeisters Johann Gottfried Silbermann in
der Oberlausitz. Weitere Orgelwerke Silbermanns besitzen die
Hofkirche Dresden sowie der Freiberger Dom.
Besichtigung nach Voranmeldung möglich (Frau Schwarzenberg,
☎ 03592/32697).
Schloß und Park ließ der kurfürstliche Staatsminister Reichsgraf
Christoph Heinrich von Watzdorf um 1700 anlegen und erweitern.
Am Rand des Bergwaldes, südöstlich von Obercrostau, lohnt der
Aussichtspunkt »**Isabella**«, umgeben von uralten Linden, einen Ab-
stecher.
In Ortsteil Obercrostau stehen einige zweigeschossige Umgebinde-
häuser*.

Cunewalde

H	*Hotel Am Bieleboh, Am Sportzentrum 13,* ☎ *035877/5237*
	Landgasthof Bihms Koarle, Löbauer Str. 24, 02708 Lauba,
	☎ *035877/8254*
	Pensionen und Fremdenzimmer: Gastgeberverzeichnis
	bei Gemeindeverwaltung, Hauptstr. 124, ☎ *035877/5230,*
	anfordern!
🏛	*Wilhelm-von-Polenz-Museum, Am Gänseberg 7*
	Schaubauanlage mit historischem Zimmermannswerk-
	zeug, Sägewerk Leuschner, Klipphausen 1–2

Der beliebte Urlaubsort im Lausitzer Bergland breitet sich in West-Ost-Richtung auf 8 km Länge im Cunewalder Tal aus, welches im Norden vom Czorneboh- und im Süden vom Bieleboh-Höhenzug begrenzt wird. Cunewalde besitzt Bahnanschluß auf der Strecke Bautzen–Löbau (5 Haltepunkte!).

Auf Rodungsflächen um 1200 gegründet, konnte Cunewalde seinen Waldhufendorfcharakter bis heute erhalten.

Knapp die Hälfte der Wohnbebauung besteht aus **Umgebindehäusern***, einige besitzen ein mit Schiefer geschütztes Obergeschoß, wie z. B. das Haus schräg gegenüber vom Gasthaus »Blaue Kugel«, das zusätzlich am Giebel noch ein bunter Schützenadler ziert.

Die **Barockkirche** (1780–1787) mit 3000 Sitzplätzen gilt als größte Dorfkirche der Oberlausitz, Besichtigungsvoranmeldung über das Pfarramt, Kirchweg 1, ☎ 035877/7831 oder 7431.

Dem berühmtesten Sohn des Ortes, dem Schriftsteller Wilhelm von **Polenz** (1861–1903), wurde 1909 ein Denkmal gesetzt.

Der Granodioritblock mit bronzenem Reliefbild ist unweit des Gemeindeamtes am einstigen Rittergut Obercunewalde zu finden. Sein wichtigstes Werk »Der Büttnerbauer« (1895) lobte schon L. N. Tolstoi als »ein wahrhaft künstlerisches Meisterstück«.

Am Sportzentrum 11 befindet sich das **Erlebnisfreibad** Cunewalde (geöffnet: von Mai bis September von 9 Uhr bis 19 Uhr).

Veranstaltungen

September: Zum »Tag des offenen Denkmals« können private Umgebindehäuser*, Kirche und Polenzgruft besichtigt werden.

Von Halbau auf den Czorneboh (6 km, 1:30 h) und Abstieg nach Cunewalde (2 km, 0:30 h)

Um die bewaldete Czornebohkette in ihrer ganzen Vielfalt zu erleben, sollte man im etwa 3 km nordöstlich gelegenen Halbau (Bahnhaltepunkt auf der Strecke Löbau–Cunewalde) mit dem Aufstieg beginnen.

Vom Bahnhaltepunkt läuft man, vorbei am Gasthaus »Am Hochstein«, noch ein Stück die Straße nach links, bis der Polenzweg (grüner Punkt/gelber Balken) einmündet. Nach einem stetigen, aber sanften Anstieg ist der ruhige, hier wenig frequentierte Hochwald schnell erreicht. Es bleibt genügend Muße, den naturnahen Bergmischwald zu genießen.

Wir laufen bis zum Kamm. Rechts ermöglicht ein Abzweig einen Aufstieg zum Hochstein (0,5 km), links führt die Markierung (blauer Punkt) weiter Richtung Czorneboh, ausgewiesen mit 3,5 km. Immer noch ist es ruhig, von regem Ausflugsverkehr ist keine Rede.

Doch das Bild ändert sich später. Am großen Parkplatz finden bei schönem Ausflugswetter am Wochenende oft gar nicht alle Autos Platz. Von der Aspaltstraße zweigt nach ca. 250 m wieder ein Weg links zum Gipfel ab.

Der **Berggasthof** auf dem 561 m hohen Czorneboh ist teilweise in Blockbauweise erhalten. 32 Betten stehen ganzjährig zur Verfügung (☎ 035877/4325). Den Aussichtturm, 1852 eröffnet und damit der älteste in der Oberlausitz, sollte man unbedingt hinaufsteigen. Der Blick auf Bautzen und die sich nördlich anschließende, bis zum Horizont reichende flache Heide- und Teichlandschaft ist wohl nur hier so zu erleben. Hin zum böhmischen Nachbarn wächst die Aussicht gegenwärtig im wahrsten Sinne des Wortes zu.

Der Bautzener Rechtsanwalt Stephan wanderte im vorigen Jahrhundert nachweislich 3000 Mal auf den Czorneboh. 60 000 km legte er dabei insgesamt zurück. Ihm verdanken wir die Erkenntnis, daß vom Aussichtsturm bei idealen Witterungsverhältnissen 921 markante Blickpunkte ausgemacht werden können.

Auf dem Gipfel gibt es interessante geologische Sehenswürdigkeiten zu entdecken, so das »Teufelswaschbecken mit Seifenschale« (westlich des Czornebohs am Bergsattel am Cunewalder Weg), das »Teufelsfenster« und die für viele Kuppen des Gebirges charakteristischen Felsburgen, Klippen und Blockmeere.

Es gab schon viel Streit um die Herkunft des Namens Czorneboh. Forscher wiesen nach, daß die Slawen den Berg einst „Čorny bok" nannten (die »schwarze Seite« - abgeleitet von der oft dunkel erscheinenden nördlichen Bergflanke), in der Romantik falsch umgedeutet zu »Čorny bóh«, der schwarze Gott.

In Cunewalder Tal

Kaum sind hundert Meter Abstieg auf der Südseite hinab Richtung Cunewalde, rot markiert, absolviert, ist der Ausflugslärm völlig verstummt.

Bis nach Obercunewalde hinunter werden auf etwa 2 km Wegstrecke 270 m Höhenunterschied absolviert.

🚶🚶 Von Cunewalde zum Bieleboh (2 km, 1 h) **und Abstieg nach Oppach-Zentrum** (5 km, 1h)

Das Ziel liegt zum Greifen nahe, doch ca. 1 Stunde dauert der Aufstieg, rot markiert, zum Bieleboh dann doch. Man durchwandert den südlichen Teil des Cunewalder Tales. Schaut man zurück, schweift der Blick zum gegenüberliegenden bewaldeten Höhenzug zwischen Czorneboh und Hochstein. Auf der Nordseite des Berges, kurz unterhalb des Gipfelplateaus, befinden sich kleinere Blockmeere. Das Gasthaus auf dem Bieleboh (499 m) ist dem Verfall preisgegeben, mit dem Aussichtsturm sieht es nicht besser aus. Doch solange er nicht gesperrt wird, darf man sich wohl unbesorgt nach oben begeben. Über der Eingangspforte liest man: »Erbaut 1882 zum Ausblick auf die Schönheit der Heimath« – dem können wir auch reichlich hundert Jahre später nur bekräftigend zustimmen.

Der Weg hinunter nach Oppach, Ortsteil Eichen (roter Punkt und blauer Balken), verläuft mühelos (→ Oppach).

Oppach

☐ *Fremdenverkehrsbüro Oppach, A.-Bebel-Str. 32,*
☎ 035872/2017

☐ *Gasthof Heiterer Blick, A.-Bebel-Str. 60, ☎ 035872/2611*
Erntekranzbaude, Bautzener Str. 21, ☎ 035872/8034
Gasthof Gondelfahrt, Am Alten Graben 5, ☎ 035872/2741
Gastgeberverzeichnis anfordern!

Die Siedlung breitet sich in einem langgestreckten Tal mit mehreren Ortsteilen aus, von bewaldeten Höhenzügen auf drei Seiten regelrecht eingebettet. Immer wieder entdeckt man unter Denkmalsschutz stehende **Umgebindehäuser***. Durch den industriellen Strukturwandel der letzten Jahre sind viele Arbeitsplätze, vor allem in der Textilbranche, verlorengegangen. Nun setzen die freundlichen Sachsen auf den Tourismus, überall werden privat Zimmer vermietet.

Die ergiebigen **Mineralquellen** des Ortes nutzt man zur Herstellung alkoholfreier Getränke, die einen ausgezeichneten Ruf genießen.

Die gotische Dorfkirche wurde 1346 erstmals urkundlich erwähnt, ein letzter Umbau datiert auf die Jahre 1785–1787. Die Grabplatten an der Außenwand gelten als älteste ihrer Art auf dem Gebiet der Oberlausitz (1514, 1553 und 1555). An der Kirche steht eine etwa 400jährige Linde.

Den Alten Graben (Straße nach Neutaubenheim) säumen prächtige alte Eichen und andere Laubbäume. Linkerhand des Alten Grabens befinden sich Gondelteich (Bootsausleihe möglich) und Grenzmühlteich.

🚶🚶 **Von Oppach-Zentrum über OT Eichen auf den Bieleboh** (5 km, 1:30 h, anfangs gelb bis zur grünen Markierung, dann links, bis man auf rot trifft) → Cunewalde

Neusalza-Spremberg

Spremberg wurde um 1200 beiderseitig der Spree als Waldhufendorf gegründet, Neusalza erst im 17. Jh. als Handwerkerstädtchen durch böhmisch-mährische Glaubensflüchtlinge. Rittergutsbesitzer Christoph Friedrich von Salza beantragte im Januar 1670 beim sächsischen Kurfürsten Johann Georg II. eine Genehmigung zum Bau einer neuen Stadt.

Größter Anziehungspunkt des Städtchens ist neben dem Marktensemble mit hübschen Giebelhäusern und der eigenwilligen Dorfkirche Sprembergs das **Reiterhaus**, direkt an der B 96 gelegen. Vor Mitte des 17. Jh. erbaut und später erweitert, stellt das schilfgedeckte Umgebindehaus* heute eines der ältesten und besterhaltenen der Oberlausitzer Volksarchitektur dar. Eine bunte Reiterfigur am Hausgiebel gab dem Gebäude den jetzt gebräuchlichen Namen. 1874 wurde sie in Lauba von der Tochter des Hausbesitzers beim Ritterstechen, einem Kirmesspektakel, gewonnen. Das Innere dient in unserer Zeit als originelles Museum, mit Wohn- und Arbeitsraum eines Oberlausitzer Handwebers, einer Neusalzener Schusterstube sowie einer bäuerlichen Schlafkammer. Aber widerstehen Sie der Versuchung, letztere auch zu nutzen! Geöffnet: April, Mai Juni, September und Oktober Di–Fr von 9 bis 11 und 14 bis 16, Sa und So von 14 bis 16, Juli und August Di–So von 9 bis 11 und 14 bis 17 Uhr.

Das **Erlebnisfreibad** lädt von Mai bis September zum Baden ein.

Veranstaltungen
Juni: Schmiedesteinfest mit Ritterstechen

🚶🚶 **Von Neusalza-Spremberg auf den Kottmar** (14 km, 4 h) **und Abstieg nach Kottmarsdorf** (3 km, 1h)
Vom Reiterhaus sind noch etwa 100 m an der B 96 zurückzulegen, dann biegen wir mit dem Abzweig nach Schönbach/ Lawalde (in Lawalde steht der einzige freistehende Glockenturm der Oberlau-

sitz sowie die wasserbetriebene Niedermühle, mit Besichtigungsmöglichkeit) links ab, kurz darauf rechts in den Wald. Der blau
gekennzeichnete Pfad führt später über Wiesen und Felder, den
Kottmar als Tagesziel oft im Blickwinkel.

Der **Kottmar** (583 m) ist in vielerlei Hinsicht interessant. Geologisch betrachtet, ist er ein Vulkan aus der Zeit des Tertiärs und das
nördlichste großflächige Phonolithvorkommen der Oberlausitz.
Hydrologisch gesehen, befindet sich hier eine Wasserscheide zwischen Ost- und Nordsee. Vom touristischen Standpunkt ist er ein
attraktives Wander-, Sport- und Erholungsgebiet.

Die allseits freie Lage des Berges führte in der Vergangenheit zu
schweren Sturmbruchschäden, insbesondere in den instabilen
Fichtenmonokulturen. Nun ist man wieder angehalten, die teils
noch bestehenden Reste des einstigen Bergmischwaldes mit
artenreichen Anpflanzungen zu erneuern.

Etwa auf der Hälfte des Aufstieges kommt man an der **Spreequelle**
vorüber. Sie ist eine von mehreren (→ Ebersbach und Neugersdorf), und so gab es schon viel Streit um die »wirkliche«. Die hiesige, eingerahmt von alten Buchen, ist sicher die erhabenste! 1921
wurde die Phonolithsteinmauer um die Quellfassung errichtet, eingemeißelt liest man die Heimatorte von Gefallenen des Ersten Weltkrieges, die Mitglieder im Heimat- und Gebirgsverein Lusatia waren. Schon 1957 saniert, überdauerte die schlichte Anlage noch
weitere Jahrzehnte real existierenden Sozialismus unbeschadet.

Die Kottmarbergbaude ist eine der ältesten der Oberlausitz und
besitzt im Gastraum gelungene Deckenmalereien des Oberlau-
sitzers Max Langer (geöffnet Mi–So von 10 bis 19 Uhr). Der 15 m
hohe Aussichtsturm aus dem Jahre 1881 kann wieder bestiegen
werden.

Zum Abstieg nach **Kottmarsdorf** folgt man der mit einem roten
Punkt versehenen Markierung.

Zum Abschluß der Tour winkt noch ein besonderes Erlebnis: Die
Besichtigung der historischen **Bockwindmühle** Kottmarsdorf. Sie
stammt aus dem Jahre 1843 und war genau 100 Jahre in Betrieb.
Nun dient sie musealen Zwecken, ist aber noch voll funktionstüchtig. Auf drei Etagen ist die alte Technik zu bestaunen. Die Bockwindmühlen werden mittels eines langen Balkens in die Wind-
richtung gedreht.

Die hiesige Flügelspannweite beträgt 17 m. Geöffnet: März bis
Oktober Mi–So von 14 bis 16 Uhr bzw. Voranmeldung beim Ge-
meindeamt Kottmarsdorf (☎ 035875/620). Pfingsten wird hier das
Mühlenfest begangen.

Die benachbarte Gaststätte Müllerstübchen bietet Speis und Trank
für müde Wanderer.

Von Kottmarsdorf verkehren Linienbusse nach → Löbau.

Bockwindmühle in Kottmarsdorf

Veranstaltungen

September: Spreequellfest der Gemeinde Walddorf auf dem Kottmargipfel

ڶڶ Gegenwärtig wird der »**Spreeradweg**« von der Spreequelle am Kottmar bis nach Berlin (ca. 350 km) projektiert. Infos: Landratsamt Bautzen (Frau Walter), ☎ 03591/325553.

Ebersbach

H *Hotel Gute Quelle, Hauptstr. 52,* ☎ *03586/5515*

Ebersbach liegt in zwei Quellarmtälern der Spree direkt an der Grenze zu Tschechien mit Eisenbahnanschluß auf den Strecken Dresden–Löbau, Dresden–Zittau sowie ins böhmische Jiříkov. Der Ort entstand um 1200 als Waldhufendorf, und wie vielerorts im Süden der Oberlausitz zogen in der Mitte des 17. Jh. böhmische Glaubensflüchtlinge zu. Aus jener Zeit stammen die ältesten der zahlreichen **Umgebindehäuser*** im Stadtbild. Die Haustüren werden zumeist von Türstöcken aus Granit mit eingemeißelter Jahreszahl und Initialen geschmückt.

Die imposante **Barockkirche** am nördlichen Talhang wurde 1682–1685 erbaut, sie mußte jedoch wegen der vielen böhmischen Aussiedler erweitert werden (1726-1733). Im Inneren beeindrucken insbesondere die dreigeschossigen Emporen mit barocken Ständern. Böhmische Einflüsse zeigen die Malereien an oberer Empore, Pfeiler und Decke. An der unteren Empore sieht man 54 Bilder aus der biblischen Geschichte. Frühklassizistischer Baldachinaltar (1787), hölzerner Tauftisch (1725) und die mit reichem Schnitzwerk versehene Orgel (1684) auf der Westempore verdienen besondere Aufmerksamkeit. Die Orgel stand ursprünglich in der Zittauer Johanniskirche, wurde aber 1738 von Ebersbach gekauft. Das alte Orgelprospekt blieb erhalten, als 1994 eine neue Eule-Orgel eingeweiht wurde. In der Kirchenwand findet man viele Grabplatten.

Nahe der Staatsgrenze erhebt sich der bewaldete **Schlechteberg** (585,9 m). Unterhalb des Gipfels steht die Humboldtbaude, zugleich Berggasthaus und **Heimat- und Humboldtmuseum** mit der Originalausstattung einer Weberstube sowie zoologischen, urgeschichtlichen, geologischen und folkloristischen Exponaten. Da die Baude 1912 vom ortsansässigen Humboldtverein als Sammlungs- und Forschungsstätte erbaut wurde, erhielt sie auch den Namen des großen deutschen Gelehrten. Geöffnet: Mi-Fr 10 bis 15 (Vor- und Nachsaison), 10 bis 18 (Sommermonate), Sa und So sowie Feiertage von 14 bis 18 Uhr. Unterhalb der Baude befindet sich der Alpengarten, 1913 angelegt und mehrfach erweitert.

An der Grenze zwischen Ebersbach und Neugersdorf entspringt südöstlich vom Schlechteberg im Stadtteil Spreedorf einer der drei Quellarme der Spree im **Spreeborn**, unter einem gußeisernen Pavillon (1896) mit den Stadtwappen aller 14 Spreestädte und den Länderwappen von Deutschland, Österreich, Sachsen und Preußen. Es war Generalfeldmarschall von Moltke, der 1887 die »wahre« Spreequelle Ebersbach zuordnete, obwohl diesen Ruhm auch Neugersdorf und Walddorf am Kottmar für sich beanspruchen.

Veranstaltungen

April: Ostersingen an der Felsenmühle
Mai: Hainbergfest

Neugersdorf

i	*Stadtverwaltung Neugersdorf, Hauptstr. 39/41,* ☎ *03586/78080*
H	*Pension Hölzel, Seifhennersdorfer Str. 26b,* ☎ *03586/702478*

Neugersdorf liegt südlich der durch → Ebersbach verlaufenden B 96 und besitzt Bahnanschluß auf der Strecke Zittau–Dresden.
Um 1200 durch deutsche Kolonisten gegründet, zerstörten Hussitenheere die Siedlung im Jahre 1429 komplett, die Dorfwüstung blieb etwa 200 Jahre unbewohnt und erlebte erst durch den Zuzug von böhmischen und mährischen Zuwanderern ab der Mitte des 17. Jh. eine neue Blüte, vor allem durch die Ausbreitung der Webkunst. Seit der letzten Jahrhundertwende hat die Neugersdorfer Bekleidungsindustrie einen guten Ruf, damals begann zugleich die Herstellung von Webmaschinen.
Seit 1924 besitzt Neugersdorf Stadtrechte.
Im Stadtgebiet stehen zahlreiche **Umgebindehäuser***. Der Heimatdichter der Oberlausitz, Rudolf Gärtner (1875–1952), erblickte im Kantorat, Breitscheidstr. 4, das Licht der Welt.
Die barocke **Kirche** (1738) besitzt einen Rokoko-Schnitzaltar.
Der **Bismarckturm** unweit des LKW-Grenzüberganges nach Tschechien bietet herrliche Ausblicke auf Neugersdorf und hinein in den böhmischen Schluckenauer Zipfel. Geöffnet: nur nach Anmeldung bei Frau Neumann (☎ 03586/32358), einen weiteren Turmschlüssel besitzt Herr Hölzel am ca. 300 m vom Turm in Richtung Seifhennersdorf entfernten Imbißstand (☎ 03586/702478).
In der Goethestr. 2 ist das Heimatmuseum der Stadt zu besichtigen. Geöffnet: Mo und Di von 14 bis 17, Do von 9 bis 12, So von 10 bis 12 und 14 bis 17 Uhr.

Am Eingang zum Volksbad (in der Saison täglich von 9 bis 20 Uhr geöffnet) befindet sich eine der drei Spreequellen. Die eigentliche Quelle sprudelte einst auf den Pfarrwiesen an der heutigen Spreequellstraße, 1888 mit einer Fassung und Gußeisengeländer versehen. Als das Volksbad 1926/27 erweitert wurde, verlegte man die »Quelle« an den heutigen Platz, das Quellwasser strömt über ein Rohr hierher. Von Neugersdorf-Zentrum gelangen Sie über die Brandström- und Volksbadstraße an Ort und Stelle.

Veranstaltungen
Ende Juli/ Anfang August: Jakobimarkt (ältester Jahrmarkt der Oberlausitz). Hierbei findet auch ein Armbrustschießen, das »Gier'schdurfer Schissen«, statt. Das Fest hat seinen Ursprung im Jahre 1728, als die privilegierte Schützengesellschaft die Genehmigung erwirkte, am Jakobustag parallel zum Schützenfest einen Jahrmarkt zu veranstalten. Im 19. Jh. war der Markt so populär, daß er in Sachsen nur von der Leipziger Messe überboten wurde.

Eibau

Tourist-Information Eibau, Hauptstr. 214a, ☎ 03586/87113
Gasthof Zum Hirsch, Hauptstr. 118, ☎ 03586/702392
Beckenbergbaude, Beckenbergstr. 12, ☎ 03586/87673

In Eibau lebten und arbeiteten einst viele Hausweber. Einige im Ort ansässige Faktoren (Leinwandhändler), die bis nach Übersee lieferten, kamen zu Reichtum und Wohlstand, wie mehrere erhaltene **Faktorenhäuser** heute noch bezeugen. Die schönen Türstöcke* an den Umgebindehäusern* aus heimischem Sandstein oder Granit tragen zumeist barocke Zierelemente. Als »Juwel der Eibauer Barockgebäude« gilt das Haus Nr. 252.
Seit 1810 wird im Ort das bekannte Eibauer Schwarzbier gebraut, das in vielen Gasthäusern der Region gezapft wird bzw. in Flaschen auf den Tisch kommt. Alljährlich am ersten Wochenende im Juli wird der **Bierzug** zwischen Eibau und dem benachbarten Walddorf auf der B 96 organisiert. Die Tradition diese Heimatfestes geht auf den Streit um Braurechte im 17. Jh. zurück. Die Stadt Löbau eröffnete 1667 in Walddorf einen Bier-, Wein- und Salzschank, was die Zittauer Konkurrenz erboste. In Eibau wurden in der Folgezeit drei Schenken eröffnet, in denen ausschließlich Zittauer Gerstensaft gezapft wurde. Doch die Eibauer mochten lieber das Löbauer Bier trinken und so zogen sie am 25. März 1693 demonstrativ nach Walddorf, um dort ihren Durst zu stillen.
Der Festumzug erinnert mit Dutzenden gestalteten Bildern und etwa 20 Pferdegespannen an diese historische Begebenheit. Daneben finden Wettkämpfe, wie z. B. das Bierkastenklettern, statt.

Vom nordöstlichen Ortsrand führt eine schmale Straße auf den **Beckenberg** (409 m). Hier oben befindet sich die gleichnamige Baude (Gaststätte und Fremdenzimmer). In der benachbarten ehemaligen Scheune hat das **Heimat- und Humboldtmuseum** seinen Sitz. Die Ursprünge der ungewöhnlichen heimatkundlichen Sammlungen gehen bis 1864 zurück. Aber erst 1938 fanden die Schätze neben der Beckenbergbaude eine würdige Heimstatt. Zuerst findet man eine Weberstube vor. Von all den ausgestellten Kuriositäten seien nur ein präparierter Kalbsdoppelkopf eines Tieres, das wirklich gelebt hat, und die Aushängetafel des »Böhmischen Lottos« mit sechs Richtigen (1752), → Geschichte Schirgiswalde, genannt. Als besonders wertvoll gilt das hölzerne Grabgemälde (Epitaph) des Dorfrichters Paul Zöckel (1639). Mineralien, Fossilien und viele Tierpräparate (u. a. Schmetterlingssammlung) ergänzen die Exposition. Viele Ausstellungsstücke kamen als Geschenke der weltweit tätigen Herrnhuter Missionare (→ Herrnhut) in den Besitz des Museums. Geöffnet: täglich außer Mi von 9 bis 12 und 13 bis 16.30, Sa und So sowie Feiertage von 13 bis 17.30 Uhr. Der freistehende Berg ermöglicht eine schöne Rundsicht, dominiert vom markanten Jeschken (Ještěd) in Böhmen.

 Der **Oberlausitzer Bergweg** führt vom Kottmar über den Beckenberg nach Großschönau (→ Reisetips von A–Z/Wandern und Radfahren).

Oberoderwitz

Jugendherberge, Zur Lindenallee 5, ☎ *035842/26544*
Reiterhof Reichel, Hauptstr. 139

Der Ort besitzt gleich **drei Bockwindmühlen**, Berndt-, Neumann- und Birkmühle. Neben letzterer befindet sich das Gasthaus Zur Birkmühle, hier kann man Mühlenbesichtigungen vorbestellen (☎ 035842/26560). Sehenswert sind viele Umgebindehäuser*. Ein markierter Wanderweg führt anfangs über Felder an den Fuß des **Oberoderwitzer Spitzberges** (511 m). Nach oben stehen zwei Routen zur Wahl, eine leicht begehbare und eine sehr steile. Oben angelangt, blicken wir auf Klingsteinsäulen. In der Spitzbergbaude empfiehlt sich eine Rast (auch Übernachtung möglich, ☎ 035842/ 25364), bevor man über Stufen den Gipfelkegel erklimmt. Bei günstigen Sichtverhältnissen erkennt man vom freistehenden Gipfel sogar die Türme und Tafelberge des Elbsandsteingebirges und Rübezahls Reich, das Riesengebirge. Die vielen Aussichtspunkte werden auf Tafeln ausgewiesen und sind mit Entfernungsangaben ergänzt. Neueste Attraktion ist die knapp 600 m lange **Sommerrodelbahn** am Spitzberg, täglich geöffnet von 10 bis 18 Uhr.

Obercunnersdorf

[i] *Fremdenverkehrsbüro Obercunnersdorf, Hauptstr. 65,*
☎ *035875/954*

[H] *Hotel Altes Schützenhaus, Am Ferienhaus 9,* ☎ *035875/372*
Hotel Zum Bahnhof, Hintere Dorfstr. 11, ☎ *035875/224*

🏛 *Heimatstube in Niedercunnersdorf, Hauptstr. 27*

Der Ort wurde im 13. Jh. von deutschen Siedlern, fränkischen und thüringischen Kolonisten, am Nordfuß des Kottmars gegründet. Böhmische Exulanten, Flüchtlinge der Gegenreformation, fanden hier ab der Mitte des 17. Jh. eine neue Heimat.

Obercunnersdorf gehört mit über **250 denkmalgeschützten Umgebindehäusern*** zu den Kostbarkeiten der Oberlausitz. Hier findet man sozusagen ein bewohntes Freilandmuseum, denn jedes der ein- bis zweigeschossigen Häuser überrascht mit neuen liebenswerten Details. Bemerkenswert sind die schönen Schieferverkleidungen.

Eine Besonderheit ist das **Schunkelhaus**, das Gebäude ist schrägwinklig und im Fundament abfallend, noch dazu in sich gedreht, so daß der Eindruck entsteht, es schaukele und werde bald umfallen.

Das Innere der barocken **Dorfkirche** (17. Jh.) beeindruckt wegen der reichen Bemalungen im Stil des Bauernbarocks. Die Emporen werden von einer Bilderbibel geschmückt, das Gestühl von reizenden Blumenmotiven. Eine wehrhafte Kirchenmauer zeugt von der einstigen Doppelfunktion des Bauwerks in kriegerischen Perioden.

Mit sieben Bögen überspannt der **Eisenbahnviadukt** (Strecke Löbau–Zittau) aus dem Jahre 1848 das Tal des Löbauer Wassers und einen Teil des Dorfes.

Gegenwärtig ist ein Erlebnisbad im Bau, geplante Fertigstellung 1996.

Veranstaltungen

Juni: Dorffest mit Handwerkermarkt
September: Am »Tag des offenen Denkmals« können u. a. private Umgebindehäuser* besichtigt werden

🚶🚶 Von Obercunnersdorf führen **Wanderwege** in das südwestlich benachbarte Kottmarsdorf (3 km) und zum Kottmar (etwa 2 km), → Neusalza-Spremberg.

Herrnhut

[i] *Kultur- und Fremdenverkehrsamt Herrnhut,*
Comeniusstr. 6, ☎ *035873/2288*

[H] *Hotel Christian-David-Haus, C.-David-Str. 2,*
☎ *035873/2487*
Hotel Ninive, Ortsteil Ruppersdorf, Oderwitzer Str. 7,
☎ *035873/2695*
Tagungs- und Erholungsheim der Evangelischen Brüder-
Unität, Comeniusstr. 8, ☎ *035873/2118*
Pension Alt Herrnhuter Haus, Comeniusstr. 4,
☎ *035873/2789*

Lage

Der Ort am Südwestfuß des Hutberges liegt etwa 10 km südöstlich von Löbau an der B 178 und der Bahnstrecke Löbau–Zittau.

Geschichte

Herrnhut ist heute nur ein kleines Städtchen mit knapp 2000 Einwohnern. Und dennoch nimmt es eine Sonderstellung in der
Lausitzer Kulturgeschichte ein. Es ist als Ursprungsort der weltweiten **Brüder-Unität** über die Landesgrenzen hinaus bekannt. Im
Jahre 1722 ermöglichte **Nikolaus Ludwig Reichsgraf von Zinzendorf** evangelischen Glaubensflüchtlingen aus Böhmen und
Mähren, den »Böhmischen Brüdern«, die Ansiedlung auf seinen
hiesigen Gütern. In der Heimat war die Gegenreformation in vol-
lem Gange, die der evangelischen Brüdergemeine arg zusetzte. In
Prag fanden sogar Hinrichtungen statt. Der Name Herrnhut wurde gewählt, weil sich die Aussiedler bewußt »unter des Herren Hut«
stellen wollten.
Anfangs gab es Streit zwischen den Ansässigen der Umgebung,
zugezogenen Christen anderer Glaubensrichtung aus deutschen
Ländern und den böhmisch-mährischen Neusiedlern. Reichsgraf
Zinzendorf ließ deshalb am 13. August 1727 in der Berthelsdorfer
Kirche eine gemeinsame Abendmahlfeier zwischen den Streithäh-
nen abhalten. Tief beeindruckt und verständigungsbereit verließen die Anwesenden das Gotteshaus. Der Grundgedanke, den
anderen mehr zu achten als sich selbst, wurde von nun an aus
Herrnhut in die Welt getragen: Gottes Lehren sollten nicht nur ge-
predigt, sondern vor allem mit Leben erfüllt werden. Der 13. August wird noch heute als alljährlicher Festtag begangen, gilt er doch
als Auftakt der »Erneuerten Brüder-Unität«.
Von 1732 bis heute zogen etwa 3500 Missionare, anfangs zumeist
Handwerker, später auch Kaufleute, Lehrer, Krankenschwestern
und Theologen – oft die ganze Familie – zu Sklaven auf den Kleinen Antillen, zu Indianerstämmen Amerikas, zu den Inuit (Eski-

Comeniushaus in Herrnhut

mos) Grönlands, Labradors und Alaskas, zu Bergbewohnern West-
Tibets im Himalaya, zu Ureinwohnern im Südhochland von Tan-
sania sowie zu vielen weiteren Völkergruppen. Die Missionare fanden sehr schnell dankbare Anhänger. Heute zählt die Brüder-Unität
ca. 620 000 Mitstreiter auf der ganzen Welt. Nur 10 % der Mitglieder der Brüdergemeine leben in Europa.

Alljährlich werden in Herrnhut die Losungstexte für jeden Tag des
Jahres gezogen. Dieses Losungsbüchlein, eine evangelische
Andachtsschrift, wird von Christen in aller Welt dankbar angenom-
men.

Sehenswürdigkeiten

Wer vom Bahnhof aus in das Stadtzentrum geht, kommt zuerst am
Völkerkundemuseum in der Goethestr. 1 vorüber. Seit 1878 werden hier Zeugnisse der Kulturen anderer Völker gesammelt, die
von der weltweiten Missionstätigkeit der Herrnhuter Brüdergemeine künden. In der Dauerausstellung sind u. a. Streiflichter aus
dem Leben, den Sitten und Bräuchen der Indianer Nord- und Süd-
amerikas, der Bewohner Surinams, der Inuit Grönlands, Labradors
und Alaskas sowie der Einwohner von Ladak (Nordwest-Indien)
zu erleben. Nach der Erweiterung des Museums werden jetzt auch
wechselnde Sonderausstellungen geboten. Geöffnet: Di–Fr von 9
bis 17, Sa und So von 9 bis 12 und 13.30 bis 17 Uhr.

Über die Löbauer Straße kommt man schnell zum **Zinzendorfplatz**.
Den Platz bestimmt die **Kirche der Brüdergemeine**. Die Herrnhuter bezeichnen ihre Kirche als großen Gemeinsaal. Errichtet im
Jahre 1756 von Siegmund August von Gersdorf, brannte das Gotteshaus am 9. Mai 1945 bis auf die Umfassungsmauern aus. Die

Rekonstruktion wurde bis 1956 abgeschlossen, weitere Sanierungsmaßnahmen fanden 1986/87 statt. Die Innenausstattung ist ganz in weiß gehalten und sehr schlicht, ohne jeglichen Luxus. Sie kündet vom Gleichheitsgedanken der Brüdergemeine, ebenso wie der Prediger das Wort des Herrn nicht von einer erhöhten Kanzel aus verkündet, sondern vor den Versammelten steht.

Auf der Westseite des Platzes (Einmündung A.-Bebel-Str.) sind als besondere Gebäude Haus Nr. 1, das Pilgerhaus (1864) – es war Wohnhaus für Missionare während eines Heimataufenthaltes oder im Ruhestand –, und das gegenüberliegende Witwenhaus (1759/ 60 und 1923) hervorzuheben.

In der Comeniusstr. 6 finden Sie das Kultur- und Fremdenverkehrsamt und das **Heimatmuseum**. In dem 1764 errichteten Barockhaus wohnten viele Jahre Gerichtsdirektor und Gemeinvorsteher. Die beiden Seitenflügel dienten dem Unterstellen der Pferdekutschen. Heute erlebt der Besucher hier die Schönheit der einstigen Herrnhuter Wohnkultur. Die **Alt-Herrnhuter Stuben** sind mit Biedermeiermöbeln, handgefertigten Tapeten, einzigartigen Sonnenrollos in leuchtenden Farben und kunstvollen Haarbildern ausgestattet. Als besondere Raritäten werden von Kunstkennern die »Herrnhuter Schränke« geschätzt, die einst von mährischen Tischlern in Herrnhut gefertigt wurden. Geöffnet: Di–Sa von 10 bis 12 und 14 bis 17, Sa und So sowie an Feiertagen von 10.30 bis 12 und 14 bis 16 Uhr. Versäumen Sie es nicht, sich auch hinter dem Gebäude umzusehen, hier warten ein Rosengarten und ein schmukkes Gartenhäuschen auf eine Stippvisite.

Östlich der Kirche erblickt man das **Comeniushaus**, auch als Herrschaftshaus ein Begriff. Als Wohn- und Arbeitsgebäude des Reichsgrafen Zinzendorf wurde es 1725 im Fachwerkstil erbaut und 1781 als Barockbau völlig verändert. Auch dieses Haus wurde 1945 ein Raub der Flammen und wurde bis 1977 wiedererrichtet. Seitdem beherbergt der Gebäudekomplex ein Förderzentrum für geistig Behinderte. Dahinter breitet sich der Herrschaftsgarten aus, angelegt von 1728–1731. Die Jubelallee (1822 eingeweiht) führt von hier zum Gedenkstein mit der Inschrift: »Am 17. Juny 1722 wurde an dieser Stelle zum Anbau von Herrnhut der erste Baum gefället«. Am östlichen Stadtrand lädt seit 1906 das Waldbad, eines der ältesten Freibäder Deutschlands, zur Abkühlung ein (10 bis 19 Uhr, montags geschlossen).

Nördlich der Stadt, unterhalb des Hutberges, breitet sich der denkmalsgeschützte **Gottesacker** aus. Er ist über die Comeniusstraße und einen von Linden gesäumten Pfad zu erreichen. Auf dem Friedhof mit etwa 6000 Gräbern liegen alle Steine zu ebener Erde, nach der Reihenfolge der gestorbenen Mitglieder der Brüdergemeine gesetzt. Auch diese Praxis symbolisiert die Gleichheit aller Mitglieder der Brüdergemeine. Bisher wurde zudem noch kein

Grabstein entfernt, so daß sich Inschriften aus vier Jahrhunderten, mit Geburtsorten aus allen Erdteilen, entziffern lassen. Alljährlich am Ostermontag findet hier eine Gedenkveranstaltung für die Verstorbenen der Gemeine statt.

Der nahe **Hutberg** ist ein beliebtes Ausflugsziel, vom hiesigen Aussichtsturm (Altan) reicht der Blick bei günstigem Wetter nicht nur zum Lausitzer Bergland, sondern weit bis nach Böhmen hinein.

Die Straße von Herrnhut nach Rennersdorf wird streckenweise von eindrucksvoll verschnittenen alten Linden gesäumt.

Die Herrnhuter Künstlergilde e.V. im Gildenhaus (A.-Bebel-Str.11) bietet neben einer ständigen Verkaufsausstellung auch Schauvorführungen traditioneller Handwerke (samstags) und verschiedene Angebote für eigenes kreatives Wirken. Geöffnet: Mo, Mi und Fr von 14 bis 17, Do von 10 bis 17 sowie Sa von 10 bis 13 Uhr.

Veranstaltungen

September: Stadtfest

 Von Herrnhut über Walddorf/Kottmarhäuser zum Kottmar (9 km, 3h)

Der Wanderweg vom Herrnhuter Stadtzentrum in südliche Richtung ist gelb markiert und folgt anfangs ein paar hundert Meter der Chaussee nach Ruppersdorf. Kurz hinter der Bahnbrücke liegt auf der linken Seite ein fast unscheinbares Fabrikgelände. Hier werden die bekannten »**Herrnhuter Sterne**« als Nachbildung des Sterns von Bethlehem gefertigt, die dann in viele Länder der Welt exportiert werden und zur Weihnachtszeit auch in vielen Teilen der Lausitz und des Erzgebirges auf Kirchtürmen, an Gebäuden und in mancher Stube festlichen Glanz verbreiten. 1994 produzierte man an die 40 000 Sterne in 30 verschiedenen Varianten. Die original Herrnhuter Sterne weisen 17 Vierzacke und 8 Dreizacke auf.

Bald schwenkt der Weg von der Straße nach rechts zu den Kottmarhäusern ab. Über sechs Kilometer verläuft die Tour nun ruhig und landschaftlich abwechslungsreich über Felder und Wiesen und durch kleine Wälder. Der Weg wird im Winter beräumt.

Die Kottmarschenke ist wohl das bekannteste Gebäude der Kottmarhäuser von Walddorf, leider für unbestimmte Zeit geschlossen. Schon seit 1732 wurden hier Gäste bewirtet.

Damals hatte der Wirt auch das Recht, herumstreunendes »liederliches Gesindel« dingfest zu machen. Dafür besaß er eine Holzbank mit Fußschellen. Gegenüber der Kottmarschenke beginnt der Turmweg, blau markiert, der ohne Umschweife vorbei an der sehenswerten hölzernen Sprungschanze (1964–1968) direkt zum Kottmar-Gipfel führt (→ Neusalza-Spremberg/Wanderung zum Kottmar).

Löbau

[i] *Fremdenverkehrsbüro Löbau, Altmarkt 1, ☎ 03585/450450*
[H] *Hotel Stadt Löbau, Elisenstr. 1, ☎ 03585/861830*
Hotel Garni Kaiserhof, Breitscheidstr. 2, ☎ 03585/862230
Pension Steffi, Herwigsdorfer Str. 27, ☎ 03585/402375
Pension Anna, Lessingstr. 5, ☎ 03585/404240
Reiterhof: Nikolaus, Ortsteil Kleindehsa, 02708 Lawalde
🚲 *Bahnhof Löbau*
Firma Werner, Lauchaer Weg 1

Lage

Die Kleinstadt (17 500 Ew.) liegt am Westfuß des Löbauer Berges in einem Talkessel, an den Bundesstraßen B 6 und B 178 sowie an den Bahnstrecken Dresden–Görlitz, und Zittau–Löbau. Die Stadt gilt als geografischer Mittelpunkt der Oberlausitz.

Geschichte

Erstmals im Jahre 1221 erwähnt, wurde die Stadt während der deutschen Ostkolonisation auf Weisung des böhmischen Königs Ottokar I. planmäßig als Handelszentrum erbaut. Davon kündet noch heute der große Marktplatz, der damals 20 % des Stadtgebietes umfaßte. Am 21. August 1346 wurde in Löbau der **Oberlausitzer Sechsstädtebund** besiegelt (→ Die Lausitz im Überblick/ Geschichte), und bis 1547 wuchsen Reichtum und Wohlstand durch Marktprivilegien, Bierbraurechte und Leineweberei. Fast 500 Jahre war die Stadt Tagungsort des Sechsstädtebundes. Doch durch Hussitenbelagerung (1431), mehrere verheerende Stadtbrände und den Pönfall* (1547) wurde die Stadtentwicklung nachhaltig gehemmt. Seit dem 17. Jh. war die Leineweberei Haupterwerbsquelle der Bewohner. Nach dem letzten großen Stadtbrand 1710 entstanden zahlreiche Repräsentationsbauten des aufstrebenden Bürgertums, die heute noch zu besichtigen sind. Im 19. Jh. wurde die Mehrzahl der Stadtbefestigungsbauten geschleift.
Zu dieser Zeit wuchs die Textilherstellung zum bestimmenden Wirtschaftszweig heran. Ab 1846 verfügte Löbau auch über Eisenbahnanschluß. Seit 1859 sind Förster-Pianos aus Löbau bekannt und begehrt.

Sehenswürdigkeiten

Auf dem **Altmarkt** dominiert das barocke **Rathaus** (1711), 1993 restauriert. Die Grundsubstanz stammt aus dem Mittelalter, früher diente es gleichzeitig als Kaufhaus. Durch den Brand von 1710 stark beschädigt, wurde das Rathaus nach einem Modell des Zittauer Bauinspektors Heinrich Prescher neu erbaut (das Modell können Sie im Stadtmuseum besichtigen). Für die Finanzierung des Neubaus sammelte man Geld in ganz Deutschland, dieses reichte nur bis 1712, später mußte man Schulden machen. Über dem Eingang erblickt man das sächsisch-polnische Doppelwappen sowie das Löbauer Stadtwappen. Den zinnenbekränzten frühgotischen Turm, Rest des Alten Rathauses, zieren Uhren. Die Zeiger der **Rathausuhr** auf der Marktseite sind auf einem Judutenkopf montiert, dessen Mund sich alle 15 Minuten öffnet und schließt. Der Judute gilt als Hüter der Gerechtigkeit in der Stadt Löbau. Darüber befindet sich eine Mondphasenkugel aus Kupferblech. Sie ist halbseitig vergoldet, was der beleuchteten Seite entspricht, und dreht sich analog dem Mond auf der Grundlage jährlicher astronomischer Messungen. 1992 wurde eine Funkhauptuhr zur Steuerung der Mondkugelbewegung und der genauen Zeigerbewegung der Turmuhr eingebaut. Dem Impuls der Braunschweiger Atomuhr folgend, wacht sie über Genauigkeit.

Unterhalb erblicken Sie eine Sonnenuhr, entworfen und berechnet vom Taubenheimer Sonnenuhrenspezialisten Martin Hölzel. Auf der Ostseite zeigt sie Vormittagszeit, auf der Südseite die Nachmittagszeit an – wenn die Sonne scheint! Wegen Innenrekonstruktion des Rathauses sind Besichtigungen nur eingeschränkt möglich.

Die Giebelhäusergruppe an der benachbarten Hopfenblüte, heute frisch restauriert, erlitt beim Stadtbrand von 1710 kaum Schaden.

Das **Stadtmuseum** in der Johannisstraße 5 ist hundert Jahre alt. Neben Expositionen zur Stadtgeschichte, Geologie, Ur- und Frühgeschichte sind hier Oberlausitzer Bauernschränke, Schuhmacherwerkstatt, sakrale Bildhauerplastiken und Waffensammlung zu sehen. Auch der »Sechsstädtepokal« wird hier präsentiert, bei Tagungen des Bundes machte er, mit drei Flaschen Wein gefüllt, die Runde im Konvent. Geöffnet: Di–Fr von 13.30 bis 17, jeden 2. Sonntag im Monat von 14 bis 17 Uhr.

Die **Nikolaikirche** (13. Jh.) wurde 1884/85 nach Plänen von Ludwig Möckel neugotisch umgebaut, dabei vernichtete man den Großteil der historisch wertvollen mittelalterlichen Substanz. Die Kirche ist im Sommer von 10 bis 12 Uhr zu besichtigen.

Am Westrand der Altstadt blieben größere Fragmente der ehemaligen Stadtmauer erhalten. Auf dem Neumarkt (ehemals Bautzener Platz) steht eine **Postmeilensäule**, die 1725 unter der Regentschaft König August des Starken aufgestellt wurde. Nach früheren Vorlagen entstanden auf dem Theaterplatz sowie dem Nikolaiplatz zwei weitere Postmeilensäulen in alter Schönheit.

Auf dem Alten Friedhof südlich des Altstadtzentrums überdauerten sehenswerte Grabmäler die Stürme der Zeit, u. a. die barocke Luckesche Gruft (1731). Man findet auch Soldatengräber aus der Zeit der Napoleonischen Befreiungskriege (1813).

In der Kirschallee steht die Villa des Nudelfabrikanten Schminke, bekannt als **»Schminke Villa«**. Bauhausarchitekt Prof. Hans Scharoun schuf hier 1933 eine Hausform, die an Schiffsaufbauten erinnert. Besichtigung ist nach Absprache möglich (Herr Krieg, ☎ 03585/862133).

In Löbau ist seit 1859 das heute weltbekannte Flügel- und Pianobauunternehmen August Förster GmbH beheimatet (Führungen werden vom Fremdenverkehrsbüro organisiert, → [i]).

Werners Gartenbahn, eine Feldbahndampflokomotive Krauss 7790, Baujahr 1924, wird nur zu Sonderfahrten in Betrieb genommen, Besichtigungen sind Sa und So von 10 bis 17 Uhr möglich. Das Terrain befindet sich an der Kreuzung B 6/Lauchaer Weg.

Veranstaltungen
August: Badfest im Hermannbad
September: Stadt- und Turmfest

 Auf den Löbauer Berg zum gußeisernen Aussichtsturm
(vom Stadtzentrum ca. 2 km, 0,45 h)

Der Löbauer Berg enstand durch Vulkantätigkeit im Tertiär und stellt das größte quellkuppenartige Basaltvorkommen der Lausitz dar, etwa 100 m mächtig. Darunter liegt ein Granodioritsockel. Der Löbauer Berg ist durch einen Sattel mit dem Schafberg (449 m) verbunden. Hier stehen zwei Türme der Telekom. Kulturgeschichtlich bedeutend ist der hiesige 5 ha umfassende »Schlackenwall« als Rest einer bronzezeitlichen Befestigungsanlage.

Für den Auf- und Abstieg stehen mehrere markierte Routen zur Auswahl. Der bequemste Weg auf den Löbauer Berg führt anfangs durch den Friedenshain. Auf einer schmalen Lindenallee, vorbei an einem Basalt-Obelisken zum Gedenken an den Deutsch-Französischen Krieg 1870/71, gelangt man zum einstigen Versorgungsweg des Ausflugslokals Honigbrunnen (z. Z. geschlossen). Vom ebenfalls verwaisten ehemaligen Bergzoo führt der Weg direkt auf den 447 m hohen Gipfel.

Man kann aber auch mit dem Auto bis zur Schranke an der Versorgungsstraße am Südfuß des Löbauer Berges fahren (Parkplatz) und von hier aus mit dem Aufstieg beginnen. Die Route führt im letzten Abschnitt über den idyllischen Prinzensteig und die Prinzentreppen.

Der Löbauer Turm, Europas einziger gußeiserner Aussichtsturm, stammt aus dem Jahre 1854. Auftraggeber des ungewöhnlichen Bauwerkes war der Löbauer Bäckermeister Friedrich August Bretschneider (er verschuldete sich, mußte mehrere Häuser verkaufen und hat sich finanziell nie erholt). Das siebzig Tonnen schwere Bauwerk besteht aus 1000 Einzelteilen und wurde im Eisenwerk Bernsdorf in nur 10 Wochen gefertigt. 1993 gab die Stadtverwal-

Gußeiserner Löbauer Turm

tung Löbau eine vollständige Rekonstruktion in Auftrag, um den
Turm der Öffentlichkeit zur 140-Jahr-Feier am 9. September 1994
wieder in alter neuer Schönheit zugänglich zu machen.
»Je weiter der Blick, desto freier das Herz« war die Losung zur fei-
erlichen Einweihung 1844. Über die Wendeltreppe führen 120 Stufen auf die dritte Plattform. Die Fernsicht ist überwältigend, die
Aussicht reicht weit ins sächsisch-schlesische Land, die Grenzgipfel
Hochwald und Lausche sind deutlich zu sehen, ebenso die Berg-
züge Czorneboh und Bieleboh, die Königshainer Berge und natürlich die Landeskrone bei Görlitz. Vom 28 Meter hohen Turm
blicken wir auch auf das Löbauer Stadtgebiet mit mehreren markanten Türmen.
Turm und Gaststätte sind geöffnet: Mai bis September von 9 bis
19, Oktober bis April von 10 bis 16 Uhr.
Für den Abstieg ins Löbauer Stadtgebiet ist eine halbe Wegstunde
zu veranschlagen.

 Von Löbau auf den Czorneboh
Fahren Sie mit der Bahn in Richtung Cunewalde bis zum Bahnhaltepunkt Halbau am Hochstein, → Cunewalde.

Sohland am Rotstein

 Pension Rotsteinblick, Dorfstr. 86, 02894 Sohland,
   ☎ *035828/70484*

Sohland, direkt an der B 6 gelegen, ist ein günstiger Ausgangsort
für Wanderungen auf den Rotstein. In Obersohland entspringt der
Schwarze Schöps. Holländer- und Bockwindmühle sowie das
Schloß in Niedersohland sollen rekonstruiert werden.

 **Von Zoblitz bei Sohland auf den Rotstein und weiter über
den Löbauer Berg nach Löbau** (ca.16 km, 4-5 h)
Ausgangspunkt der Wanderung in eines der ältesten sächsischen
Naturschutzgebiete ist Zoblitz, auch mit der Bahn aus Richtung
Dresden oder Görlitz schnell erreichbar.
Von der kleinen Bahnstation läuft man inmitten einer Apfelbaum-
allee direkt an den nördlichen Fuß des Rotsteins. Ohne Umwege
führt der grün markierte Weg schnurstracks auf das Bergmassiv.
Auch wenn ein frischer Wind über die Baumwipfel pfeift, hier
kommt man wohl zu jeder Jahreszeit ins Schwitzen! Im Unterschied
zu den benachbarten geradlinig ausgestreckten Höhenzügen des
Lausitzer Berglandes weist der dreigipfelige **Rotstein** eine Hufeisen-
form auf. Der Grundstock besteht aus Lausitzer Granit, überzo-
gen von einer ca. 30 m mächtigen Basaltdecke. Diese unterschiedlichen geologischen Verhältnisse bilden eine der Voraussetzun-

gen dafür, daß der Rotstein zu den artenreichsten Naturschutzge-
bieten Sachsens gehört. Über 500 verschiedene Pflanzen haben
Botaniker hier registriert. Uns fallen insbesondere die seltenen
Bäume auf. Weißtannen gehören dazu, genau wie die etwa 100
Eiben, der Baum des Jahres 1994. Letzterer kann unter günstigen
Standortbedingungen über 1000 Jahre alt werden, wächst aber
extrem langsam. Nadeln und Beeren sind für den Menschen gif-
tig, und so wurden natürliche Eibenbestände in den vergangenen
Jahrhunderten in Mitteleuropa nahezu vollständig abgeholzt.
Schon vor dem 1. Weltkrieg erregte der Rotstein das Interesse der
Natur- und Heimatfreunde, ebenso der Behörden. Um die einma-
lige Flora und Fauna künftigen Generationen zu erhalten, wurde
der Berg schon 1912 unter Schutz gestellt.
Das Bergrestaurant und -hotel (☎ 035828/70777) ist täglich außer
montags geöffnet.
Vier Wanderwege kreuzen sich hier oben: Der Fernwanderweg
Görlitz–Greiz mit einer Länge von 340 km (rot), der regionale Wanderweg Zoblitz–Rotstein–Herrnhut (grün), der Oberlausitzer Ring-
weg (roter Punkt) und ein Naturlehrpfad rund um den Rotstein.
Wir entscheiden uns für den Abstieg nach Bischdorf und folgen
ein gutes Stück dem grünen Markierungsbalken. Der langgestreckte Südfuß des Rotsteins wird landwirtschaftlich genutzt und ermöglicht so eine weite Aussicht auf den dunklen Wall des Isergebirges und zum Jeschken im Böhmischen und zu den Bergen im
Zittauer Gebirge. Direkt gegenüber sehen wir nun ständig unser
Ziel, den Löbauer Berg. Aber bis wir mit dem Aufstieg beginnen,
liegen noch knapp 10 km Wegstrecke durch Bischdorf und
Herwigsdorf, über Wiesen, Felder und Straßen, vor uns - einge-
schlossen die Begegnung mit Pferden und Schafen, Katzen und
Hühnern, wovon Kinder aus der Großstadt besonders angetan sein
werden. Für Wanderer, die es eiliger haben, besteht vom Westfuß
des Rotsteins auch eine direkte Wegverbindung zum Löbauer Berg
über Niederbischdorf.

Reichenbach

H *Ringhotel Reichenbacher Hof, Oberreichenbach 8a,*
☎ 035828/750

Die erste urkundliche Erwähnung des Städtchens stammt aus dem
Jahre 1238. Brände und Kriege sowie die unmittelbare Nachbarschaft zu den Städten Görlitz und Löbau verhinderten den wirtschaftlichen Aufschwung. Von der historischen Bausubstanz blieben die als Wehrkirche errichtete Pfarrkirche St. Johannis (15. Jh.)
und die Kapelle St. Anna erhalten. Kaiser Napoleon wohnte in den
Jahren 1812 und 1813 einige Tage in der barocken Adler-Apotheke

am Marktplatz. Im Mai 1813 war die Umgebung von Reichenbach und Markersdorf Schauplatz eines Gemetzels zwischen napoleonischen und russischen Verbänden, bei dem auch zwei berühmte französische Generäle fielen (Duroc und Kirchner). Am Töpferstein befindet sich ein Denkmal.

Markersdorf

H *Landhotel Markersdorf, Dorfstr. 147, ☎ 035829/314*
Motel Schlesierland, An der Kanone, ☎ 035828/76500
Pension Sonnenhügel, Dorfstr. 88, ☎ 035829/205

In Markersdorf, etwa 8 km vor den westlichen Toren der Stadt Görlitz an der B 6 gelegen, wurde 1992 das **Schlesisch-Oberlausitzer Dorfmuseum** eröffnet.

Wer ohne Auto nach Görlitz gekommen ist, benutzt den Bus der Linie 130 Richtung Reichenbach. Man steigt an der Brauerei in Markersdorf aus, von hier sind es nur wenige Schritte bis zum Museum.

Der Gebäudekomplex, ein vor 250 Jahren errichteter Vierseithof, ermöglicht einen Einblick in das bäuerliche Leben nach der Jahrhundertwende. Die Ausstattung von Wohnhaus, Scheune, Stall und Brunnenhaus gelang perfekt und erweckt den Eindruck, der Hof sei noch immer bewohnt. Geöffnet: Mai bis Oktober Do–Fr von 13 bis 17 Uhr, November bis April nur bis 16 Uhr, Sa und So von 10 bis 17 Uhr. Vorbestellungen und Führungen sind unter ☎ 035829/329 anzumelden.

Königshain

H *Hotel Zum Firstenstein, Dorfstr. 222, 02829 Königshain,*
☎ 035826/285

Archäologische Untersuchungen förderten Funde ans Tageslicht, die auf eine Besiedlung des Ortes schon zur Bronzezeit hindeuten. 1326 erstmalig erwähnt, geht der Ortsname auf den Waldbesitz des damaligen Herrschers, des böhmischen Königs, zurück. Im langgestreckten Straßendorf sind mehrere interessante Kulturzeugnisse zu entdecken.

Der »**Steinstock**« ist das älteste Gebäude im Raum Görlitz, die Grundmauern sind fast 1000 Jahre alt.

Das betagte Gebäude wurde um 1500 im Frührenaissancestil neu errichtet und ist etwa in der Dorfmitte auf der nördlichen Straßenseite zu entdecken.

Von Königshain auf den Hochstein (1,5 km, 30 min)

In der Nähe des längst verwaisten Bahnhofsgebäudes (Busverkehr nach Görlitz) und eines benachbarten Parkplatzes nehmen zwei markierte Wege ihren Lauf. Bequem wandert man auf einer schmalen Asphaltstraße in etwa einer halben Stunde auf den Hochstein (grüne Balkenmarkierung). Die rot gekennzeichnete Route ist etwas kürzer (1,3 km), aber dafür auch anstrengender. Man sollte sie für den Rückweg nutzen. Selbst bei sommerlichen Hitzegraden bleibt der Aufstieg unter schattenspendenden Buchen angenehm. Die Hochsteinbaude fristet gegenwärtig ein trostloses Dasein, die Türen sind verschlossen. Für Imbiß und Getränke sorgt ein improvisierter Verkaufsstand, an Wochenenden und Feiertagen ab 10 Uhr geöffnet.

Die Ausflügler kommen besonders an Tagen mit guter Sicht auf den Hochstein, um den prächtigen Panoramablick vom stählernen **Aussichtsturm** zu genießen. Iser- und Riesengebirge liegen zum Greifen nahe, obwohl doch 50 bis 70 km entfernt. Dem Gebirgswall der Sudeten liegt aus unserer Perspektive Görlitz mit der Landeskrone zu Füßen. Am Hochstein ist eine Gedenkplatte angebracht: »Hier stand im Juni 1844 der Koenig von Preußen Friedrich Wilhelm IV., der Freund und Beschützer Vaterländischer Naturschönheit«.

Vom Hochstein kann man weiter zum **Totenstein** (373 m) gelangen, vor etwa 10 000 Jahren Kult- und Opferstätte. Das bizarre Felsgebilde wurde auf Wunsch des preußischen Königs Friedrich Wilhelm IV. 1844 unter Naturschutz gestellt.

Die gute Spaltbarkeit des hiesigen Granits, seine Härte sowie die enorme Beständigkeit in Form und Farbe waren der Grund für den regen Abbau seit dem 16. Jh. Das begehrte Lausitzer Exportgut wurde auch als Baumaterial für den Leuchtturm auf Kap Arkona und für die Ufersicherung auf Helgoland verwendet. Der Abbau wurde 1975 eingestellt. Ein **Steinbruchlehrpfad** führt geologisch Interessierte durch das einstige Abbaugebiet.

Um auch künftigen Generationen dieses landschaftliche Kleinod in voller Schönheit zu erhalten, soll hier die künftige Autobahn A 4 (Dresden–Görlitz) etwa 3 km zweiröhrig untertunnelt werden.

Görlitz

[i] *Euro-Tour-Zentrum, Obermarkt 29,* ☎ *03581/406999*
[H] *Auswahl:*
Hotel Sorat, Struvestr. 1, ☎ *03581/406577*
Hotel Hansa, Berliner Str. 33, ☎ *03581/406304*
Hotel Zum Grafen Zeppelin, Jauernicker Str. 15,
☎ *03581/405212*
Hotel Silesia, Biesnitzer Str. 11, ☎ *03581/48100*

Hotel Prinz Friedrich Karl, Postplatz 9, ☎ 03581/403361
Burghotel Landeskrone, Fahrstr. 1, ☎ 03581/74320
Pension Schellergrund, M.-Opitz-Str. 2, ☎ 03581/401687
Gasthaus Destille, Nikolaistr.6, ☎ 03581/405302

 Jugendherberge Görlitz, Goethestr. 17, ☎ 03581/406510
Europera-Musiktheater, Demianiplatz 2
Stadthalle Görlitz, Am Stadtpark 1

Lage

Görlitz liegt an der Neiße an der deutsch-polnischen Grenze (Straßen- und Bahnübergang).

Unweit vom nördlichen Stadtgebiet wird die Trasse der im Bau befindlichen A 4 Dresden–Bautzen–Görlitz verlaufen. B 115, B 6 sowie B 99 führen nach Görlitz.

Bahnanschluß besteht in Richtung Dresden über Bautzen, nach Berlin über Cottbus, nach Zittau und nach Wrocław (Breslau) in Polen.

Geschichte

Im Jahr 1071 wurde das sorbische Dorf Gorelic erstmals erwähnt. Deutsche Kolonisten gründeten 1220 eine Siedlung an der Kreuzung zweier wichtiger Handelsstraßen. Das Stadtrecht bekam Görlitz 1303 verliehen. Die Städte Görlitz, Bautzen, Zittau, Lauban, Löbau und Kamenz schlossen 1346 den **Oberlausitzer Sechsstädtebund** (→ Die Lausitz im Überblick/Geschichte). 1329 erhielten die Görlitzer Hersteller und Händler das Zollfreiheitsvorrecht im gesamten böhmischen Herrschaftsbereich als erstes ihrer vielen zukunftswirksamen Privilegien. Der Reichtum der Stadt im 15. und 16. Jh. beruhte auf dem Tuchgewerbe. Der Dreißigjährige Krieg hinterließ Leid und Zerstörungen. Mit dem Wiener Kongreß 1815 kam das sächsische Görlitz zum Königreich Preußen und wurde Bestandteil der Provinz Niederschlesien.

Die Stadt entwickelte sich mit der Fertigstellung der Berlin-Görlitzer Eisenbahn im Jahre 1867 zu einem bedeutenden Eisenbahnknotenpunkt. Waggon- und Maschinenbau wuchsen zum wichtigsten Industriezweig heran.

Görlitz blieb im April 1945 vor der Zerstörung bewahrt. Doch die 40 Jahre während DDR-Mangelwirtschaft konnte den beginnenden Verfall der historischen Altstadt nur unwesentlich bremsen. Große Anstrengungen werden künftig erforderlich sein, um das historisch gewachsene Stadtbild künftigen Generationen zu erhalten. Dazu zählen rund 3500 denkmalgeschützte Gebäude und das große Gründerzeit-Wohnviertel (u. a. an der Brautwiesenstraße). Görlitz fand 1991 Aufnahme in das Bundessonderprogramm Modellstädte, und auch die UNO hilft mit einem Förderprojekt. Die Restaurationsarbeiten sind z. Z. voll im Gange, des-

Kaisertrutz und Blumenuhr in Görlitz

halb werden Sie bei einem Bummel durch die Altstadt einige der nachfolgend beschriebenen Baudenkmäler noch eingerüstet vorfinden.

Sehenswürdigkeiten

Görlitz besitzt viele Türme. Die Altstadt liegt nicht, wie man es bei den meisten Städten kennt, im Zentrum, sondern am nordöstlichen Rand. So ist der Ortsunkundige vielleicht etwas enttäuscht, wenn er vom Bahnhof kommend die Berliner Straße hinunterläuft. Am Postplatz steht die spätgotische **Frauenkirche** (15. Jh.), geöffnet: Mai bis September täglich von 14 bis 16.30 Uhr.
Gleich daneben blieb ein interessantes **Großkaufhaus** erhalten (früher Strauß, heute Karstadt). In den Jahren 1912/13 erbaut, ist es heute das einzige Deutschlands im Jugendstil. Im Inneren ist der prächtige Lichthof eine Augenweide. Außen fallen die Arkaden auf.
Am **Demianiplatz** sind das Theater (1850 erbaut und 1927 umgestaltet), das einstige Befestigungsrondell **Kaisertrutz** (1490) und der **Reichenbacher Turm** (geöffnet Mai bis Oktober außer Mo) wichtige Sehenswürdigkeiten. Der Kaisertrutz beherbergt die Städtischen Kunstsammlungen (Geöffnet: Di–Mi von 10 bis 13 und 14 bis 18 Uhr, Do–So von 10 bis 13 und 14 bis 16 Uhr, Mo und in den Monaten November bis April geschlossen).
Wenn Sie vom Demianiplatz zum **Marienplatz** gehen, kommen Sie zum **Museum für Naturkunde** (Tropischer Regenwald, Gesteinssammlung, Ausstellung zu Fauna und Flora der Oberlausitz sowie wechselnde Sonderausstellungen) Geöffnet: Di–Fr von 9 bis 17 Uhr und So von 10 bis 18 Uhr. Auf dem Platz dominiert der **Dicke Turm** (13. Jh.) mit dem Monumentalrelief des Stadtwappens, das schon 1477 gefertigt wurde, aber den Turm erst seit 1852 schmückt.
Nördlich des »Dicken«, in der Steinstraße, können Sie in der **Annenkapelle** (1512 vollendet) meisterhafte Heiligenfiguren betrachten (geöffnet von 10 bis 12 und 14 bis 18 Uhr). Das einstige Gotteshaus ist seit 1865 in städtischem Besitz.
Die Steinstraße mündet auf den **Obermarkt**. Die Nordseite wird von Bürgerhäusern im Stil des Hochbarocks gesäumt. Die prächtigste Fassade schmückt das Haus Nr. 29 aus dem Jahre 1719. Gäste des Hauses waren u. a. König August der Starke, Zar Alexander I. und Kaiser Napoleon. Jetzt beherbergt das Gebäude das Euro-Tour-Zentrum, in dem Touristen ein umfangreiches Programm- und Informationsangebot erwartet.
Auf der Ostseite sehen Sie die **Dreifaltigkeitskirche** (14. Jh.) mit einem malerischen Kreuzgang und der **Barbarakapelle**. Vom Kircheninventar gilt die »Goldene Maria«, ein Altarschrein (um 1500), als besonders wertvoll. Geöffnet von Mai bis Oktober. In der nördlich vom Markt einmündenden Verrätergasse (Haus Nr. 25 mit Tor)

lebte Peter Liebig, einer der Rädelsführer des geplanten Aufstandes von 1527. Die Stadtwache konnte die Unruhen rechtzeitig unterbinden, weil die Kirchuhr sieben Minuten vorging, dabei ist es bis heute geblieben ...

Vom Obermarkt gelangt man durch die Brüderstraße zum Untermarkt. Am Ende dieser Straße, gegenüber vom Rathaus, steht das erste in Deutschland erbaute Bürgerhaus im Renaissancestil, der **Schönhof** (Nr. 8) aus dem Jahre 1526. Gegenwärtig noch eine Baustelle, wird hier nach Fertigstellung das **Landesmuseum Schlesien** einziehen, das z. Z. noch in Hildesheim wirkt. Schon jetzt finden Sonderausstellungen statt (Di–So von 10 bis 17 Uhr). Am **Rathaus** gefallen insbesondere die reizvoll geschwungene **Rathaustreppe mit Verkündkanzel**, 1537/38 von Wendel Roskopf d. Ä. geschaffen, und das Standbild der Justitia (1591). Rechts über der Treppe erinnert ein Wappen an den König von Böhmen und Ungarn Matthias Corvinus. Die kunstvollen **Rathausuhren** stammen aus dem Jahr 1524. Die untere wurde 1584 von Bartholomäus Scultetus, Mathematiker, Kartograph, Historiker, Bürgermeister und Humanist in einer Person, mit zwölfstelligem Ziffernblatt versehen. Damit wurden die Zwölfteilung des Ziffernblattes (vorher 24) und der Gregorianische Kalender in der Lausitz eingeführt. Der steinerne Löwe im Spitzbogenfenster des Rathausturmes brüllt mittels mechanischem Pfeifenwerk zu Mittag und zu Mitternacht.

Der **Untermarkt** gehört zu den großartigen Meisterleistungen deutscher Städtebaukunst. Prächtige Renaissancebauten bestimmen hier das Bild. Vielfach ist die Anlage des mittelalterlichen Görlitzer Kaufmannshauses mit einer aus der Tuchindustrie des Ortes entwickelten Bauform erkennbar. Hervorzuheben sind die malerischen spätgotischen Laubengänge. Der **»Flüsterbogen«** (Nr. 22) ist eine Attraktion, die Hohlkehle im Eingangsportal überträgt leiseste Töne – viele Touristen probieren es selbst aus. In der Neißstraße, der Fortsetzung der Brüderstraße, stehen u. a. die Häuser Nr. 29 (**Biblisches Haus**, 1570) mit Reliefs aus dem Alten und Neuen Testament sowie Nr. 30 (1727–1729), das wunderschöne **Barockhaus**, welches jetzt Teile der Städtischen Kunstsammlungen aufbewahrt (Kunsthandwerk vom 16. bis 19. Jh., Glassammlungen, grafisches Kabinett). Es wird auch eine ständige Ausstellung über Leben und Wirken von **Jakob Böhme** (1575–1624) gezeigt. Der gelernte Schuhmacher betitelte sich selbst gern als »philosophus teutonicus«, er gilt heute als einer der Wegbereiter der klassischen deutschen Philosophie (geöffnet: Di–So von 10 bis 17 Uhr). Die Oberlausitzer Bibliothek der Wissenschaften kann man Di und Mi von 10 bis 13 und 14 bis 18 Uhr, am Do von 10 bis 13 und 14 bis 17 Uhr besuchen.

Am Untermarkt mündet die Peterstraße ein, hier ist das Eckgebäude mit einer hübschen Sonnenuhr, welches früher die **Ratsapotheke**

(1550) beherbergte, hervorzuheben. Die Peterstraße wird von schönen Renaissancebauten gesäumt. Auf einem felsigen Hügel über der Neiße thront die **St. Peter- und Pauls-Kirche** (geöffnet von Mai bis Oktober Di–Fr 10 bis 12 und 14 bis 17 Uhr oder nach Voranmeldung ☎ 03581/406847). Das Gotteshaus gilt wegen seiner Größe und Raumwirkung als einer der bedeutendsten spätgotischen Sakralbauten in Ostdeutschland. Die Kirche wurde im 13. Jh. auf spätromanischen Grundmauern erbaut und im 15. Jh. ergänzt und verändert. Erst 1890 setzte man die neugotischen Türme auf. Das Kircheninnere öffnet den Blick auf fünf Schiffe und 24 schlanke Pfeiler. Bis zum Brand im Jahre 1691 gab es 30 Altäre, die Flammen vernichteten die sakralen Schätze. Einzig das Renaissance-Gitter der Taufkapelle (1617) überstand die Katastrophe. Die Neuausstattung ist barock geprägt. Die goldgeschmückte Sandsteinkanzel (1693) sowie der marmorierte Altar (1695) sind hervorzuheben. Von der einst berühmten Sonnenorgel des Eugenio Casparini blieb nur der Prospekt erhalten. Unter dem Chor liegt eine prächtige **Hallenkrypta** (1457). Ab 1978 wurde der Sakralbau restauriert und am 24. 5. 1992 mit einem Festgottesdienst wieder zugänglich.

Von der St. Peter- und Pauls-Kirche führt ein Kreuzweg mit 14 Stationen über Nikolai-, Lunitz- und Heilige-Grab-Straße zum Heiligen Grab. Sie kommen an den **Nikolaiturm** (1305). Hier lädt die traditionsreiche Gaststätte Destille (Nikolaistraße 6) zur Rast ein. Vorbei an der Nikolaikirche (1452–1520) mit dem Friedhof, auf dem Grabdenkmäler im barocken und klassizistischen Stil stehen, gelangen Sie durch den Steinweg zum **Heiligen Grab**. Der Eingang befindet sich etwas unscheinbar gegenüber der Straßenbahnhaltestelle »Schanze«. Die hiesige Anlage ist die wertvollste unter den 15 in Deutschland existierenden Nachbildungen des Heiligen Grabes in Jerusalem und gilt als ältester symbolischer Landschaftsgarten der europäischen Kulturgeschichte. Ihre Entstehung verdanken wir einem handfesten Streit zwischen den Familien Emmerich und Porschel im 15. Jh. Die Auseinandersetzungen verschärften sich, als Porschels Tochter Benigna ein Kind von Georg Emmerich erwartete, er aber die Heirat verweigerte. Als gläubiger Katholik und Bürgermeisterkandidat pilgerte der Sünder Emmerich 1465 zu den heiligen Stätten Jerusalems und stiftete nach seiner glücklichen Heimkehr die sakrale Anlage. Der Komplex umfaßt Kreuzigungskapelle, Salbhaus (mit einer aus Sandstein gefertigten Darstellung »Die Beweinung Christi«), Grabkapelle sowie eine dahinterliegende Parkanlage. Das Heilige Grab in Jerusalem wurde 1808 durch einen Brand schwer in Mitleidenschaft gezogen. Der Wiederaufbau wurde vom Zeitgeschmack beeinflußt. Der Görlitzer Kopiebau ist somit 300 Jahre älter als das erneuerte Jerusalemer Original. Besichtigung ist täglich von 12 bis 14 Uhr außer montags möglich, Anmeldungen unter ☎ 03581/406681 oder 24898. Am Ostersamstag findet alljährlich eine Prozession von der St. Peter- und Pauls-Kirche zum Heiligen Grab statt.

Die Ochsenbastei ist ein erhaltener Rest der ehemaligen Stadtbefestigung und über Neiß- und Kränzelstraße zu erreichen. 1962/1963 wurden hier gärtnerische Anlagen geschaffen (u. a. Barockbeete). Den benachbarten **Stadtpark** gestaltete Peter Josef Lenné, neben der Stadthalle stellte man 1961 einen **Meridianstein** zur Kennzeichnung des 15. Längengrades auf, der durch Görlitz verläuft.

Die 1910 nach Plänen des Berliner Architekten Bernhard Sehring (→ Cottbus/Jugendstiltheater) errichtete Stadthalle mit 2700 Sitzplätzen besitzt mit der Sauer-Orgel ein wertvolles Orgelwerk. Heute erklingen hier wieder Konzerte.

Zurück zum Bahnhof kann man durch die Dr.-Kahlbaum-Allee gehen. Hier lohnt ein kurzer Abstecher auf dem Inselweg zur Obermühle am Neißeufer. Ganz in der Nähe erblicken Sie den imposanten **Neißeviadukt** (1844–1847). Die Eisenbahnbrücke ist 435 m lang und gehört zu den ersten ihrer Art in Deutschland. Von deutschen Wehrmachtsverbänden im Mai 1945 gesprengt, erfolgte der Wiederaufbau in den Nachkriegsjahren durch polnische Fachleute.

Auf dem Inselweg gelangt man auch zur **Parkbahn**. Auf der 700-Meter-Rundstrecke verkehrt eine Nachbildung der ersten deutschen Eisenbahn, die 1835 auf der Strecke Nürnberg–Fürth fuhr (Betriebszeiten von April bis Oktober, Infos über ☎ 03581/406357). In Nachbarschaft, in der Zittauer Str. 43, befindet sich der Görlitzer Tierpark. Jüngste Attraktion ist ein Alpen-Gehege, bestehend aus Felsblöcken, Wasserfall und Gebirgsbach, in dem sich Alpensteinböcke, Murmeltiere und Gänsegeier wohlfühlen. Geöffnet von April bis September von 8 bis 18 Uhr und Oktober bis März von 9 bis 16 Uhr.

👣 Wanderung zur Landeskrone

(von der Straßenbahnhaltestelle Biesnitz ca. 30 min)

Die vielen einzigartigen Baudenkmäler in der Neißestadt werden von der 420 Meter hohen Landeskrone überragt. Der Görlitzer Hausberg verdankt seine Entstehung dem vor ca. 30 Millionen Jahren aktiven Vulkanismus in der Lausitz. Der Berg besteht bis zur Mitte aus Granit, die eigentliche „Krone" ist aus Basalt. Letzterer besitzt einen hohen Eisendioxidgehalt, weshalb er für Bauzwecke nicht zu verwenden war und deshalb vom Abbau verschont blieb. Eine weitere Besonderheit: Kompaßnadeln spielen an verschiedenen Gipfelbereichen »verrückt«.

Seit der Besiedlung besaß der Berg eine wichtige, anfangs zumeist militärstrategische Bedeutung. In der frühen Eisenzeit flüchteten

Landeskrone

die Bewohner umliegender Siedlungen bei drohenden Raubzügen auf den Berggipfel. Ein Ringwall und die urwaldartige Bewaldung boten einen guten Schutz.

Die slawische Befestigungsanlage Businec und spätere deutsche Burganlage wurde mehrmals ausgebaut und erweitert (9.–13. Jh.), aber im Jahre 1440 aus Furcht vor umherziehendem Gesindel und der eventuellen Etablierung eines »Raubnestes« auf Beschluß des Sechsstädtebundes geschleift.

Trotzdem behielt das Gipfelareal bis zur Mitte des 19. Jh. eine gewichtige militärische Bedeutung als Artilleriestellung und wurde regelmäßig abgeholzt. In Friedenszeiten nutzte man die Wiesen als Schafweide.

Zaghafte Bemühungen zur touristischen Nutzung der Landeskrone waren bereits 1796 erkennbar, als Heimatfreunde den noch heute erhaltenen massiven Aussichtsturm erbauten. Im Jahre 1844 errichtete man das erste Berggasthaus.

Vom Stadtzentrum gelangen Sie mit der Straßenbahnlinie Nr. 2 (Endhaltestelle Biesnitz) an den Fuß der Landeskrone.

Viele Wege führen den Wanderer unserer Tage auf den Berg. Die bequemste Route verläuft auf der schmalen Fahrstraße. Wer nicht laufen kann oder will, dem steht auch der halbstündlich verkehrende Pendelbus zur Verfügung, der an der Straßenbahnendhaltestelle abfährt.

Botanisch, geologisch oder archäologisch interessierte Besucher werden auf dem Naturlehrpfad nach oben streben. Aber am eindrucksvollsten bleibt wohl der Aufstieg bis zur »Gürtellinie« auf halber Höhe über 107 Stufen, gesäumt von prächtigen Linden –

angepflanzt 1844. Erst 39 Jahre später begann man mit der Auffor-
stung des gesamten Berges. Nach Einmündung auf die Fahrstraße
werden die dunklen Basaltsäulen, oft bis 1 Meter stark, sichtbar.
Unter schattigen Bäumen stehen phantasievolle hölzerne Sitzgrup-
pen und Bänke, von jung und alt gleichermaßen genutzt. In der
Vegetationszeit bemerkt der aufmerksame Naturfreund eine Vielzahl seltener Pflanzen, das 55 ha große Gebiet steht seit 1953 unter besonderem Schutz.

Auf dem Gipfel erstrahlt der einladende Komplex von Berggasthof und Burghotel in gelbem Pastellton. Unter alten Laubbäumen
sitzt man auf der Terrasse des Hauses recht gemütlich und kann
das ständige Kommen und Gehen gut beobachten. In den Keller-
gewölben des Burghotels finden ab 19 Uhr Tafelrunden in mittel-
alterlichem Ambiente statt.

Vom Aussichtsturm bietet sich ein Blick auf das Görlitzer Stadtgebiet, die Königshainer Berge, das Lausitzer Bergland und das Zittauer Gebirge. Bei guter Fernsicht sind Iser- und Riesengebirge
und auch der höchste Gipfel der Sudeten, die kegelförmige Schneekoppe, deutlich erkennbar.

Ostritz

[i] *Tourist-Information, Von-Schmitt-Str.,* ☎ *035823/86970*
[H] *Hotel Neißeblick, A.-Bebel-Str. 270,* ☎ *035823/86556*
Frühstückspension Klose, Julius-Rolle-Str. 2,
☎ *035823/86365*

Südlich von Ostritz, direkt an der Lausitzer Neiße gelegen und ca.
20 km von Görlitz entfernt, befindet sich die **Zisterzienserabtei
Klosterstift St. Marienthal**, gegründet im Jahre 1234 als Sühne-
stiftung von Königin Kunigunde, Tochter des 1208 ermordeten
Königs Philipp IV. von Schwaben. Drei Jahre später anerkannt,
wurde die Abtei in den Zisterzienserorden aufgenommen.

Der Legende nach soll an dieser Stelle der Neiße einem Mädchen
das Marienbild vor Augen erschienen sein, daher der Name St.
Marienthal. Die Abtei wurde 1258 dem böhmischen Ordensgebiet
angeschlossen. Nach zahlreichen Zerstörungen gestaltete man den
gesamten Komplex von 1638 bis 1744 im Stil des böhmischen Barock um, dessen prächtige Ausstrahlung auch heute beeindruckt.
In der Michaeliskapelle befinden sich überdimensionale Wand-
gemälde. Unter der Kapelle liegt eine Gruft verborgen, in der die
sterblichen Überreste der Sängerin Henriette Sontag ruhen, eine
der vielen Geliebten von Hermann Fürst von Pückler-Muskau, der
ihr bei Cottbus (➜ Branitz) ein Denkmal setzte.

Westlich des Klosters befindet sich seit 1945 der östlichste Weinberg Deutschlands.

Gegenwärtig sind noch 18 Ordensschwestern im Konvent tätig. Auch für sie brachte die Wende zunächst Probleme mit sich, denn nach dem Ende der Kirchlichen Land- und Forstgemeinschaft verwaisten Ställe und Wirtschaftsgebäude. Nun setzt man auf die Errichtung eines Begegnungszentrums, denn das Kloster St. Marienthal bietet denkbar günstige Voraussetzungen dafür. Besuchern gegenüber ist man immer aufgeschlossen, eine Reihe öffentlicher Veranstaltungen findet statt, so die beliebten Klosterkonzerte.

Im Café »Gesindestube« findet man ein Plätzchen zum Verweilen. Täglich von 10 bis 18 Uhr geöffnet, wird auch Kuchen aus der hauseigenen Bäckerei geboten. Im Klosterladen bekommt man ein kleines Andenken an den Besuch oder auch Informationen zur Geschichte.

Am Ostersonntag können Sie auf dem Weg von Ostritz zum Klosterstift das **Osterreiten** miterleben (→ Wittichenau).

Von Hirschfelde durch den Klosterwald zum Klosterstift St. Marienthal und weiter nach Ostritz (11 km, 3 h)

Fährt man mit der Regionalbahn von Görlitz in Richtung Zittau, dann schlängelt sich der Zug zwischen Ostritz und Hirschfelde durch das liebliche Neißetal, wobei der Fluß mehrmals überquert wird.

Wir steigen in Hirschfelde aus und wollen dem 9 km langen Talweg, mit rotem Punkt markiert, bis hin zum Klosterstift St. Marienthal folgen.

Das inzwischen stillgelegte Kraftwerk Hirschfelde, 1911 in Betrieb genommen und damit ältestes Braunkohlekraftwerk Deutschlands, wird gegenwärtig zum Technischen Museum umgestaltet. Teilbereiche sind schon zugänglich.

Anfangs führt die Route durch Hirschfelde, über den Markt mit seinen interessanten **Vorlaubenhäusern** und weiter in den Ortsteil Rosenthal. Schließlich wird es ruhig, wir sind im **Neißedurchbruchstal** angekommen. Der Uferweg verläuft unter hohen Bäumen, links erheben sich steile Felshänge, die zumeist aus Rumburger Granit bestehen. Nach jeder Biegung eröffnet sich dem Betrachter ein neues Bild. Häufig erscheint die Neiße düster, dann aber tauchen wieder Stromschnellen auf. In einem Oberlausitz-Lied wird das hiesige Tal gar besungen: »Wo der Neiße silbernes Band sich schlingt« .

In diesem Engtal können Starkniederschläge rasch zu Hochwassern führen, in Rosenthal und Marienthal finden sich Häuser mit entsprechenden Wasserstandsmarken.

Nach ca. 7 km wird das Tal breiter, üppige Wiesen bestimmen mehr und mehr die Landschaft. Nun dauert es nur noch kurze Zeit, bis wir die roten Ziegeldächer des Klosters entdecken. Nach der Besichtigung des Klosterkomplexes folgen wir der mit einem roten Punkt gekennzeichneten Route weitere 3 km bis nach Ostritz, wo wir den Zug zurück nach Görlitz erreichen. Die Ostritzer teilen sich seit Jahrzehnten ihren Bahnhof mit den Leuten aus Krzewina Zgorzelecka (Grunau) in Polen. Die seit 1870 zwischen Görlitz und Zittau zumeist auf dem östlichen Neißeufer verlaufende Bahnstrekke befand sich im Ergebnis des 2. Weltkrieges plötzlich in einem anderen Land. Sollte man auf deutscher Seite neue Gleise verlegen? Die Vernunft siegte durch frühzeitige deutsch-polnische Verständigung. Bis zum Herbst 1994 war der Übergang nur Bahnreisenden zum Ein- und Austeigen vorbehalten. Jetzt ist ein neuer Fußgänger- und Radfahrerübergang an gleicher Stelle eröffnet, und man kann auch am polnischen Neißeufer entlangwandern und neue Aussichten auf das malerische Klostergelände von St. Marienthal genießen.

Zittauer Gebirge

Mit nur knapp 50 km² Fläche ist das Zittauer Gebirge das kleinste „richtige" Gebirge in Deutschland. Auf beeindruckend kleinem Raum findet man hier Felswände aus Kreidesandstein in teils bizarren und skurrilen Formen, aber auch hochaufragende markante Phonolith- und Basaltkuppen, die ihre Enstehung dem Vulkanismus im Tertiär verdanken. In den Siedlungen am Fuß des Gebirges blieben viele Architekturzeugen vergangener Jahrhunderte bewahrt, vor allem malerische Umgebindehäuser*. Bergsteiger finden im Zittauer Gebirge etwa 80 Kletterfelsen.

Ein weit verzweigtes, gut markiertes Wegenetz erschließt dem Wanderer das kleine Gebirge, unter anderem auf dem Oberlausitzer Bergweg (blauer Balken). Der Bergpaß »Das Zittauer Gebirge« kann bei den örtlichen Fremdenverkehrsämtern erworben oder bei der Fremdenverkehrsgemeinschaft Zittauer Gebirge – Spreequellland e. V., Rathaus, 02763 Zittau, ☎ 03583/752137 angefordert werden.

Empfehlenswerte Karte: Zittauer Gebirge, Kümmerly & Frey, M 1: 50 000

Zittau

| i | *Tourist-Information, Markt 1, ☎ 03583/752137* |

| H | *Hotel Dresdener Hof, Äußere Oybiner Str. 9,*
☎ 03583/57300
Hotel Riedel, Friedensstr. 23, ☎ 03583/681024
Hotel Stadt Rumburg, Äußere Weberstr. 23,
☎ 03583/511353
Hotel Schwarzer Bär, Ottokarplatz 12, ☎ 03583/701119
Pension Bergschlößchen, Kummersberg 8, ☎ 03583/510717
Pension Dany, Heydenreichstr. 12, ☎ 03583/512143 |

Gerhart-Hauptmann-Theater, Theaterring 12

Lage
Die Stadt (30000 Ew.) liegt im Dreiländereck Deutschland–Polen–Tschechien an der Mündung der Mandau in die Lausitzer Neiße. Im Süden blickt man auf die nahen Höhenzüge des Lausitzer Berglandes, des Zittauer Gebirges, des Jeschken- und Isergebirges. Die Bundesstraßen B 96, B 99 und B 178 münden in das Stadtgebiet. Bahnanschluß besteht nach Dresden, Löbau, Görlitz sowie in die Tschechische Republik nach Liberec und nach Varnsdorf. Ins Zittauer Gebirge (Zielorte Jonsdorf und Oybin) führt eine Schmalspurbahn.

Geschichte

Etwa um 1000 eroberten Deutsche das Zittauer Land und es wurde dem Markgrafentum Meißen einverleibt. Das Gründungsjahr Zittaus blieb unbekannt, erstmalig wird die Siedlung 1238 als Sitavia urkundlich erwähnt. Zusammen mit großen Teilen der Lausitz gehörte Zittau von 1158 bis 1635 als deutsches Reichslehen den böhmischen Königen. Der böhmische König Ottokar II. verlieh Zittau 1255 Stadtrechte und verfügte zahlreiche wichtige Privilegien (u. a. Zollfreiheit in Böhmen, Markt- und Münzrecht, Salzstapelrecht, Gerichtsbarkeit). Kaiser Karl IV. förderte die Stadtentwicklung durch die Anlage von Schutzburgen an den Handelsstraßen nach Böhmen sowie den Bau zweier Kaiserhäuser (Zittau und Oybin). Im Jahre 1346 wurde Zittau in den **Oberlausitzer Sechsstädtebund** (→ Die Lausitz im Überblick/ Geschichte) aufgenommen. Die Stadt trug während der Mitgliedschaft im Städtebund den Beinamen »die Reiche«. Blühender Fernhandel, Tuchmacherei und Bierbrauerei waren dafür die wesentliche wirtschaftliche Grundlage, im 16. Jh. noch durch die Leinenweberei ergänzt. Durch den Pönfall* im Jahre 1547 wurden Zittau alle Privilegien aberkannt, und die Stadt verlor ihren gesamten Grundbesitz. Mit dem Fleiß der Bürger konnte Zittau aber innerhalb weniger Jahrzehnte sämtliche Privilegien und verlorenen Grundbesitz wieder zurückkaufen. Einschnitte brachte der Dreißigjährige Krieg durch Plünderungen und Zerstörungen. Nach 1620 siedelten sich in Zittau und seinen Ratsdörfern evangelische Glaubensflüchtlinge aus Böhmen und Mähren an. Sie brachten aus ihrer Heimat die Tuchmacherei in die Stadt, in die Dörfer die Leineweberei. Um die Mitte des 18. Jh. war Zittau die wohlhabendste Stadt im Sechsstädtebund. Zittau war eine prächtige Barockstadt, die größte Metropole zwischen Görlitz und Prag. Österreichische Truppen schossen die Stadt im Siebenjährigen Krieg (Juli 1757) in Brand, 75 % der Bausubstanz fielen den Flammen zum Opfer. Napoleonische Fremdherrschaft (1806–1813) und die Teilung der Lausitz nach dem Wiener Kongreß (1815) behinderten den Warenaustausch mit den traditionellen Handelspartnern. Die Industrialisierung, insbesondere in der Textilbranche, setzte verstärkt mit dem Anschluß an das Eisenbahnnetz ein, 1848 wurde die Strecke Löbau–Zittau vollendet, 1859 der Schienenweg nach Reichenberg (Liberec).

Der Fremdenverkehr hat in und um Zittau eine lange Tradition. In Alt-Jonsdorf entstand um 1840 eine Kaltwasserheilanstalt nach dem Vorbild von V. Prießnitz, der im Altvatergebirge ein weltbekanntes Bad betrieb. Wirtschaftliche Bedeutung besaß auch der Braunkohleabbau von 1850–1897 im nördlichen Stadtgebiet, schon seit 1812 bei Olbersdorf.

Zum Ende des Zweiten Weltkrieges erlitt die Stadt glücklicherweise nur geringfügige Zerstörungen. Ein Substanzverlust enstand in der Altstadt bis 1989 durch Mangelwirtschaft und eine verfehlte Baupolitik.

Durch eine Neubelebung des Sechsstädtebundes im Jahre 1991 erlebt der Tourismus einen ersten Aufschwung. Zahlreiche Baudenkmäler zeigen sich in alter neuer Schönheit.

Sehenswürdigkeiten

Alle wichtigen Baudenkmäler sind Bestandteil des »**Zittauer Kulturpfades**«, den entsprechenden Plan erhalten Sie kostenlos in der Tourist-Information (➔ [i]). Stadtführungen können Sie sich jeden Sa um 11 Uhr ab Tourist-Information anschließen. ·

Am Markt dominiert das klassizistische **Rathaus**, entstanden von 1840–1843 nach Plänen des berühmten Baumeisters K. F. Schinkel unter Leitung seines Zittauer Schülers E. A. Schramm. Das Gebäude erinnert an einen italienischen Palazzo. Der zinnenbekränzte Turm ist 50 m hoch. Das Eingangsportal flankieren die Sandsteinfiguren der Themis und Sophia. Mehrmals im Jahr lädt der Bürgersaal zu Konzertabenden ein. Rathausführungen finden jeden Mi 15 Uhr statt, Treffpunkt Tourist-Information.

Den Markt umsäumen stattliche **Barockhäuser**, so auf der Südseite die ehemalige Fürstenherberge (Nr. 13) und der einstige Gasthof Zur Sonne (Nr. 9).

Auf der Nordseite beeindrucken besonders die Stadtapotheke (Nr. 10) im Rokokobaustil und das Noacksche Haus (Nr. 4). An der Westseite steht der Rolandsbrunnen (1585), erbaut von M. Zimmermann. Die Rolandsfigur hob seinerzeit die städtischen Privilegien und die eigene Gerichtsbarkeit hervor. Dahinter sehen Sie das barocke reichgegliederte Alte Amtsgericht (Nr. 24) aus dem Jahre 1678.

Nördlich vom Marktplatz erhebt sich die doppeltürmige **Johanniskirche**. Schon 1291 stand hier eine Pfarrkirche. Um 1485 im gotischen Stil erweitert, erlitt das Gotteshaus im Laufe des 17. Jh. durch Brände und Kriegseinwirkungen große Schäden. Von 1834 bis 1837 wurde die Johanniskirche daher nach Entwürfen von K. F. Schinkel im klassizistischen Stil wiederaufgebaut, übrigens der einzige Kirchenbau des Berliner Architekten in Sachsen. Bis 1989 dem Verfall preisgegeben, begannen ab 1992 umfassende Rekonstruktionsarbeiten, die bis Ende 1997 andauern werden. Den 60 Meter hohen Südturm (266 Stufen) können Sie besteigen, die Aussicht genießen sowie in der Türmerstube Sonderausstellungen besuchen. Geöffnet: von April bis Oktober Mo–Fr von 12 bis 18, Sa und So von 13 bis 18, von November bis März nur Mo–Fr von 10 bis 16.30 Uhr. »Musik in St. Johannis« ist eine beliebte Konzertreihe während des Sommers.

An der Nordseite des einstigen Johannisfriedhofes befindet sich das **Dornspachhaus** (1553) mit Erker, Arkaden und Loggien. Es war einst Wohnhaus des Bürgermeisters Nikolaus von Dornspach (1515–1580), der sich große Verdienste nach dem Pönfall* von 1547 erwarb. Das Grabmal am benachbarten Alten Gymnasium (1586) erinnert an ihn.

In der Kirchstraße 17 lädt das **Dr.-Curt-Heinke-Museum** zum Besuch ein. Man zeigt hier Mineralien, Gesteine und Fossilien der südlichen Oberlausitz. Geöffnet: Di und Do von 10 bis 12 und 13 bis 15, Mi von 10 bis 12 und 13 bis 17 Uhr sowie Fr von 10 bis 13 Uhr.

Nordöstlich vom Markt, auf dem Klosterplatz, überragt der 70 m hohe Turm der gotischen **Klosterkirche** die Dächer der Stadt. Das auch als Petri-Pauli-Kirche bekannte Gotteshaus gehörte einst zum Komplex eines Franziskanerklosters. An der Kirchen-Südseite wurden von 1696 bis 1748 mehrere Betstuben angebaut. Der Hauptaltar (13. Jh.) ist den Aposteln Petrus und Paulus geweiht. Auch hier finden Konzerte statt.

Im ehemaligen Klostergebäude (Klosterstr. 3) wirkt heute das **Stadtmuseum**. Zu den wertvollen Ausstellungsstücken zählen das einzige in Deutschland erhaltene Fastentuch (1472), die Zittauer Maurerkanne, eine Spitzenleistung sächsischer Zinngießerkunst, und eine Sammlung Zittauer Fayencen. Man kann eine mittelalterliche Folterkammer besichtigen. Neben wechselnden Sonderausstellungen finden während des Zittauer Kultursommers im Klosterhof auch Theateraufführungen, Chorkonzerte und Kammermusikabende statt. Geöffnet: Di und Do von 10 bis 12 und 13 bis 16, Mi von 10 bis 12 und 13 bis 18, Fr von 10 bis 13, Sa von 14 bis 16, So von 10 bis 12 und 14 bis 17 Uhr.

Der vor dem Stadtmuseum befindliche »**Grüne Born**« mit kunstvollem Schmiedeeisengitter gilt als der schönste Brunnen Zittaus, geschaffen von M. Fröhlich (1679). Ein prächtiger Spätrenaissance-Giebel ist am Westflügel des Klosterkomplexes zu bestaunen.

Östlich vom Marktplatz gelangen Sie über Rathausplatz und Theatergäßchen in die Neustadt. Der vierstöckige **Marstall** (1511) wurde ursprünglich als Salzhaus erbaut, da der Stadt das Salzstapelrecht zuerkannt worden war. An der Südseite fügte man die Stadtschmiede an. Drei Brunnen schmücken den Platz – der **Samariterinnen-Brunnen** (1679), der **Herkules-Brunnen** (1708) und der **Schwanenbrunnen** (1710).

Im 18. Jh. verfielen die Stadtmauern, und man entschloß sich nach dem Schleifen, eine Parkanlage rund um die Altstadt anzulegen, die heute als **Grüner Ring** bekannt ist. An dessen Nordostseite steht die **Kreuzkirche**, um 1410 im Übergangsstil von der Hoch- zur Spätgotik errichtet. Sehr wahrscheinlich ist die Bauausführung Meistern der Prager Dombauhütte von Peter Parler zu verdanken, worauf Steinmetzzeichen hinweisen, die man auch am Prager Veitsdom findet. Wertvoll sind das reichgegliederte Hauptportal, die Sakristei mit Kreuzgewölbe, ein vollständig erhaltenes mittelalterliches Maßwerkfenster im Chorraum sowie Reste von ursprünglichen Wandmalereien. Auf dem hiesigen Friedhof findet man barocke Grabmäler und Gruftkapellen.

Im Ostteil des Grünen Ringes verzaubert das blühende Wahrzeichen Zittaus alljährlich die Bewohner und ihre Gäste: die **Blumenuhr** (seit 1908 bepflanzt) und das daneben befindliche **Meißener Porzellan-Glockenspiel** (1966). Die gegenüberliegende Fleischerbastei (1513–1562) ist die einzige Befestigungsanlage, die von den einst 13 Basteien erhalten blieb.

Hauptgeschäftsstraße und Promeniermeile der Zittauer ist die **Bautzener Straße**. Sie führt vom Markt in Richtung Bahnhof. Wir kommen dabei an der Alten Post vorbei (Bahnhofsstraße 6), einem Barockgebäude aus den Jahren 1745/46. Sehenswert ist auch das neuere Hauptpostgebäude an der Ecke Bahnhofsstraße/Poststraße. Gegenüber sehen Sie den spätklassizistischen Komplex des **Johanneums** mit einem 56 m hohen Turm, unlängst einer Verjüngungskur unterzogen. Hier drücken Gymnasiasten die Schulbank. Die **Konstitutionssäule** ist Ausdruck des selbstbewußten Zittauer Bürgertums, daß damit seine Forderungen nach bürgerlichen Rechten und einer Verfassung im Jahre 1833 manifestierte.

Von der Bautzener Straße gelangen Sie über Post- und Milchstraße zum **Stadtbad.** (Töpferberg 1). Das spätklassizistische Hallenbad (1873) gilt als eines der ältesten Deutschlands, und der Turm ist ein Relikt der einstigen Stadtbefestigung. Vor dem Bad befindet sich ein korinthischer Säulenkopf, von K. F. Schinkel entworfen. Ursprünglich sollte er den Vorplatz der Johanniskirche zieren (die Kirche wurde ebenfalls nach Plänen Schinkels repariert und umgebaut).

Das Geburtshaus des Komponisten **Heinrich Marschner** (1795–1861) steht in der Franz-Könitzer-Straße (Gedenktafel). Er schuf u. a. insgesamt 13 Opern, wobei »Der Vampir« (1828) und »Hans Heiling« (1831) seine erfolgreichsten Stücke wurden.

Zu den großen Attraktionen der Stadt zählt natürlich die mit Dampflokomotiven betriebene **Schmalspurbahn** ins Zittauer Gebirge. Seit 1890 auf einer Spurweite von 750 Millimetern, wird sie noch von der Deutschen Bahn AG betrieben. Zum normalen DB-Tarif muß ein Zuschlag entrichtet werden. Ab Bertsdorf (Umsteigemöglichkeit) existieren zwei Streckenabschnitte, einer mit Zielbahnhof Oybin, ein anderer führt nach Jonsdorf. Die Zittau-Oybin-Jonsdorfer Eisenbahn (Z.O.J.E.) wird von den Einheimischen auch liebevoll als »Zug ohne jegliche Eile« bezeichnet, denn für die reichlich 12 km nach Oybin oder Jonsdorf benötigt der Zug knapp eine Stunde! Für 1500 DM können Sie sich auf der Z.O.J.E. in 10 Tagen zum »Ehrenlokführer« ausbilden lassen. Infos: DB AG, Bereich Kommunikation, Ruschestr. 59, 10365 Berlin, ☎ 030/29725096

Olbersdorf

H *Hotel Bertsdorf (mit sehenswertem Eisenbahn-Interieur),*
Am Bahnhof, ☎ 03583/69800
Hotel Olbersdorfer Hof, Oybiner Str. 1, ☎ 03583/692127

Etwa 4 km südwestlich von Zittau liegt Olbersdorf, bekannt durch
den gleichnamigen – inzwischen stillgelegten – Braunkohletagebau. Das Tagebaurestloch wird sich bis zur Jahrtausendwende in einen ca. 60 ha großen und bis zu 37 m tiefen See verwandeln. Bei der gegenwärtigen Böschungsabflachung entstehen auch
die Voraussetzungen für künftige Strandflächen: 1100 m am Nord-
ufer, 700 m am Südufer.
Über ein modernes **Erlebnisbad** verfügt Olbersdorf schon heute.
Ende April ist Olbersdorf alljährlich Start- und Zielpunkt des **Zittauer Gebirgslaufes**. Zur Auswahl stehen Läufe über 7 km, 15 km
und 35 km sowie Wanderungen über 15 km und 22 km.
An der Kreuzung der Straßen Olbersdorf–Kurort Oybin und Bertsdorf–Eichgraben befindet sich der Schmalspurbahnhof Bertsdorf.
Das Bahnhofsgebäude scheint zu groß geraten, doch früher war
es einmal Sitz der Bahnverwaltung.
Dampflokomotiven tanken hier Wasser auf, und Züge werden ran-
giert.
Vom Bahnhof Zittau kommend, teilt sich in Bertsdorf die Strecke
in zwei Richtungen, nach Jonsdorf und nach Oybin.

Seifhennersdorf

i *Fremdenverkehrsbüro Seifhennersdorf, Nordstr. 21a,*
☎ 03586/451527
H *Gasthof Zur Linde, Warnsdorfer Str. 10, ☎ 03586/404379*
Kindererholungszentrum »Querxenland«, Viebigstr. 1,
☎ 03586/32312 (am Erlebnisbad Silberteich)

Die Stadt, ca. 20 km südlich von Löbau gelegen, ist durch den viele
Jahre einzigen Grenzübergang zum südlichen Nachbarn im Südostzipfel der ehemaligen DDR bekannt. Heute geht es hier, im Unter-
schied zu anderen Grenzpassagen der Region, eher geruhsam zu.
In der Nordstraße 21a ist das **Stadtmuseum** beherbergt.
Ein Ausstellungsschwerpunkt gilt dem Schmugglerunwesen vergangener Jahrhunderte, bekannt durch Personen wie Räuberhauptmann Johannes Karasek und Pascherfriedel. Sehenswert
sind original eingerichtete Bauern-, Schlaf- und Weberstube (um
1800), Exponate zur Stadtgeschichte, Geologie und zum heimi-
schen Bergbau. Geöffnet: Di–Fr von 9 bis 12 sowie 13 bis 16.30, So
von 13 bis 16.30 Uhr.

Zu den interessanten **Umgebindehäusern*** zählen die ehemalige Faktorei in der Rumburger Str. 46a mit langer Freitreppe und barockem Türstock* (1754), das Haus in der Rumburger Str. 10 mit einem klassizistischen Türstock* sowie ein Haus im Mittelmühlweg 14 mit prächtigem Ornamentschmuck am Türblatt und geschnitztem Holztürstock*.

Das **Waldbad Silberteich** liegt 3 km nördlich vom Stadtgebiet entfernt, am Wanderweg nach Neugersdorf. Die Anlage entstand Anfang der dreißiger Jahre als Sport- und Parkanlage auf ca. 10 ha Fläche. Das Schwimmbecken umfaßte 10 500 m². Heute ist das Waldbad als Erlebnisfreibad ausgebaut. Die Silberteichbaude bietet Gastronomie.

Naturlehrpfad und Karasek-Ringweg führen über 9 km am Rande der Stadt entlang. 32 Schautafeln informieren unterwegs über Fauna und Flora sowie über das Leben des berühmten Räuberhauptmannes.

Hainewalde

Das langgestreckte Dorf ist 7 km westlich von Zittau im Tal der Mandau gelegen. Außer vielen Umgebindehäusern* beeindruckt neben der Dorfkirche die barocke **Kanitz-Kyausche Gruftkapelle** (1715). Der quadratische Bau besitzt angedeutete Säulen, hohe Volutengiebel und mehrere allegorische Figuren. Als Baumeister wird Franz Bühner aus Gabel vermutet. Die Gruftkapelle gilt als wertvolles Beispiel barocker Grabmalkunst der Lausitz.

Das Neue Schloß (1749–1753, 1883 umgebaut) besitzt u. a. eine größere Terrassenanlage mit Schloßtreppe.

Von Hainewalde auf den Breiteberg und zurück
(etwa 4 km, 2 h)

Die bewaldete Phonolithkuppe des Breiteberges (510,3 m) erhebt sich südlich des Dorfes und liegt ungefähr 200 m über dem Tal der Mandau. Die markierte Aufstiegsroute (roter Punkt) führt am Bahnhof Hainewalde vorbei.

Seit 1881 befindet sich auf dem Gipfel ein **Berggasthaus**, der hölzerne **Aussichtsturm** wurde 1936 durch einen massiven ersetzt. Letzterer besteht aus Phonolithplatten, die von der Südseite des Breiteberges stammen. Bei günstigen Witterungsverhältnissen kann man vom 13 m hohen Turm bis zur 60 km entfernten Schneekoppe schauen, sieht Jeschken und Valtenberg.

Der Turm erhielt den Namen Dr. Curt Heinke, zum Gedenken an den 1934 tödlich verunglückten Geologen, der insbesondere die Südlausitz erforschte. In → Zittau erinnert ein Museum an sein Leben und Werk.

Großschönau

[i] *Fremdenverkehrsamt Großschönau, Hauptstr. 54,*
☎ *035841/2551*

[H] *Gasthof Zur deutschen Eiche, Waltersdorfer Str. 67,*
☎ *035841/2038*

Pension Grußschinner Eck, Gartenstr. 1, ☎ *035841/2783*

▲ *Campingplatz Am Waldstrandbad, Jonsdorfer Str. 40,*
☎ *035841/24 (1. Mai bis 31. Oktober)*

Geschichte

Im Jahre 1352 erstmals urkundlich erwähnt, siedelten sich hier im Tal der Mandau Bauern aus Franken und Thüringen an. Von einer Reise brachten zwei junge Großschönauer Leineweber im Jahre 1666 aus Holland Kenntnisse über die Technik des Damastwebens in die Oberlausitz mit. Das Herstellen von **Damast** (gewebte filigrane Bilder nach orientalischem Muster) entwickelte sich schnell zum bestimmenden Erwerbszweig der Einheimischen. Im 18. Jh. zählte der Ort zu den größten Damastproduzenten Europas, um 800 Webstühle waren in Betrieb! Der Kundenkreis umfaßte u. a. Klöster und Kirchen, für die man Altardecken herstellte, aber auch namhafte Adelshäuser, die sich in Großschönau Servietten und Tafeltücher mit Wappenverzierungen weben ließen.

Ab Anfang des 19. Jh. löste die Baumwollweberei die Damastproduktion ab. Die erste Jacquardmaschine war ab 1839 im Einsatz. Anfang unseres Jahrhunderts wurde Großschönau die Wiege der deutschen Frotteeweberei.

Sehenswürdigkeiten

An beiden Ufern der Mandau stehen malerische Ensembles von **Umgebindehäusern***.

Unweit der barocken Kirche (1705), am anderen Ufer der Mandau, befindet sich in der Schenaustr. 3 das **Damast- und Heimatmuseum**. Das Kupferhaus, eine ehemalige Damastmanufaktur aus dem Jahre 1807, beherbergt unter seinem Dach einzigartige Schätze. Dazu gehören Damaste aus drei Jahrhunderten. Zwar besitzen auch die Städte Peking, Lyon und München einen Damastzugwebstuhl, doch der hiesige ist der einzige noch funktionsfähige der Welt! Textilingenieur Gottfried Pilz und Webmeister Helmut Kahlert haben ihn in sieben Jahren wieder in Gang gesetzt. Museumsmitarbeiterin Frau Pfützner arbeitet gemeinsam mit einer Kollegin mehrmals wöchentlich auf dem »Wunderstuhl«. Die Handhabung der Technik mußte erst enträtselt werden, da früher aus Konkurrenzgründen keinerlei schriftliche Bedienungsanweisungen erstellt wurden.

Neben vier funktionierenden Webstühlen (Damast, Leinwand,

Frottiergewebe, Jacquardware) kann man in insgesamt 14 Räumen Ausstellungsstücke zur Ortshistorie, zu bürgerlicher Wohnkultur, sakraler und bildender Kunst (Schenau, Langner) sowie über Naturkunde begutachten.

Geöffnet: von Mai bis Oktober Di–So von 9 bis 12 und 14 bis 17, von November bis April nur Mo–Fr von 9 bis 16 Uhr.

Das **Waldstrandbad** mit Gondelteich ist ein beliebtes Naherholungsgebiet (knapp 20 000 m² Badefläche). Für Kinder ist die Rutsche in Form eines riesigen Walrosses ein Gaudi.

Das **Motorrad-Veteranen und Technik-Museum** finden Sie in der David-Goldberg-Straße 27. Geöffnet: von April bis Oktober nur Sa und So von 10 bis 12 und 13 bis 17 Uhr.

Veranstaltungen
Juli: Großschönauer Schiss'n, Strandfest am Waldbad
Oktober: Oktoberfest

Auf den Hutberg (0,5 km), Breiteberg (4 km, 1:30 h, → Hainewalde), Lausche (10 km, 2h, → Waltersdorf)

Waltersdorf

i	*Fremdenverkehrsbüro Waltersdorf, Dorfstr. 93,* ☎ *035841/2146*
H	*Hotel Sonnebergbaude, Hauptstr. 154,* ☎ *035841/2403* *Grenzbauden, Hauptstr. 165,* ☎ *035841/2683* *Gasthof Auf der Heide 2, Hauptstr. 120,* ☎ *035841/7222*
JH	*Jugendherberge, Am Jägerwäldchen 2,* ☎ *035841/2650*
▲	*Campingplatz Lauscheblick, Ortsteil Saalendorf, Nr. 5* ☎ *035841/2154 (1. Mai bis 30. September)*

Waltersdorf liegt am Nordostfuß der **Lausche** (mit 793 m höchster Berg der Lausitz), direkt an der Grenze zu Tschechien und ist aus Richtung Zittau und Großschönau schnell erreichbar. Der Ort gilt als der schneesicherste der Lausitz.

Die Lausche ist gleichzeitig der größte Besuchermagnet des 3,2 km langgestreckten Straßendorfes.

Im Ort selbst fallen die vielen hübschen **Umgebindehäuser*** mit **reichgeschmückten Türstöcken*** aus Waltersdorfer Sandstein, zumeist im Barock- und Rokokostil, auf.

In einer von einst drei Wassermühlen ist heute das **Volkskunde- und Mühlenmuseum** eingerichtet (Dorfstr. 89).

Man kann eine Bauern- und Weberstube, die Getreidemühle und das Biedermeierzimmer zum Gedenken an den in Waltersdorf geborenen Komponisten Friedrich Schneider (1786–1853) besichtigen.

An der Lausche in Waltersdorf

Geöffnet: Mo–Mi von 9 bis 12 Uhr, Do–Sa von 13.30 bis 16.30 Uhr, ☎ 035841/2368.

In der barocken **Dorfkirche** (1729) beeindruckt insbesondere die barocke Orgel des Zittauer Meisters Tamitius, eines Schülers von Silbermann.

Wintersportfreunde können bei zumeist sehr guten Schneeverhältnissen ihren Neigungen frönen. Für **alpine Skiläufer** steht der Abfahrtshang mit Ski-Schlepplift an der Lausche zur Verfügung. Anfänger steigern ihre Fähigkeiten auf der Eisgasse zwischen Otto- und Weberberg. Auch hier steht ein Lift bereit.

Skilangläufer nutzen die gespurten Loipen um Lausche und Weberberg.

Veranstaltungen
Februar: Kostümrodeln für Kinder und Skifasching
Juni: Sonnenwendfeier
Juli: Waltersdorfer Schiss'n

Von Waltersdorf (ab der Paßhöhe Wache) zum Gipfel der Lausche (2 km, 45 min)

Die Wache ist mit 570 m der höchste Punkt im Ort. Schon 1418 erwähnt, baute man hier die ersten Häuser der neuen Siedlung. Sie dienten anfangs als Zollgebäude, denn ab 1663 verlief hier eine wichtige Paßstraße nach Böhmen.

Der Weg führt ab der Sonnebergbaude anfangs durch Mischwald, später durch Buchenhochwald und bald auf Serpentinen bis zum Gipfel. Das Landschaftspanorama ist bei günstiger Witterung überwältigend und wird mit Aussichtsgipfeln wie Schneekoppe, Brokken oder Milleschauer verglichen. Markant ragen die Phonolithkuppen des Böhmischen Mittelgebirges und der Jeschken mit dem Fernsehturm empor. Im Osten erblickt man die Höhenzüge von Iser- und Riesengebirge.

Nur Fundamentreste blieben vom einstigen Berggasthof erhalten, er fiel im Januar 1946 einem Brand zum Opfer. Die böhmisch-sächsische Grenze markierte die Mitte des Gastraumes. Heute steht die Lausche unter Naturschutz.

Kurort Jonsdorf

i	*Fremdenverkehrsamt Jonsdorf, Auf der Heide 11,*
	☎ *035844/70616*
H	*Hotel Kurhaus, Auf der Heide 9,* ☎ *035844/70252*
	Gasthof Zum Lindengarten, Großschönauer Str. 21,
	☎ *035844/70654*
	Gasthof Gondelfahrt, Großschönauer Str. 38,
	☎ *035844/70642*
	Gasthof Am Buchberg, Großschönauer Str. 3,
	☎ *035844/70646*
	Gasthof Weißer Stein, Zittauer Str. 4, ☎ *035844/70209*
	Pension Zu den Mühlsteinbrüchen, Kroatzbeerwinkel 6,
	☎ *035844/70428*
	Pension Im Kroatzbeerwinkel, Kroatzbeerwinkel 3,
	☎ *035844/70528*
	Pension Immergrün, Großschönauer Str. 13,
	☎ *035844/70651*
	Bibel- und Familienferienstätte Haus Gertrud, Großschönauer Str. 48, ☎ *035844/70506*
	Pension Bergfreund, Lauscheweg 8, ☎ *035844/70641*
	Bergsteigerhütte, Kammweg 4, ☎ *035844/70591 und 70631*
⌂	*Jugendherberge Dreiländereck, Hainstr. 14,*
	☎ *035844/70220*
🏛	*Weberstube, Große Seite 4, geöffnet nur Di von 9 bis 12 und 14 bis 17 Uhr bzw. nach Absprache,* ☎ *035844/70935*

Lage

Jonsdorf liegt etwa auf halbem Wege zwischen Waltersdorf und Oybin, direkt an der Grenze zu Tschechien. Hier ist eine der beiden Endhaltestellen der Schmalspurbahn aus Richtung Zittau (→ Zittau).

Sehenswürdigkeiten

Im Jahre 1994 wurde Jonsdorf beim 3. Bundeswettbewerb »Familienferien in Deutschland« zum familienfreundlichsten Urlaubsort Sachsens gekürt. Schon seit 1934 ist Jonsdorf ein staatlich anerkannter **Kurort**.

Zum Ortsbild gehören die vielen **Umgebindehäuser***.

Ein Anziehungspunkt sind die **Jonsdorfer Mühlsteinbrüche**, Denkmal- und Naturschutzgebiet südlich des Kurortes. Unweit des bekannten Gasthofes Gondelfahrt steht ein großer Parkplatz zur Verfügung. Ab hier können Sie eine vielfältige Landschaft aus Felsen, Gängen, Klüften und reichhaltiger Flora erleben. Der Naturlehrpfad wurde kürzlich mit 70 Nummernschildchen versehen, die entsprechende Begleitbroschüre können Sie im Fremdenverkehrsamt erwerben. Mit dem Heftchen werden Sie u. a. zu den Pulverkammern oder dem einstigen Schnapslager geführt.

Der Steinbruchbetrieb (Mitte des 16. Jh. bis 1922) hatte insbesondere wegen der hier abgebauten Mahlsteine überregionale Bedeutung. Zu den interessantesten geologischen Sehenswürdigkeiten zählt die Orgel, ein schönes Beispiel für eine Säulensandsteinformation. In der »Steenbruchschmiede« (Steinbruchschmiede) wurde einst das Werkzeug der Steinbrecher bearbeitet. Führungen mit Besichtigungsmöglichkeit der Schmiede werden montags um 13.30 Uhr ab Treffpunkt Tourist-Information geboten (Voranmeldungen über das Fremdenverkehrsamt).

Am Gasthof Gondelfahrt (mit Gondelteich) führt ein markierter Weg Richtung Waltersdorf über **Zigeunerstuben und Nonnenfelsen**. Bei ersteren sind die eisenerzbesetzten steilen Sandsteinwände und -figuren eine Besonderheit, von letzterem genießt man eine schöne Aussicht auf Jonsdorf und Umgebung. Die in einem Zug paarweise schreitenden, von Schleiern umwehten steinernen Nonnen erkennen Sie dagegen am besten von der Gondelfahrt im Tal aus.

Von Mitte Mai bis Anfang September lädt die **Waldbühne Jonsdorf** (1953/54) mit Naturkulisse zu verschiedenen Aufführungen ein (Infos zum Spielplan, Kartenvorbestellungen etc. bei [i]).

An der Hainstraße befindet sich unweit der Jugendherberge das **Gebirgsfreibad** »Schweizertal«.

🚶 Von Jonsdorf nach Oybin (5 km, 2 h)

Gleich am Jonsdorfer Bahnhof führt ein gelb markierter Wanderweg in den östlich benachbarten Kurort Oybin, etwa 2 Stunden entfernt. Bis zur halben Höhe des Jonsberges etwas anstrengend, verläuft der breite Fahrweg später längere Zeit auf gleichem Niveau. Dabei lassen Lichtungen reizvolle Aussichten ins Oberlausitzer Land zu. Bald erreicht man auch eine Wegkreuzung, von wo aus der Jonsberg (653 m) leicht zu erklimmen ist.

Durch dichten Fichtenhochwald im Ostbereich des Jonsberges gelangen wir auf dem leicht abschüssigen Thomasweg zu den Thomassteinen, auffälligen Sandsteinformationen. Oybin ist nun nah!

Kurort Oybin

[i] *Fremdenverkehrsamt Oybin/ Lückendorf, Freiligrathstr. 8,*
☎ *035844/70346*

[H] *Hotel Oybiner Hof, Hauptstr. 5, ☎ 035844/70297*
Hotel Hubertus, Hubertusweg 10, ☎ 035844/70320
Hotel Nensch, F.- Engels-Str. 45, ☎ 035844/70418
Gasthof Felsenkeller, Hauptstr. 6, ☎ 035844/70235
Gasthof Teufelsmühle, F.-Engels-Str. 17, ☎ 035844/70226
Pension Meier, Hauptstr. 1, ☎ 035844/70284
im Ortsteil Hain:
Gasthof Kammbaude, Grenzstr. 7, ☎ 035844/70477
Gasthof Fremdenhof Hain, Jonsdorfer Str. 8,
☎ *035844/70311*
Pension Abendröte, Jonsdorfer Str. 1, ☎ 035844/70322

[🏛] *Bahnmuseum im Schmalspurbahnhof Oybin,*
☎ *035844/70355,*
(geöffnet von April bis September von 10 bis 17 Uhr)

Lage
Oybin liegt etwa 12 km südlich von Zittau dicht an der Grenze zu Tschechien (Schmalspurbahnanschluß).

Sehenswürdigkeiten
Der Berg **Oybin** mit seiner großartigen Burg- und Klosterruine in eindrucksvoller Naturszenerie ist die größte Attraktion. Von weitem erinnert das auffällige Sandsteinmassiv an einen Bienenkorb. Treppen führen zunächst an der gelb getünchten **Bergkirche** vorbei. Sie ist innen und außen ein Kleinod und auch als »Hochzeitskirche« ein Begriff – viele glückliche Ehen wurden in diesem Barockbau aus dem 18. Jh. geschlossen. Auch ein Blick ins Innere lohnt: Beim Betreten der Kirche gewinnt man den Eindruck, alles wäre aus Marmor. Doch die Gemeinde war arm, der Marmoreffekt wurde durch Holzbemalung erreicht. Teile der Kirche wurden in den Fels gehauen, der Fußboden besteht wie der Altartisch und die westliche Wand aus anstehendem Sandstein. Die schlichten Malereien an den Emporen und der Holzdecke zeugen vom Geschick des Malers Kuno aus Zittau. Die Bänke sind wie in einem Hörsaal angeordnet. Kunstkenner genießen in diesem Kirchlein die regelmäßig stattfindende »Abendmusik bei Kerzenschein«. Außerdem gibt es Kirchenführungen, Infos über [i]).

Der segensreichen Herrschaft des böhmischen Königs und späteren römisch-deutschen Kaisers Karl IV. sowie seinem Hofbaumeister Peter Parler verdankt man die heute noch zu besichtigende **Burg- und Klosterruine** auf dem Oybin. Karl IV. förderte damit die Ansiedlung des Cölestinerordens in seinem Machtbereich. Aber auch er selbst wünschte sich ein Domizil auf dem Bergmassiv. Die Stadt Zittau mußte um 1364 das sogenannte Kaiserhaus erbauen, wovon noch heute eine erhalten gebliebene Außenwand am Hausgrund zeugt.

Im Jahre 1577 verursachte ein Blitzschlag ein verheerendes Feuer, das alle Bauwerke stark in Mitleidenschaft zog. Erst zum Ende des 18./Anfang des 19. Jh. entdeckten Romantiker die liebliche Szenerie erneut.

Ein **Bergringweg** erschließt das Gipfelplateau und ermöglicht reizvolle Blicke ins Tal, aber auch in die benachbarte Bergwelt.

Zu den etwas jüngeren Attraktionen zählt die **Camera obscura** auf dem Oybin, obwohl das Prinzip schon in der Antike bekannt war. Seit gut 10 Jahren hat ein massives Gebäude den altersschwachen Vorgängerbau aus dem Jahre 1852 abgelöst. Betreut von Dipl. Ing. Siegfried Illgen, können Besucher an Wochenenden und Feiertagen vom Frühjahr bis zum Herbst die Umgebung auf eindrucksvolle Art beobachten. Es gibt deutschlandweit nur 3 weitere »Cameras ohne Film«, und die Anlage auf dem Oybin ist gleichzeitig die lichtstärkste Europas! Geöffnet: von Mai bis Oktober Fr, Sa und So von 13 bis 18, im Juli und August täglich von 10 bis 18 Uhr.

Schon seit Mitte des vorigen Jahrhunderts dient die romantische Bergkulisse sommerlichen Konzertaufführungen, großer Beliebtheit erfreuen sich die alljährlich von Mai bis September stattfindenden »Mönchszüge im Fackelschein«.

Auf dem **Bergfriedhof**, im 16. Jh. angelegt, weilten einst auch Caspar David Friedrich sowie Ludwig Adrian Richter, sie erhielten hier Inspirationen für einige ihrer Werke.

Das **Burgmuseum** (Waffenkammer und Schalenturm) ist von September bis April von 9 bis 16, im Mai und Juni von 9 bis 17 sowie im Juli und August von 9 bis 18 Uhr geöffnet.

Der Berggasthof bietet Restaurant, Rittersaal (mit »mittelalterlichen« Gelagen) und ein Gartenlokal.

🚶🚶 Von Oybin auf den Hochwald

Der leichteste und kürzeste Aufstieg erfolgt in etwa 45 min vom Ortsteil Hain.

Abwechslungsreich ist die längere Route (grüner Balken) direkt vom Bahnhof aus, vorbei an den imposanten Rosensteinen und dem eindrucksvollen Kelchstein. Der **Kelchstein** gilt als größter Pilzfelsen des Zittauer Gebirges (15 m hoch) und schimmert durch Eisenoxidbeimengungen rötlich.

Nur ein paar Schritte weiter stehen Sie auf der Ortsverbindungsstraße Oybin–Lückendorf. Man überquert die Straße und läuft auf
dem Ankohrweg in dichtem Fichtenhochwald weiter bergan. Wieder gibt es mehrere Pfade, die zum Gipfel des Hochwaldes hinauf-
führen.

Oben stehen Sie vor der Wahl, entweder in der Hochwaldturm-
oder nahegelegenen Hochwaldbaude einzukehren. Letztere befindet sich in 749 m Höhe direkt an der sächsisch-böhmischen
Grenze und ist die höchstgelegene des Zittauer Gebirges. Sie können hier in gemütlichen Zimmern auch übernachten (☎ 035844/
70232). Die böhmische Baude gleich nebenan, wo der Gipfel den
Namen Hvozd trägt, fiel, wie viele andere auch, einem Brand zum
Opfer.

Kurort Lückendorf

i	→ *Oybin*
H	*Hotel Hochwaldblick, Kammstr. 13, ☎ 035844/72835*
	Pension Noack, Kammstr. 8, ☎ 035844/72821
	Pension Sonnenblick, Grund 3, ☎ 035844/72854

Der Ort verdankt seine Entstehung einer bedeutenden Handelsstraße, der Gabeler Straße, einem wichtigen Handelsweg zwischen
Böhmen und Sachsen. Erst durch den Bau einiger Eisenbahnstrek-
ken verwaiste die Verbindung.

Der Kurort ist der einzige auf der Südseite des Zittauer Gebirges.
Schauen Sie sich unbedingt die hübsche barocke Dorfkirche im
Ortszentrum an, sie wurde 1690 erbaut. Etwas weiter oberhalb steht
direkt an der Straße eine uralte Eibe (ca. 350 Jahre).

Von Lückendorf durch die Große Felsengasse
zum Töpfer und Abstieg nach Oybin (ca. 5 km, 2 h)
Anfangs läuft man auf dem Wanderweg in Richtung Hochwald.
Kurz vor dem Kammloch biegt man rechts ab. Im dichten Nadel-
wald befindet sich über uns die Fürstenhöhe. Sächsische Könige
und auch der österreichische Kaiser Franz Joseph II. genossen hier
die Aussicht.

Der weitere Weg führt durch die **Große Felsengasse** und läßt die
Besucher erstaunen, welche verschiedenen Formen der Sandstein
durch Verwitterung hervorgebracht hat. Mit viel Phantasie wer-
den Märchenfiguren oder Tiermotive lebendig. Deutlich sind
Mönchskanzel und Taube zu erkennen. Erzablagerungen an den
Felswänden sind Relikte des einstigen Vulkanismus.

Am **Scharfenstein**, welcher auch als das Matterhorn der Oberlausitz bezeichnet wird, gibt es dann eine Klettereinlage. Der Ausblick von der charakteristischen Bergnadel auf das Zittauer Gebir-

»Brütende Henne« im Zittauer Gebirge

ge einschließlich Hochwald mit seinem Turm ist der Lohn für die Anstrengung.

Durch die Kleine Felsengasse nähern wir uns nun dem Töpfer. Wieder sind vielfältige Sandsteinformen zu sehen, manche liegen nur auf einem oder zwei Punkten auf und halten sich so die Waage. Die Felsen nahe dem Töpfer tragen recht volkstümliche Namen wie Papagei, Schildkröte, Einsamer Turm, Krumme Tante oder Sphinx. Schließlich liegt die **Brütende Henne** vor uns, ganz in der Nähe der Töpferbaude. Der Abstieg zur Teufelsmühle (Haltepunkt der Schmalspurbahn Zittau-Oybin) nimmt noch etwa 30 min in Anspruch.

Mini-Lausitz-Lexikon

Pönfall

Der Oberlausitzer Sechsstädtebund – Anhänger des protestanti-
schen Glaubens – verweigerte 1547 dem katholisch gebliebenen
Kaiser Ferdinand I. Unterstützung in der entscheidenden Schlacht
während des Schmalkaldischen Krieges bei Mühlberg. Des Hoch-
verrats angeklagt, mußten die Oberlausitzer Städte je 20 000 Gul-
den Strafe zahlen, Privilegien, vor allem die politisch wichtige Hoch-
gerichtsbarkeit, wurden aberkannt und Grundbesitz enteignet.

Türstock

Zumeist mit Verzierungen versehene Türeinfassungen aus Sandstein oder Granit an Umgebindehäusern.

Umgebindehaus

In vielen Dörfern der Oberlausitz hat sich im Laufe der letzten
Jahrhunderte eine typische Volksarchitektur entwickelt, die Um-
gebindebauweise, die in verschiedenen Varianten entstand.
Die spezielle Stützkonstruktion vereinigt die Vorzüge von zwei
Hausbautechniken in einem. Die ansässigen Sorben bauten zumeist Blockhäuser, die seit der Ostkolonisation in die Oberlausitz
strömenden Thüringer, Hessen und Franken kannten das Fachwerkgebäude. Der Vorteil des Blockhauses liegt in der Wärmedäm-
mung, durch Fachwerk kann man ein Wohnhaus mit weniger Holz
in kurzer Zeit errichten. Dorfhandwerker ersannen deshalb das
Umgebindehaus, um beide Vorteile zu nutzen. Vor allem mußte
beachtet werden, daß das Holz in der Längsachse beim Blockbau
wesentlich stärker schrumpfte als bei einer Fachwerkkonstruktion.
Die Blockstube wurde deshalb als selbständiger Teil in ein Fachwerkhaus integriert. Dach oder noch weitere Etagen stellte man
auf das sogenannte Umgebinde, welches die gesamte Last auf das
Fundament übertrug. Das Umgebinde besaß zur Bauzeit einige
Zentimeter Abstand von der Blockhausstube, damit Setzungen und
Holzschrumpf keinen Schaden an der Gebäudekonstruktion an-
richten konnten. Massivbauweise mittels Mauerwerk fand am Umgebindehaus Verbreitung, um Feuchtigkeitsschäden im Flur- oder
Stallbereich auszuschließen. Besonders Leineweber erkannten die
Vorzüge der Umgebindehäuser. Die Blockstube schuf ein ausglei-
chendes Raumklima ohne plötzliche große Temperaturschwan-
kungen, was auch der Qualität der Leinwand zugute kam.
Außerhalb der Oberlausitz findet man gleichartige Häuser auch
in Nordböhmen, seltener dagegen in Schlesien (Südwest-Polen),
z. T. noch im Vogtland, in Süd- und Westböhmen sowie in der Gegend um Jena und Altenburg.

*H*erzlich willkommen in der Ferienregion Oberlausitz/Niederschlesien

Ob im flachen Land oder in den Bergen, malerische Dörfer gibt es genügend in der Region Oberlausitz/Niederschlesien. Freuen Sie sich auf eine abwechslungsreiche Landschaft mit über 2000 km Rad- und Wanderwegen, Teichen und Seen, Bergen und Wäldern.

Den Freunden von Angeln, Baden, Camping und Wassersport wird in der Heide- und Teichlandschaft zwischen Weißwasser, Kamenz und Görlitz viel geboten. Ungestört kann man Beobachtungen in freier Natur nachgehen, denn es gibt immerhin sieben Landschaftsschutzgebiete.

Traditionen und Bräuche bedeuten den Menschen viel. Dies werden Sie spüren, wenn Sie zum Beispiel das sorbische Osterreiten in der Gegend um Bautzen besuchen. Im Oberlausitzer Bergland und im Zittauer Gebirge sind die Dorfbilder geprägt durch Umgebindehäuser. Sie entstanden aus der Verbindung von Block- und Fachwerkhäusern und sind heute wahre Schmuckstücke der Gemeinden.

Die ruhigen Wälder und sanften Berge bieten Ihnen viele Möglichkeiten zum Erholen vom Alltagsstreß.

Wer es aber nicht lassen kann und städtisches Leben braucht, kann bei einem Bummel durch die Städte des Sechsstädtebundes Bautzen, Görlitz, Kamenz, Löbau und Zittau Geschichte und Gegenwart unserer schönen Region erleben.

Fremdenverkehrsverband

Oberlausitz
Niederschlesien

Taucherstraße 39
02625 Bautzen
Tel.: 03591/48770,
Fax: 03591/487748

Folgende **Informationsmaterialien** können angefordert werden:

- Oberlausitz/Niederschlesien, eine Region stellt sich vor
- Oberlausitz, eine Freude (Ferienlandschaft der Umgebindehäuser)
- Der Oberlausitzer Sechsstädtebund
- Gastgeberverzeichnis:
  Hotels, Pensionen, Gasthöfe
  Ferienwohnungen, Ferienhäuser
  Sales Guide (Verkaufshandbuch)
- Freizeitkatalog

Weiterhin können Wander- und Radwanderkarten über die Gesamtregion sowie über Bergland und Heide- und Teichlandschaft käuflich erworben werden.

Stichwortverzeichnis